高等职业教育汽车及机械工程系列精品教材

汽车保险与理赔

Auto Insurance & Claims

主编◎卢颖　王平

同济大学出版社
TONGJI UNIVERSITY PRESS
·上海·

内容提要

本书坚持实用为主、够用为度、注重实践、强化训练的原则，采用理论与项目相结合的编写思路，使学生能应用本书中的基础理论知识解决一些汽车保险问题。全书共7个项目，分别是保险基本知识，汽车保险基本知识，了解汽车保险产品，汽车保险费率，汽车保险投保与核保，汽车保险事故报案和汽车保险事故索赔。每个项目和任务后都配有检验学生学习效果的测评内容。

本书可作为高职院校汽车类、汽车营销类等专业的教材，也可供汽车保险行业专业人员参考使用。

图书在版编目(CIP)数据

汽车保险与理赔 / 卢颖，王平主编. -- 上海：同济大学出版社，2022.12

ISBN 978-7-5765-0611-2

Ⅰ.①汽… Ⅱ.①卢…②王… Ⅲ.①汽车保险—理赔—中国—高等职业教育—教材 Ⅳ.①F842.634

中国国家版本馆CIP数据核字(2023)第015746号

高等职业教育汽车及机械工程系列教材

汽车保险与理赔

主　　编　卢　颖　王　平　**副主编**　何世勇

参　　编　唐宽艺　彭晓黎　朱文明　胡圆圆　陈　露　薛　君

责任编辑　陈佳蔚　**责任校对**　徐逢乔　**封面设计**　渲彩轩

出版发行　同济大学出版社　www.tongjipress.com.cn

(地址：上海市四平路1239号　邮编：200092　电话：021-65985622)

经　　销　全国各地新华书店

制　　作　南京月叶图文制作有限公司

印　　刷　苏州市古得堡数码印刷有限公司

开　　本　787 mm×1092 mm　1/16

印　　张　13.25

字　　数　331 000

版　　次　2022年12月第1版

印　　次　2024年8月第2次印刷

书　　号　ISBN 978-7-5765-0611-2

定　　价　49.00元

FOREWORD
前言

随着人们生活水平的提高，汽车逐渐成为现代人出行不可缺少的交通工具。而汽车保险是与汽车联系非常密切的售后服务产品，可以说，有汽车就有汽车保险。近年来，汽车保险业蓬勃发展，使得保险公司和汽车维修企业需要大量具有专业知识的汽车保险与理赔方面的人才，高等职业院校的汽车类专业纷纷开设了相关课程，以满足人才培养的需要。

本书是根据高等职业教育标准，结合职业教育的特点编写的，具体有以下三个特点。

(1) 内容方面注意了深度与广度的关系，坚持实用为主、够用为度、注重实践、强化训练的原则，使学生能应用本书中的基础理论知识解决一些汽车保险实际问题。

(2) 采用项目任务式编写模式，使理论知识与实际应用紧密结合，保证学习内容的连贯性，有助于学生的理解和掌握。

(3) 尽量多地使用了各种案例，通过案例分析帮助学生理解知识点。

本书在编写过程中，参考了大量有关汽车保险与理赔相关的文献资料，在此向这些资料的作者表示诚挚的谢意。

由于时间仓促，加之编者经验和水平有限，书中如有不当和疏漏之处，恳请各位专家、同行给予批评指正，欢迎广大读者提出宝贵意见。

编　者

2022年10月

CONTENTS

目录

项目一 保险基本知识

项目目标

知识目标

1. 理解风险的含义与特征。

2. 熟悉风险管理的概念与基本程序,掌握风险管理的基本方法。

3. 掌握衡量风险的两个指标、风险处理方法的选择与可保风险的条件。

技能目标

1. 能够对汽车进行风险分析和风险管理,会判别可保风险。

2. 能够判断客户在使用车辆过程中所面临的和潜在的风险,并对风险的性质进行鉴定。

项目描述

风险的客观存在是保险产生与发展的自然基础,无风险,无保险。本项目主要讲述保险存在的风险基础理论,解释什么是风险,风险的分类,介绍风险的处理方法及可保风险的条件。具体内容包括:风险的概念及构成要素,风险管理的概念与基本方法,风险管理与保险的联系与区别。通过本项目的学习,读者可以清晰地了解风险与保险的关系,为进一步学习保险知识打下坚实的基础。

课时计划

任务一:风险概述。

任务二:保险概述。

任务三:风险与保险的关系。

任何人在一生中都有可能遇到意外事故甚至灾难,其后果可能是轻微的,也可能是严重的。后果严重时,不但引起伤害,也可能使人失去生命,并使依靠其生活的家人失去经济来源。这种经济上的不稳定性需要得到保障。保险就是一种有效的保障方式。保险虽然不能事先化解风险，但是却能在较大程度上减轻或消除风险事故的损害。

任务一 风险概述

情景导入

“5·12”汶川大地震

2008 年 5 月 12 日 14 时 28 分，四川省汶川县映秀镇发生了里氏 8.0 级特大地震。全国多个省、市、区均受其波及，甚至几乎整个东南亚和东亚地区都有震感。汶川地震主要发生在山区，从而引发了破坏性比较大的崩塌、滚石、滑坡、堰塞湖等灾害，这一系列次生灾害给当地人民的生产、生活造成了极大的破坏。截至 2008 年 9 月 8 日 12 时，汶川大地震的遇难人数达到了 69 226 人，受伤人数 374 643 人，失踪人数 17 923 人。据估计，汶川大地震导致的直接经济损失为 1 500 亿～1 900 亿元，灾害的严重程度和波及范围之大十分罕见。截至 2008 年 8 月 20 日，保险业共接到客户报案 12.4 万件，主动联系客户 14.9 万件。已初步核查 25.9 万件，其中有效赔案 18.1 万件，涉及被保险人死亡 1.19 万人，伤残 214 人，医疗 3 316 人。

“天有不测风云，人有旦夕祸福。”面对重大的自然灾害、意外事故等时，每一个人、家庭、企业、社会在日常生活或者生产经营过程中都要承担不同的风险后果。“无风险，无保险”。保险正是人们为了应付不同的风险损失而采取的经济补偿措施，风险的客观存在是保险产生与发展的自然基础，风险的特征、种类与风险管理技术影响着保险理论与实践的发展。

资料来源：http://news.99.com/zt/2008/dizhen

知识准备

一、风险的概念

风险(risk)是指一种客观存在的、损失的发生具有不确定性的状态。因此，对风险的理解需要把握以下两个方面。

第一，风险是客观存在的、不以人的意志为转移的。人们面对风险时通常显得无能为力。虽然人们可以认识、管理、控制风险，但是对于风险事故，人们往往无法避免某些风险事故的发生，只能通过相应措施来减轻风险事故造成的损害。

第二，风险损失具有不确定性。风险的本质特征就是损失的不确定性。这种不确定性表现在以下五个方面。

(1) 损失发生与否不确定;

(2) 损失发生的时间不确定;

(3) 损失发生的地点不确定;

(4) 损失发生的程度不确定;

(5) 损失发生的范围不确定。

存在风险就意味着存在损失的可能性。例如,火灾会造成家庭财产损失,企业失窃会造成企业财产损失。当然,有些风险既有损失的可能,也有获利的可能,此为投机风险。保险学研究的主要是纯粹风险,即只有损失的风险。

二、衡量风险的标指

衡量风险是为了便于认识和控制风险,对某种特定风险的损失发生频率和损失程度进行计算,为选择风险的处理方法和进行风险管理提供决策依据。

衡量风险的指标有损失发生频率和损失程度。

(1) 损失发生频率,是指在一定时期内一定规模的风险单位总量中可能发生的损失次数的比例。计算公式如下:

$$\text{损失发生频率}=\frac{\text{损失发生次数}}{\text{风险单位总量}}\times 100\%$$

(2) 损失程度,是指一次风险事故发生所导致的标的损毁程度。计算公式如下:

$$\text{损失程度}=\frac{\text{损毁价值}}{\text{风险标的总价值}}\times 100\%$$

损失发生频率表示损失事件发生的相对次数,而损失程度则显示风险损失发生后所导致的经济损失规模。通常情况下,损失发生频率和损失程度呈反比,损失程度大的风险事故发生频率低,而损失程度小的风险事故发生频率高。

以工业生产意外伤害事故的研究为例说明二者之间的关系,如图 1-1 所示。即当一个企业有 300 起隐患或违章时,非常有可能发生 30 起最小伤害事故,一起最大伤害事故。

图 1-1 表明,在工业生产意外事故中,损失发生频率高的事件,其损失程度小;损失发生频率低的事件,其损失程度大。

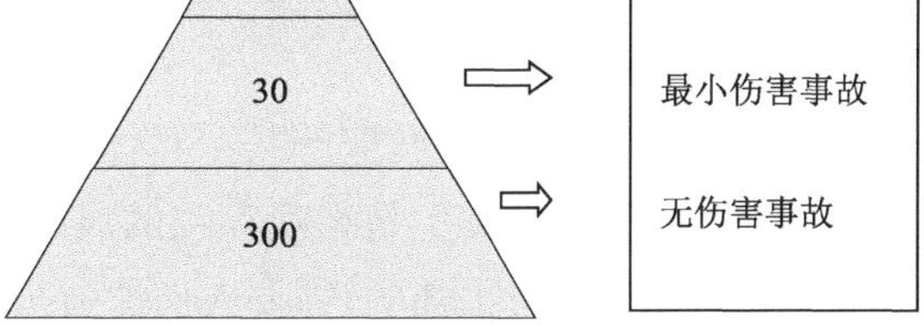

图 1-1 海因里希(Heinrich)三角形

三、风险的基本属性

人们重视风险与风险管理，起因于风险的属性。风险的基本属性包括自然属性、社会属性和经济属性。

（一）自然属性

风险是由客观存在的自然现象所引起的，自然界通过地震、洪水、雷电、暴风雨、滑坡、泥石流、海啸等形式给人类的生命和财产安全带来风险。自然界的运动是有规律的，人们可以发现、认识和利用这些规律，降低风险事故发生的概率，减轻损失的程度。

（二）社会属性

在不同的社会环境下，风险的内容不同。风险是在一定社会环境下产生的，这是风险的社会属性。风险事故的发生与一定的社会制度、技术条件、经济条件和生产力等都有一定的关系，如战争、冲突、瘟疫、经济危机、恐怖袭击、车祸等是受社会环境影响和支配的。

（三）经济属性

风险的经济属性强调风险发生后所产生的经济后果，即风险与经济的关联性。只有当灾害对人身安全和经济利益造成损失时，才体现出风险的经济属性，也才称之为风险；否则，不定义为风险。如股市风险、信用风险、企业的生产经营风险等，都可能造成相关的经济损失。

四、风险的特征

（一）风险的客观性

风险是客观存在的，是不以人的意志为转移的。风险的客观性是保险产生和发展的自然基础。人们只能在一定的范围内改变风险形成和发展的条件，降低风险事故发生的概率，减轻损失程度，而不能彻底消除风险。

（二）风险的损失性

风险发生后必然会给人们造成某种损失，而且这种损失的发生也是人们无法预料和确定的。人们只能在认识和了解风险的基础上严防风险的发生和减少风险造成的损失，损失是风险的必然结果。

（三）风险的不确定性

风险是客观的、普遍的，但就某一具体风险损失而言，其发生是不确定的，是一种随机现象。例如，火灾的发生是客观存在的风险事故，但是就某一次具体火灾的发生而言是不确定的，也是不可预知的，需要人们加强防范和提高防火意识。

（四）风险的普遍性

风险在人们的生产生活中无处不在、无时不有，威胁着人类生命和财产的安全，如地震、洪水、火灾等。随着社会的不断进步和发展，人类将面临更多新的风险，风险事故造成的损失也可能越来越大。

（五）风险的社会性

风险与人类社会的利益密切相关，时刻关系着人类的生存与发展，具有社会性。风险一旦发生，人们将遭受经济上的损失或身体上的伤害，企业将面临生产经营和财务上的损失。

（六）风险的可测性

单一风险的发生虽然具有不确定性，但对总体风险而言，风险是可测的，即运用概率论和大数法则对总体风险事故的发生进行统计分析，以研究风险的规律性。风险的可测性为保险费率的厘定提供了科学依据。

（七）风险的可变性

世间万物都处于运动、变化之中，风险也是如此。风险的变化，有量的增减，有质的改变，还有旧风险的消失和新风险的产生。风险因素的变化主要由科技进步、经济体制与结构的转变、政治与社会结构的改变等方面的变化引起的。

五、风险的构成要素

（一）风险要素

（1）风险因素。是指引起风险发生或增加损失发生频率或扩大损失程度的要素。通常根据性质将风险因素分为实质风险因素、道德风险因素和心理风险因素。

① 实质风险因素。即物理因素，是有形的因素，是指能直接影响某事物物理功能的因素。例如，大雾天气增加了发生交通事故的概率，木质结构的房屋比砖瓦结构的房屋更易发生火灾。

② 道德风险因素。是指与人的品德修养有关的因素，即由于个人的不诚实、不正直或不良企图致使风险发生。例如，欺骗、纵火和盗窃等行为。

③ 心理风险因素。是指与人的心理状态有关的因素，是由于人们主观上的疏忽或过失，以致增加风险发生的机会或扩大损失程度的原因和条件。例如，生活无规律容易引发疾病，乱扔烟蒂容易引发火灾等。

（2）风险事故。是指引起财产损失或生命健康受损的偶发事件。

（3）风险损失。是指非故意的、非计划的、非预期的经济价值的减少。

（4）风险载体。是指风险事故指向的对象，分为人身载体和财产载体。

（二）风险要素之间的关系

风险因素引发风险事故，风险事故导致风险损失，风险载体是风险因素和风险损失的承受对象。风险要素之间的关系，如图 1-2 所示。

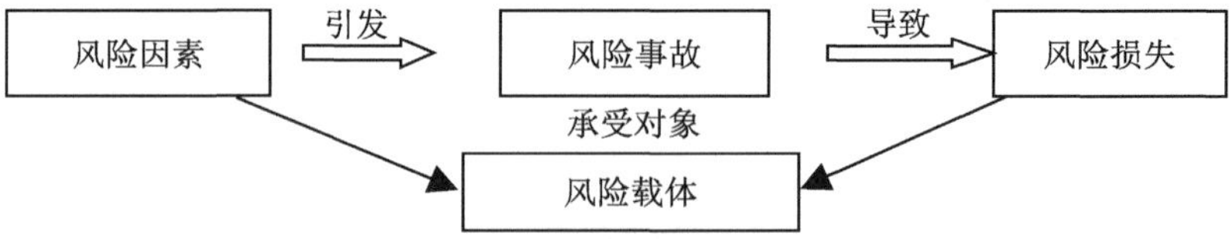

图 1-2　风险要素之间的关系

六、风险的分类

(一) 按风险形成的原因分类

(1) 自然风险。是指因自然现象、物理现象或其他物质风险因素导致的风险，如地震、海啸、雪灾等。

(2) 社会风险。是指由于个人或团体的不当作为对社会产生危害的风险，如抢劫、盗窃、罢工等。

(3) 经济风险。是指在生产和销售等经营活动中因相关经济因素变动或决策失误导致经营失败的风险，如企业经营不善、破产、通货膨胀等。

(4) 政治风险。是指因种族冲突、政治动乱、宗教冲突、叛乱、战争、国家之间的冲突等政治原因造成的风险。

(二) 按风险的性质分类

(1) 纯粹风险。是指只有可能损失而无获利机会的风险，如火灾、车祸等。

(2) 投机风险。是指那些可能有损失也可能有获利的风险，如博彩、买卖股票等。

纯粹风险与投机风险的区别：

(1) 纯粹风险在一定条件下具有一定的规律性，容易适用大数法则；投机风险的规律性不明确，不易适用大数法则。

(2) 纯粹风险对社会、企业、家庭、个人有造成损失的可能性，人们往往采取规避风险的方法；投机风险的获利性使其更具诱惑力，使追逐风险的人们甘愿去冒风险。

(3) 保险主要保纯粹风险，投机风险属不可保风险。

(三) 按风险产生的环境分类

(1) 静态风险。是指在社会经济正常情况下由于自然力的不规则运动或者因人们的错误或失当行为导致的风险，如洪灾、火灾、欺诈、呆账、破产等。

(2) 动态风险。是指以社会经济、政治的变动为直接原因的风险，如市场结构调整、人口增长、环境改变等。

静态风险与动态风险的区别：

(1) 静态风险一般只对某些个体产生损害影响，而动态风险的影响范围则较广泛。

(2) 静态风险对个体来说，风险事故的发生是偶然的、不规律的，但就社会整体而言却有一定规律，相对于动态风险规律性更明显。

（四）按承担风险的主体分类

（1）团体风险。是指以企业或者社会团体作为承担风险的主体。

（2）政府风险。是指主要以政府作为承担风险的主体。

（3）个人与家庭风险。是指以个人或者家庭及其成员作为承担风险的主体，如人身风险、财产风险等。

（五）按风险危及的范围分类

（1）财产风险。是指导致财产损失、灭失和贬值的风险。

（2）人身风险。是指因人的死亡、残疾、疾病、衰老等原因引发的风险。

（3）信用风险。是指在经济交往过程中，债权人与债务人因一方违约造成另一方经济损失的风险。

（4）责任风险。是指由于个人或团体的疏忽或过失行为造成他人财产损失或身体伤害，依法承担民事法律责任的风险。

七、风险管理的概念

风险管理（risk management）是指经济单位通过对风险的识别和衡量，采用合理的手段对风险实施有效的控制和处理，以最低的成本取得最大安全保障的科学管理方法。

风险管理的概念主要涵盖以下四个方面的内容。

（1）对象。风险管理的对象是风险。

（2）主体。风险管理的主体是经济单位，包括个人、家庭、企事业单位、社会团体及其他单位。

（3）途径。风险管理的途径是通过对风险的识别与衡量，选择有效的管理方法。

（4）目的。风险管理的目的是以最小的经济成本实现最大的安全保障。

技能拓展

风险管理的起源与发展

风险管理起源于美国，20 世纪中叶，风险管理作为一门系统的管理科学被推出。经过 20 世纪 50 年代的推广，60 年代的系统研究，70 年代的迅速发展，直到 1983 年，美国风险与保险管理协会年会上通过了《101 条风险管理准则》，风险管理才更加规范化、系统化。经过不断的发展，风险管理已逐渐形成了一套较为成熟的体系和方法。风险管理作为一门系统的管理科学，已经从单纯转嫁风险的保险管理，发展为以经营管理为中心的全面风险管理，改革并促进了与金融领域的融合发展。

八、风险管理的基本程序

风险管理的基本程序如图 1-3 所示。

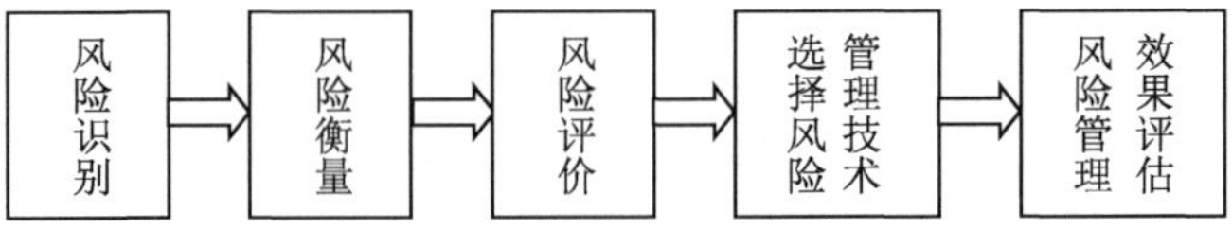

图 1-3 风险管理的基本程序

(一) 风险识别

风险识别(risk identification)是指系统地、连续地分析所面临的或潜在的风险类别、形成原因及其影响范围等。风险识别是风险管理的第一步,是风险管理的基础。因为风险是复杂多变的,需要持续、系统地研究风险的变化。识别风险可通过资料整理、历史经验推断来进行分析、归纳和总结。风险识别的方法有财务分析法、保险调查法、流程图分析法、现场实地调查法、专家法等。风险管理者应采用恰当的风险识别方法密切注意风险及其变化发展。

(二) 风险衡量

风险衡量(risk measurement)是指在风险识别的基础上,通过对所收集的大量资料进行分析,运用概率论和数理统计及其他科学方法进行数量分析,寻找风险的损失规律。在这个阶段,风险管理人员通过对风险识别的信息整理,得到风险事故发生的损失频率和损失程度两项重要指标,为科学决策提供依据。

(三) 风险评价

风险评价(risk evaluation)是指在风险识别和风险衡量的基础上,结合其他因素,对风险事故发生的频率和损失程度进行全面考虑,评估风险事故发生的可能性及其危害程度,并且与公认的安全指标相比较来衡量风险程度,并决定是否采取相应措施。风险评价主要通过比较风险损失与处理风险所需投入的费用,确定风险的最佳处理方法,达到低成本、高效益,实现最大安全保障。

(四) 选择风险管理技术

选择风险管理技术是风险管理中最重要的环节。它根据风险评价的结果,选择、实施最佳的风险管理技术,从而实现风险管理的目标。

(五) 风险管理效果评估

风险管理效果评估是对所采用的风险处理方法的适用性和效益性及其实施情况进行分析、检查、评估和修正。在风险对策选定后,及时跟踪、调查,不断修正和调整计划。在一定时期内,风险处理方案是否为最佳方法,其效果如何,需要用科学的方法进行评估。

常用的评估公式为

$$\text{效益比值}=\frac{\text{因采取该项风险处理方案而减少的风险损失}}{\text{因采取该项风险处理方案所需费用}+\text{机会成本}}$$

风险管理的目标是以最小的经济成本实现最大的安全保障。能使效益比值达到最大的风险处理方案是最佳方案。若效益比值小于1,则该风险处理方案不可取;若效益比值大于1,则该风险处理方案可取。

九、风险管理的基本方法

在风险识别、衡量的基础上,风险管理人员运用合理有效的风险管理技术对风险加以处理。风险管理的基本方法分成两大类,即控制型风险处理方法和融资型风险处理方法。

(一) 控制型风险处理方法

控制型风险处理方法是指在风险发生前采取防止和减少风险事故损失,在风险发生后采取减少风险事故损失的技术性措施。目的是针对经济单位所存在的风险因素,降低损失发生频率和减轻损失程度。具体方式主要有以下四种。

(1) 避免。是指放弃某项具有风险的活动或减少风险损失的一种风险处理方法。该方式适用于损失发生频率高且损失程度大的风险。它的局限性在于有些风险无法规避,而有时规避了风险也同时失去了相应的收益,或者回避了某种风险又有可能面临另一种风险。

(2) 预防。是指在风险损失发生前有针对性地采取有效的处理措施,消除或减少可能引起损失的风险处理方法。

(3) 抑制。是指在风险事故发生前做好准备,便于在事故发生时或发生后及时采取措施来防止损失扩大的风险处理方法。

(4) 集合分散。是指增加同类风险的若干个风险单位数目,各单位共同分担少数单位可能遭受的损失,以达到降低风险的目的。

(二) 融资型风险处理方法

融资型风险处理方法,又称财务型风险处理方法,是指通过财务计划或合同安排提留风险补偿资金,用以对风险事故造成的经济损失进行补偿的风险处理方法。具体有自留风险和转移风险两种方法。

(1) 自留风险。是指面临风险的经济单位或个人自己承担风险事故所致损失的风险处理方法。它通过内部资金融通主动或被动地自留风险。例如,人们因意外不会降临自己而被动自留风险,不采取保险方式或组建专业的自保公司主动自留风险等。

(2) 转移风险。是指面临风险的企业或个人为避免风险损失将风险损失或与损失有关的财务后果转嫁给其他企业或个人承担的风险处理方法。

转移风险又分为非保险转移风险和保险转移风险。

① 非保险转移风险,是指企业或个人通过经济协议或合同,将损失的法律责任或与损失有关的财务后果转嫁给其他企业或个人承担。如承包、租赁、分包、签订免除责任等。

② 保险转移风险，是指企业或个人通过与保险人订立保险合同，将风险损失转嫁给保险人的一种风险管理方式。

根据不同情况可选择不同的风险处理方法，见表 1-1。

表 1-1　风险处理方法选择

损失频率	高	低	高	低
损失程度	大	大	小	小
风险处理方法	避免	保险转移	预防、自留、抑制	自留

任务实施

一、任务实施环境

(1) 汽车保险仿真模拟实训室。

(2) 车险承保模拟教学系统投保平台。

(3) 辅助办公设备(文具、打印机、复印机等)。

二、学生分组

将学生进行分组，每 6 人为一组，并选出小组负责人。利用本任务学到的知识，结合“情景导入”中的案例进行小组讨论。

(1) 何为风险？

(2) 风险的属性和特征是什么？风险的构成要素是什么？

(3) 风险的分类有哪些？什么是风险管理？分析风险管理的基本程序及方法。

三、考核要点

(1) 小组成员配合是否默契，对话逻辑是否清晰。

(2) 小组成员是否熟悉风险的作用及特征，是否能够分析各种情况车辆的风险的类型。

(3) 小组成员是否能够清晰、准确地向客户介绍车辆可能面临的风险及特征，以及如何进行风险管理。

(4) 是否能从对话中体现本任务的主要知识点。

四、总结讨论

(1) 各小组对本组成员的讨论表述情况进行总结讨论，并对其他小组的讨论表述进行点评。

(2) 教师对各小组出现的亮点与不足进行点评。

任务二 保险概述

情景导入

2017年4月29日，江苏连云港市中山路发生一起车祸，一辆集装箱卡车发生侧翻，砸在一辆黑色桑塔纳轿车上。在一辆大型吊车的帮助下，三名伤员从严重变形的轿车中被成功救出，急送海港医院救治。据医生介绍，三人只受了轻伤。

讨论：我们周围存在着各种意外事故，遇到意外事故时，保险是否能起到重要的作用？保险的特征和职能是什么？

知识准备

一、保险的定义及性质

保险是集合同类危险聚资建立基金，对特定危险的后果提供经济保障的一种危险财务转移机制。

保险的定义包括三个要点：危险财务转移机制，聚资建立基金，对特定危险的后果提供经济保障。

通过对保险定义的理解，可以看出保险的性质包括以下四个方面。

（1）从经济的角度看，保险主要是对灾害事故的损失进行分摊的一种经济保障制度和手段。

（2）从法律的角度看，保险是一种合同行为。

（3）从社会功能的角度看，保险是一种危险损失转移机制。

（4）从风险管理角度看，保险是风险管理的一种方法。

二、保险的要素

（一）特定风险或约定事件的存在

特定风险或约定事件要以合同形式事先约定。

（二）多数经济单位的结合

个体发生风险是偶然的，只有集合多数单位和个人，风险事故的发生才有规律，集合的单位和个人越多，越有利于降低平均不变成本，实现规模效益。

（三）费率的合理计算方法

科学的费率计算方法是对大数法则和概率论的运用。

(四) 建立专用基金理赔

保险基金具有来源分散性和广泛性，还具有退还性、专项性、增值性和赔付责任长期性等特点。无保险基金则赔付无保障，也即无保险可言。

三、保险的特征

(一) 保险的基本特征

(1) 经济性。体现在以小额保费支出，获得较高的风险保障。

(2) 互助性。是指个别经济单位的损失不由保险机构承担，而是由参加保险且面临同质风险的个人和经济单位共同承担。

(3) 契约性。是指保险作为一种合同行为，是依法按照合同形式体现其存在。

(4) 科学性。表现在保险基金的筹集依据是风险发生的概率，保险运作过程中需要其他学科知识和技术为其提供各种技术支持。

(二) 保险与相似制度的比较

1. 保险与社会保险比较

社会保险是国家通过法律建立的，用于保障劳动者因为年老、疾病、伤残、死亡、失业等原因丧失劳动能力或中断就业，本人或家属失去生活来源时，能够从社会(国家)获得物质帮助的一种社会保障制度。

保险与社会保险的相同之处：①以社会公众为对象；②缴纳保费。

保险与社会保险的不同之处：①实施方式不同；②主办主体不同；③保险费来源不同；④保险金额不同；⑤承保机制不同。

2. 保险与储蓄的比较

储蓄是指城乡居民将闲置的货币存入银行或其他金融机构的一种存款行为。

保险与储蓄的相同之处：以现在积累解决以后需要。

保险与储蓄的不同之处：①危险管理技术不同；②所得性质不同；③保障性不同；④经营技术不同。

3. 保险与社会救济的比较

社会救济是国家将资金、实物、服务设施等，通过专门的机构和人员，向无收入、无生活来源、无家庭依靠并失去劳动能力者、生活在最低生活标准以下的个人和家庭，以及一时遭遇自然灾害和不幸事故的遇难者实施的以保证他们最低生活的保障制度。

保险与社会救济的相同之处：以一定的风险事故发生为前提。

保险与社会救济的不同之处：①性质不同；②保障程度不同。

4. 保险与赌博的比较

赌博是拿有价值的东西作注码来赌输赢的行为，其经济定义是指“对一个事件与不确定的结果下注钱或具物质价值的东西，以赢取更多的金钱或物质价值”。

保险与赌博的相同之处：二者都是射幸活动。

保险与赌博的不同之处：①危险性质不同；②目的不同；③结果不同；④利益要求不同。

5. 保险与互助保险的比较

互助保险是指参加保险的成员之间相互提供保障的制度。

保险与互助保险的相同之处：一定范围的群体，互助性质。

保险与互助保险的不同之处：①对象不同；②后果不同；③目的不同。

6. 保险与担保的比较

担保有狭义和广义之分。狭义上的担保，是对合法债务的履行保证。广义上的担保，则包括不具有法律意义的事项，如他人的行为。《担保法》上的担保，仅指狭义的担保。

保险与担保的相同之处：以偶然事故的发生为条件。

保险与担保的不同之处：①双方承担义务不同；②保障基础不同；③合同性质不同。

四、保险的分类

（一）按保险性质分类

（1）商业保险。是指以营利为目的，按照商业经营原则经营的保险。

（2）社会保险。是指国家通过立法形式，对社会成员在年老、疾病、残疾、伤亡、生育、失业情况下的基本生活需要给予物质帮助的一种社会保险保障制度。

（3）政策保险。是政府为了一定政策的目的，运用普通保险的技术而开办的一种保险。一般分为农业保险、信用保险、输出保险、巨灾保险。

（二）按保险标的分类

（1）人身保险。是以人的身体和生命作为保险标的，在保险有效期限内，当被保险人死亡、伤残、疾病或者达到保险合同约定的年龄、期限时，保险人依照约定给付保险金的一种保险。

（2）财产保险。是以财产及其相关利益作为保险标的，在保险期间保险人对于因保险合同约定的保险事故发生所造成的保险标的的损失承担经济赔偿责任的一种保险。

（3）责任保险。是一种以被保险人的民事损害赔偿责任作为保险标的的保险。

（4）信用保证保险。是一种以信用行为作为保险标的的保险。一般分为保证保险和信用保险。

（三）按保险客户分类

（1）个人保险。投保人是单个的自然人，是以个人的名义向保险人购买的保险。

（2）企业保险。是以企业为保障主体的保险，主要包括企业财产险、公众责任险、产品责任险、环境责任险等。

（3）团体保险。投保人为集体，投保的团体与保险人签订一份保险总合同，向集体内的成员提供保险，保险费率低于个人保险，团体保险多用于人身保险。

（四）按风险转移层次分类

1. 原保险和再保险

原保险，是指投保人和保险人直接订立保险合同，当保险标的发生该保险合同责任范围内的损失时，由保险人直接对被保险人承担经济赔偿责任的一种保险。

再保险，又称分保，是指保险人为了减轻自身承担的保险危险和责任，而将其不愿承担或超过自身承保能力的保险风险和责任转嫁给其他保险人而形成的保险关系。

2. 复合保险和重复保险

复合保险，是指投保人在同一期限内，就同一标的的同一危险向若干保险公司投保，其保险金额之和没有超过标的的实际可保价值的一种保险。

重复保险，是指两个或两个以上保险人，就同一保险标的与投保人分别订立若干份保险合同，以致该保险标的的总保险金额超过了其实际可保价值的一种保险。

3. 共同保险

共同保险，简称共保，是指两个或两个以上保险人共同对同一保险标的的同一危险责任承担损害赔偿责任的保险。具体有以下两种情况。

一是几个保险人联合起来共同承保同一标的的同一危险、同一保险事故，并且保险金额不超过保险标的的价值。

二是保险人和被保险人共同分担保险责任，实际上是指投保人的投保金额小于保险标的的实际可保价值的情况，不足额视同由被保险人承担。

（五）按实施方式分类

（1）自愿保险。是指投保人和保险人在自愿原则的条件下订立保险合同而建立保险关系的一种保险。

（2）强制保险。又称法定保险，是指投保人和保险人根据国家法律及政府的有关法规规定而建立保险关系的一种保险。

（六）按承保的危险分类

（1）单一危险保险。是指仅对被保险人所面临的某一种危险提供保险保障。例如，地震保险只对地震灾害负赔偿责任。

（2）综合危险保险。是指对被保险人所面临的两种或两种以上的危险承担经济赔偿责任。目前大部分保险都是综合危险保险。

（3）一切险。是指保险人除了对合同中列举出来的承担保险责任的危险外，对被保险人可能面临的其他一切危险都负有经济赔偿责任。

（七）按是否足额投保分类

（1）足额保险。是指投保人以全部保险价值投保，与保险人订立保险合同，建立保险关系。保险合同确定的保险金额与保险价值相等。

(2) 不足额保险。又称部分保险，是指保险合同中约定的保险金额小于保险价值。产生不足额保险的原因有三种：一是投保人仅以保险价值的一部分投保，没有必要足额投保；二是因为保险标的发生危险事故的可能性非常大，保险人只接受不足额投保；三是保险合同签订后，保险标的的价值上涨，导致原本的标的足额保险变成了不足额保险。

(3) 超额保险。是指保险合同中约定的保险金额大于保险价值。产生超额保险的原因有两种：一是在订立保险合同时，保险双方确定的保险金额就大于保险价值；二是保险合同签订后，保险标的的价值下跌，导致原本的足额保险变成了超额保险。

(八) 按保额确定方式分类

(1) 定值保险。是指在保险合同中列明事先确定的保险标的的实际价值，即保险价值。

(2) 不定值保险。是指在保险合同中不事先列明保险标的的实际价值，仅将列明的保险金额作为赔偿的最高限度。

(3) 定额保险。是指在订立人身保险合同时，由保险人和投保人双方约定保险金额，在被保险人死亡、伤残、疾病或达到合同约定的年龄、期限时，保险人按照合同约定给付保险金。

五、保险的职能

(一) 保险的基本职能

1. 分担危险职能

保险组织通过向投保人收取保险费，建立保险基金，当被保险人遭受损失时，用保险基金进行补偿。

2. 补偿损失职能

补偿损失职能是指保险把集中起来的保险费用于补偿保险人合同约定的保险事故或人身事件所致经济损失。

(二) 保险的派生职能

1. 融资职能

保险的融资职能是指将保险基金的暂时闲置部分重新投入到社会再生产过程中。

保险融资包括：银行存款、购买有价证券、购买不动产、各种贷款、委托信托公司投资及公共投资、各种票据贴现等。

2. 社会管理职能

保险人参与防灾防损和监督危险的活动，提高了社会的防灾防损能力，体现了保险的社会管理职能。

六、保险的作用

保险的作用从微观经济和宏观经济角度分析。

（一）在微观经济中的作用

（1）有助于受灾企业及时恢复生产经营。

（2）有利于企业加强经济核算。

（3）有利于企业加强风险管理。

（4）有助于安定人民生活。

（5）有助于民事赔偿责任的履行。

（二）在宏观经济中的作用

保险的宏观作用是指保险对全社会和整个国民经济产生的影响。主要体现在以下六个方面。

（1）有助于稳定社会再生产循环。

（2）有助于推动社会经济交往。

（3）有助于扩大积累规模。

（4）有助于推动科技发展。

（5）有助于社会的稳定。

（6）有助于增加外汇收入。

六、保险机构

（一）商业保险机构

1. 商业保险公司的组织形式

（1）商业性国有控股保险公司，是指由政府经营的保险。一般分为国家经营的保险和地方政府经营的保险。

（2）私营保险公司，是指由私人投资经营的保险，大多以股份公司的形式出现。

（3）合营保险公司，主要包括政府与私人共同投资设立的，属于公私合营的保险公司，还包括本国政府或组织与外商共同投资设立的中外合资保险公司。

2. 商业保险公司的性质

商业保险公司是非银行类金融机构，是以营利为目的的法人组织。

3. 商业保险公司的职能

（1）组织经济补偿职能。是与保险分散风险和补偿损失两个基本职能相对应的，并且由这两个基本职能决定的。

（2）掌管保险基金职能。商业保险公司为了实现组织经济补偿职能，通过收取保费，建立赔付或给付准备金，也就是保险基金。

(3) 风险管理职能。保险公司为了保障国家、经济单位和个人财产安全,以及维护人们身体健康和生命安全提供服务。

(4) 融资职能。保险公司把积累的暂时不需要赔付或给付的保险金用于贷款或投资,这种把保险基金转化为生产建设资金的能力就是保险公司的融资职能。

(5) 吸收储蓄职能。商业保险公司的保险业务中有许多带有储蓄性质的保险产品,把保险和储蓄结合起来,从而使保险公司具有吸收储蓄的职能。

(二) 社会保险机构

1. 社会保险机构的构成

社会保险机构的构成是指在社会保险系统部门内,负责贯彻实施政策和监督检查的机关组成部分。

社会保险机构由政府的劳动保障部门设立,一般包括以下三个层级。

(1) 上层,是指中央管理机关,属于领导决策机关。

(2) 中层,是指地方一级管理机构,属于起承上启下作用的机构。

(3) 下层,是指基层管理机构,属于具体执行任务的机关。

2. 社会保险机构的性质

社会保险机构具有基本保障性、国家强制性、互助互济性和普遍性的性质。

3. 社会保险机构的职能

社会保险机构具有行政管理、业务管理、群众工作的职能。

任务实施

一、任务实施环境

(1) 汽车保险仿真模拟实训室。

(2) 车险承保模拟教学系统投保平台。

(3) 辅助办公设备(文具、打印机、复印机等)。

二、学生分组

将学生进行分组,每 6 人为一组,并选出小组负责人。利用本任务学到的知识,结合"情景导入"中的案例进行小组讨论。

(1) 什么是保险?

(2) 保险的性质、作用、特征是什么?

三、考核要点

(1) 小组成员配合是否默契,对话逻辑是否清晰。

(2) 小组成员是否能正确解答讨论中的问题。

（3）是否能从对话中体现本任务的主要知识点。

四、总结讨论

（1）各小组对本组成员的讨论表述情况进行总结讨论，并对其他小组的讨论表述进行点评。

（2）教师对各小组出现的亮点与不足进行点评。

任务三 风险与保险的关系

情景导入

2016年12月14日上午10时许，天津市和平区台儿庄路发生一起意外事件——一高约30米的通信铁塔从16层楼顶坠下，砸中了6辆轿车，所幸未造成人员受伤。

讨论：在我们周围存在着各种各样的风险，风险和保险之间存在什么关系？保险在风险中的作用是什么？

知识准备

一、风险转移的方式

风险转移的方式主要分为控制型非保险转移方式、财务型非保险转移方式和财务型保险转移方式三种。

（1）控制型非保险转移方式。是指借助于经济合同等法律文件，将损失的法律责任转移给非保险人的其他企业或个人。具体形式包括买卖合同、分包合同和开脱责任合同。

（2）财务型非保险转移方式。是指企业或个人通过经济合同将损失或与损失有关的财务后果转移给其他企业或个人。

（3）财务型保险转移方式。是指企业或个人通过和保险人签订保险合同，使保险人按照约定向被保险人或指定的受益人给付赔偿款来化解企业或个人的财务损失风险，是应用范围最广、最有效的风险管理方法。

【注意】

控制型非保险转移方式和财务型非保险转移方式的区别：控制型非保险转移方式是转移损失的法律责任和经济活动本身；财务型非保险转移方式只转移损失的财务后果。

财务型保险转移方式和财务型非保险转移方式的区别：

① 财务型保险转移方式是保险经济行为；而财务型非保险转移方式不是保险经济行为。

② 财务型保险转移方式的受让人是保险人，保险人是专门的金融保险机构；财务型非保险转移方式的受让人是其他企业或个人。

③ 财务型保险转移方式建立在保险合同基础上；财务型非保险转移方式则依附于原经济合同。

二、风险管理与保险的关系

风险是保险产生和发展的自然基础。在风险管理中，不同的风险有着不同的处理方法，保险是转移风险损失的重要手段。所以，风险管理与保险有着密切的关系。

(1) 风险管理和保险都是以风险为研究对象。风险管理主要研究风险的发生规律，运用各种风险管理方式实现对风险的有效控制。保险则是以风险存在为前提，通过对风险规律的研究，设计险种，开发业务，促进保险业发展。

(2) 风险管理和保险都以概率论和大数法则等数学原理作为分析的基础和方法。二者对风险估测的科学基础相同。风险管理和保险都要在准确估测预期损失率的基础上达到以最低成本获得最佳安全保障的经济目的。

(3) 保险是风险管理的有效措施，被视为一种社会风险损失的经济补偿制度。通过保险可以把企业或个人承担的风险转嫁给保险公司，以较少的经济支出取得较大损失的经济保障。

(4) 风险管理和保险是一种互补关系。保险是风险管理中最普遍的方法。风险管理技术的发展，提高了保险的经济效益，巩固了保险业的发展。

三、可保风险的条件

可保风险(insurable risk)是指保险人可以承保的风险，即投保人可以通过购买保险转移风险。容易看出，可保风险仅限于对一定时期的保险市场而言，是狭义的保险。讨论可保风险应具备的条件，就是研究保险在风险管理中的适用范围。

可保风险应具备的条件有以下五个方面。

(1) 风险损失必须是可以用货币来计量的。

保险是一种经济补偿行为，风险的财务转嫁和责任的承担都是通过相应的货币来衡量的。所以，不能用货币来衡量的风险损失不能作为可保风险。财产价值可以用价值衡量，而人身因伤残或死亡所蒙受的损失却难以用货币来衡量，因此在保险实务中采用定额保险合同方式，以事先约定的保险金额作为给付标准。

(2) 风险的发生必须具有偶然性。

保险人所承保的风险必须具有发生的可能性。如果风险肯定不会发生，就不会产生保险需求。但是针对单一风险主体来讲,风险发生与否,发生后造成的损失程度是不可知的、偶然的。如果风险必然会发生,保险人则不予承保。

(3) 风险的发生必须是意外的。

风险发生的意外性是指非故意行为所致的风险和不是必然发生的风险。如果是被保险人或投保人的故意行为所致的损失,保险人不予赔偿,否则容易引发道德风险。对于必然发生的风险,可通过其他风险管理方式来控制和转移。

(4) 风险必须是大量标的均有遭受损失的可能性。

这是保险经营的基础——大数法则的基本要求。条件是各风险单位遭受风险事故造成损失的概率和损失程度相近,在大量风险事故的基础上,保险人通过大数法则进行保险经营,确定保险费率,满足保险人建立保险基金的需求。

(5) 风险应有发生重大损失的可能性。

对于保险人承保的风险,一旦发生将导致重大的风险损失,投保人才会产生保险需求。相反,如果损失程度轻微,购买保险则是不经济的,一般可以通过自留风险来解决。

四、保险在风险管理中的意义

保险是社会经济发展到一定阶段的产物。自然灾害和意外事故的客观存在是保险产生的自然基础,剩余产品是保险产生的物质基础,商品经济是保险产生的经济基础。在现代社会处理风险的手段中,保险始终是风险管理中最普遍、最基础的方法。

(1) 保险是风险转移中最重要、最有效的手段和方法。作为一种经济补偿手段,当单位或个人遭受风险的危害时,可以通过保险的方式将所受的风险损失转嫁给保险人以减轻或消化风险造成的损害。

(2) 保险可以使投保人以较小的经济成本达到最大的安全保障。投保人为了达到降低风险损失的目的,把不确定的、可能发生的巨额风险损失转换成确定的、小额的保险费支出,因而在各种风险管理形式中受到大众的普遍欢迎,使保险成为普遍的、常用的风险管理形式。

(3) 保险是由保险公司对风险进行集中处理。在投保人比较多,且风险事故出现的概率和损失率比较稳定的情况下,保险人可以降低风险管理成本。

(4) 保险运用概率论和大数法则对风险进行预测,有利于提高风险管理的自觉性、科学性和准确性。

(5) 风险管理的不断演变和发展,促进保险不断创新。随着保险理论的发展,保险组织机构和种类的增多,保险营销渠道不断多样化,保险市场日益丰富,我国保险的监管体系日趋完善,保险业的发展将日益得到巩固和完善。

任务实施

一、任务实施环境

(1) 汽车保险仿真模拟实训室。

（2）车险承保模拟教学系统投保平台。

（3）辅助办公设备（文具、打印机、复印机等）。

二、学生分组

将学生进行分组，每6人为一组，并选出小组负责人。利用本任务学到的知识，结合“情景导入”中的案例进行小组讨论。

（1）风险管理与保险的关系。

（2）保险在风险管理中的作用和意义。

三、考核要点

（1）小组成员配合是否默契，对话逻辑是否清晰。

（2）小组成员对于风险管理与保险的关系是否明确，表述是否清晰，对于保险在风险管理中的意义是否掌握。

（3）小组成员是否能够清晰、准确地说明什么是风险管理、什么是保险，是否掌握了具体的内容，以及如何进行风险管理。

（4）是否能从对话中体现本任务的主要知识点。

四、总结讨论

（1）各小组对本组成员的讨论表述情况进行总结讨论，并对其他小组的讨论表述进行点评。

（2）教师对各小组出现的亮点与不足进行点评。

项目测评

一、名词解释

风险　风险因素　风险事故　损失　损失程度　纯粹风险

投机风险　静态风险　动态风险　信用风险　自留风险　转移风险

二、判断题

1.“无风险，无保险”，风险的客观存在是保险产生与发展的自然基础。（　）

2.风险事故引发风险因素，风险因素导致损失。（　）

3.风险的本质特征就是损失的不确定性。（　）

4.投机风险和纯粹风险都属于可保风险。（　）

5.风险转移包括控制型非保险转移方式、财务型非保险转移方式。（　）

三、单项选择题

1. 下列属于衡量风险的指标的是(　　)。

A. 损失频率　　B. 损失程度　　C. A与B　　D. 以上都不对

2. 风险按承担风险的主体分类可分为(　　)。

A. 团体风险　　B. 政府风险　　C. 个人与家庭风险　　D. 以上都对

3. 不属于融资型风险处理方法的是(　　)。

A. 自留风险　　B. 转移风险　　C. 保险转移风险　　D. 集合分散

4. 下列属于风险管理的对象的是(　　)。

A. 保险　　B. 风险　　C. 个人　　D. 家庭

四、填空题

1. 风险的基本属性包括________、________、________。

2. 风险按性质可分为________、________。

3. 风险按形成的原因可分为________、________、________、________。

4. 控制型风险处理方法主要有________、________、________、________。

五、简答题

1. 如何理解风险?

2. 简述风险的特征。

3. 简述风险的构成要素及其相互关系。

4. 简述风险管理及其基本程序。

5. 什么是可保风险?它具备哪些条件?

6. 简述保险在风险管理中的意义。

项目二 汽车保险基本知识

项目目标

知识目标

1. 熟悉汽车保险的发展概况。
2. 掌握汽车保险的概念、作用、原则及特点。
3. 掌握汽车保险市场的特征,能对汽车保险市场的需求进行分析。
4. 掌握识别及控制车辆风险的方法。

技能目标

1. 能够熟练运用本项目所学汽车保险的知识正确分析相关案例。
2. 能够进行汽车保险情景模拟演练。
3. 培养学生的汽车保险意识,增强学生的实践技能,提升学生的职业素养。

项目描述

作为择业人员,要想在保险公司从事汽车保险工作,首先应认识汽车保险。保险业务员在了解保险及风险的基础上应熟知汽车保险的基础知识,明白客户为什么必须要购买汽车保险及购买的原则,能够分析车辆在行驶中遇到的风险,以及如何控制及转移风险。本项目主要包含汽车保险的概念、作用、原则及特点,汽车保险市场的特征及识别、控制车辆风险。通过本项目的学习,可以清晰地认识汽车保险及其风险控制的方法,为深入学习汽车保险做好铺垫。

课时计划

任务一:汽车保险的介绍。

任务二:识别与控制车辆风险。

任务一 汽车保险的介绍

情景导入

小红是某职业院校汽车专业的学生，即将毕业的她面临着和大多数同学一样的择业问题。经过多方打听，她发现许多同学都应聘了保险公司，于是她对汽车保险的发展现状做了一个全面的了解后，认为汽车保险行业发展前景还不错，所以决定应聘当地一家发展较好的保险公司。为了顺利通过面试，小红重新对曾经学过的汽车保险的概念、作用、原则等相关知识进行了学习，最终通过了面试。

思考：汽车保险业的发展前景如何？

知识准备

汽车保险是财产保险中相对年轻的险种。本任务主要阐述汽车保险的概念、作用、特点和原则，简单介绍汽车保险市场的特征、需求分析、需求发展对策，国内外汽车保险的发展等，为系统学习汽车保险知识打下坚实的基础。

一、汽车保险的概念

（一）汽车保险的定义

汽车保险，即机动车辆保险，简称车险，是指针对机动车辆由于自然灾害或意外事故所造成的人身伤亡或财产损失负赔偿责任的一种商业保险。

汽车保险是以汽车本身及其相关利益为保险标的的一种财产保险。汽车保险具有保险的所有特征，其保险对象为汽车及其负责人。从其保障的范围看，汽车保险既属于财产保险，又属于责任保险。在保险实务上，因保险标的内容不同而赋予不同的名称，如机动车第三者责任险、全车盗抢险等。

（二）汽车保险相关名词

1. 汽车保险参与者

(1) 汽车保险人。又称汽车承保人，是指经营汽车保险业务收取保险费和保险事故发生后负责赔偿损失的机构法人，通常为保险公司。

(2) 汽车投保人。是指与汽车保险人订立保险合同，按保险合同负有支付保险费义务的人。

(3) 汽车被保险人。是指其车辆等财产或者人身受保险合同保障，享有保险赔偿请求权的人。

(4) 汽车保险中介人。是指介于保险人与投保人之间，专门从事汽车保险业务咨询与招揽、风险管理与安排、价值衡量与评估、损失鉴定与理赔等中介服务活动，并从中获取手续费或佣金的单位或个体。

> **提示：**
>
> 自然人和法人都可以成为汽车投保人。当投保人为自己的利益投保，且保险人接受其投保时，投保人就变成了被保险人。

2. 其他相关专业术语

（1）汽车保险费。是指汽车投保人根据合同约定支付给保险公司的费用。

（2）保险金额。是指保险人承担赔偿或者给付保险金责任的最高限额。

（3）保险责任。是指保险人承担赔偿保险金责任的风险项目。

（4）责任免除。是指保险人不承担赔偿保险金责任的风险项目。

（5）保险期间。又称保险期限，是指保险合同的有效期限。

（6）免赔率。是指不赔金额与损失金额的比率。

二、汽车保险的作用

（一）促进了汽车工业的发展

汽车工业已成为我国经济健康、稳定发展的重要动力之一，汽车产业政策在国家产业政策中的地位越来越重要。

与此同时，汽车保险业务的发展对汽车工业的发展起到了有力的推动作用。汽车保险的出现，消除了企业与个人对使用汽车过程中可能出现的风险的担心，在一定程度上提高了消费者购买汽车的积极性，扩大了对汽车的需求。

（二）稳定了社会公共秩序

随着汽车数量的不断增多，道路交通情况日益复杂，车辆极易发生意外事故，给人们带来重大的、难以承受的人身伤亡和财产损失。人们购买了汽车保险，一旦发生意外事故就可以从保险公司获得相应的经济补偿，从而减轻个人经济压力。由此可见，汽车保险有利于稳定社会公共秩序，保障人们的合法权益。

（三）促进了汽车安全性能的提高

保险公司为了提升自身的经济效益，除了会不断改进和提升自身的管理水平外，还会对各种交通事故进行统计与分析，并将相应数据提供给汽车制造厂家，协助和督促其不断提高汽车安全性能，从而减少自身的事故赔偿支出。

（四）在财产保险业务中占有重要地位

目前，大多数发达国家或地区的汽车保险业务在整个财产保险业务中占有十分重要的地位。例如，美国汽车保险保费的收入占财产保险总保费的45%左右，占全部保费的20%左右；亚洲地区的日本和我国台湾地区汽车保险的保费占整个财产保险总保费的比例更是高达58%。

三、汽车保险的特点

(一) 不确定性

由于机动车辆流动性大、行程不固定、在陆上行驶，对保险人而言，无疑增加了危险事故与保险损失的难以预测性和不确定性。

(二) 扩大可保利益

只要是经被保险人允许的合格驾驶人员使用已保险的机动车辆，如果发生保险合同中约定的保险事故并造成第三者的财产损失或人身伤亡的，保险人均负赔偿责任。保险人在承担这项责任时，条件只是要求：驾驶员是合格的驾驶员和驾驶已保险的机动车辆且得到了被保险人的同意，而不要求其对机动车辆拥有所有权、占有权或管理权等。这实际上是对保险合同中可保利益的一种扩大，同时也是保险责任的放大。

(三) 无赔款优待

无赔款优待是机动车辆保险特有的制度，其核心是为了解决在风险不均匀分布的情况下，使保险费直接与实际损失相联系。为了鼓励被保险人及驾驶人严格遵守交通规则安全行车，各国的汽车保险业务中均采用“无赔款优待”制度。

(四) 维护公众利益

车辆第三者责任保险作为一种与车辆密不可分的责任保险业务，在绝大多数国家均采用强制原则，从而是一种法定保险业务。各国之所以对该业务特殊对待，其出发点是为了维护公众利益，即确保在道路交通事故中受害方能够得到有效的经济补偿。所以，汽车保险是保障驾驶人员人身权益的最好形式。

四、汽车保险市场

(一) 汽车保险的特征

1. 出险率高

汽车是陆地的主要交通工具。由于其经常处于运动状态，总是载着人或货物不断地从一个地方开往另一个地方，很容易发生碰撞及意外事故，造成人身伤亡或财产损失。由于汽车数量的迅速增加，一些国家的交通设施及管理水平跟不上汽车的发展速度，再加上驾驶人的疏忽、过失等人为原因，交通事故频发，汽车出险率较高。

2. 业务量大

由于汽车出险率较高，汽车的所有者需要以保险方式转嫁风险。各国政府在不断改善交通设施、严格制定交通规章的同时，为了保障受害人的利益，对车辆第三者责任险实施强制保险。

保险人为适应投保人转嫁风险的不同需要，为被保险人提供了更全面的保障，在开展车辆损失险和车辆第三者责任险的基础上，推出了一系列附加险，使汽车保险成为财产保险中业务量较大、投保率较高的一个险种。

3. 保障对象多

在汽车保险中，针对汽车的所有者与使用者不同的特点，汽车保险条款一般规定：不仅被保险人本人使用车辆时发生保险事故保险人要承担赔偿责任，而且凡是被保险人允许的驾驶人使用车辆时，也视为其对保险标的具有保险利益，如果发生保险单上约定的事故，保险人同样要承担事故造成的损失，保险人须说明汽车保险的规定以"从车"为主，凡经被保险人允许的驾驶人驾驶被保险人的汽车造成保险事故的损失，保险人须对被保险人负赔偿责任。

此规定是为了对被保险人提供更充分的保障，并非违背保险利益原则。但如果在保险合同有效期内，被保险人将保险车辆转卖、转让、赠送他人，被保险人应当书面通知保险人并申请办理批改；否则，保险事故发生时，保险人对被保险人不承担赔偿责任。

4. 费率双挂钩，无赔款优待

为了促使被保险人注意维护、养护车辆，使其保持安全行驶技术状态，并督促驾驶人注意安全行车，以减少交通事故，保险合同上一般规定：驾驶人在交通事故中所负责任，车辆损失险和车辆第三者责任险在符合赔偿规定的金额内实行绝对免赔率；被保险车辆在保险期限内无赔款，续保时可以按保险费的一定比例享受无赔款优待。以上两项规定，虽然分别是对被保险人的惩罚和优待，但要达到的目的是一致的。

（二）汽车保险市场需求分析

汽车保险市场的需求主要受经济因素和社会文化因素影响。

1. 经济因素

（1）国民生产总值

国民生产总值是对社会整体消费水平和消费能力的集中体现，国民收入越高，社会的消费能力越强，拥有购买汽车能力的人越多，车险市场需求随之增加。

（2）汽车销售量

在交通事故频发的状况下，人们的保险意识越来越强，为了保证汽车的使用安全，降低使用风险，大多数人会在买车的同时第一时间购买汽车保险。在这种情况下，汽车销售量直接影响着车险市场需求。

（3）城镇化水平

城镇化水平直接反映了当地的消费水平，城镇化水平越高，汽车的消费需求越高，购买的汽车险种也越齐全，对于汽车保险销售行业来讲可谓市场潜力巨大。

2. 社会文化因素

（1）社会背景因素

社会上的未雨绸缪、自我意识等思想能够提高人们的汽车投保意识，增加车险市场需求。

（2）风险因素及意识

在市场经济环境下，人们不可避免地面临经济风险，人们的风险意识直接影响着人们的车险意识。例如，面对社会新闻中对于车祸造成巨大经济损失的相关报道，一些人头脑中必然会设身处地地想到自身也有可能面对这种情况。那么在这种情况发生后，我们需要考虑的是如何将自身的损失降到最低，答案就是购买车险。

由此可见，风险意识较高的人能够积极投保车险，不仅保证了汽车使用过程中的人身生命财产安全，而且扩大了车险市场需求。

（三）汽车保险市场需求发展对策

1. 加快市场化改革

首先，政府应加大车险市场化改革，将车险的定价权下放到各家保险公司，使保险公司能够根据经营状况调节车险费用。其次，政府应重视保险公司的服务水平和管理水平，加大保险公司的创新力度，鼓励保险公司创新高质量、个性化保险服务。最后，政府应加快保险费率的灵活化发展，规范保险公司和投保人的经济利益。

2. 积极研发新车险产品

保险公司应加大市场调查力度，根据消费者的产品需求加快产品研发，降低车险费率，适时推出适合消费者的保险产品，进而提高保费收入。保险公司还可以实行捆绑销售，不断提高消费者的保留价格，促进保费收入增长。保险公司应积极改革销售渠道，重视互联网技术在保险销售中的作用，开展网络销售和移动客户端销售，提高销售工作效率。

3. 加强合作

保险公司可以与4S店开展合作，针对4S店的汽车销售状况创新车险产品，满足消费者对车险的需求，进而扩大消费者的车险需求量。保险公司应积极利用4S店的客户资源，深入了解客户的车险需求，接触更多的客户，进而开发客户需要的保险产品。保险公司还可以与汽车维修商开展合作，实行透明化的车险理赔，减少车险市场上骗保、欺诈等不良现象。

4. 规范网络车险

网络车险需要保险公司利用互联网整合各种资源，对核心业务及决策流程进行调整和设计。网络车险应实现整个投保流程的网络化操作，支持投保、保费支付、核保、核赔、售后服务、在线咨询、保单验真、为客户进行投保方案设计、风险提示等个性化服务，为客户和保险公司提供一个综合的平台。同时，保险公司可以与医院、公安部门、银行、工商、税务及保险监管部门进行联网合作，通过网络查询被保险人的健康状况、个人信息、财务状况等相关信息，从而大大提高防御风险的能力，确保网络保险健康发展，实现营销业绩新突破。

五、汽车保险的原则

（一）保险利益原则

保险利益原则，又称可保利益原则，是指投保人或被保险人对保险标的具有合法的利益。保险利益的具体构成须满足以下三个条件。

(1) 合法性。保险利益作为投保人或被保险人享有的利益，必须是法律认可并受法律保护的。

(2) 确定性。保险利益必须是经济上已经确认或能够确认的利益。

(3) 可计算性。保险利益必须是可以用货币计算和估价的。

(二) 最大诚信原则

最大诚信原则是指保险合同双方在签订和履行合同时，必须以最大的诚信履行各自的义务，互不欺骗和隐瞒，恪守合同的认定和承诺，否则保险合同无效。

最大诚信原则的内容主要包括如实告知义务、说明义务、保证义务、弃权和禁止抗辩义务。具体内容见表 2-1。

表 2-1　最大诚信原则的内容

种类	约束人	含义
如实告知义务	投保人	在订立保险合同时，投保人应将那些足以影响保险人决定是否承保、确定保险费率或增加特别款项的重要情况，如实告知保险人。如未履行该义务，保险人有权拒绝赔偿
说明义务	保险人	在订立保险合同时，保险人应当向投保人说明合同条款的内容。如保险人对免责条款内容未以书面或口头形式向投保人提示或明确说明的，该条款不产生效力
保证义务	被保险人	被保险人保证在保险期间遵守作为或不作为的某些规则，或保证某一事项的真实性。保险上的保证分为两种：①明示保证，即以条款的形式出现在保险合同中，如安全驾驶，遵守交通规则，做好车辆维护保养工作等；②默示保证，即不以条款的形式出现在保险合同中，往往以普遍存在或认可的行为规范为准则，并将此视为被保险人保证作为或不作为的承诺。如被保险人因没有关闭车窗门而招致失窃，保险人不承担保险责任
弃权和禁止抗辩义务	保险人	弃权是指保险人放弃法律或保险合同中规定的某项权利，如拒绝承保、解除保险合同等。 禁止抗辩是指如果保险人放弃了某项权利，就不得向被保险人重新主张这种权利

在如今的汽车保险市场中，保险欺诈的现象相当严重，很多投保人会故意隐瞒事实，违背最大诚信原则。保险人应对车辆的风险因素有足够的认识，加强风险防范措施，防止保险欺诈。

【案例 1】

2016 年 1 月 2 日，黄某和鄢某各自驾驶车辆在上海市松江区一路口发生了交通事故，保险公司支付理赔款 1 万余元。殊不知，这是一个精心策划的骗局。此前，犯罪嫌疑人鄢某到黄某的店里维修车辆，并表达了不想支付维修费的想法。于是二人一拍即合，黄某称可以制造一起交通事故，用保险理赔款冲抵维修费。确定时间、地点后，二人驾车同行，并通过对讲机在车内相互联系，故意制造了一起交通事故，骗取保险金。犯罪嫌疑人黄某用部分保险金为鄢某修车，其余部分归自己所有。

经查，从 2010 年 8 月至 2016 年 2 月，黄某以驾驶机动车故意碰擦他人车辆制造交通事故的方式，骗取保险理赔十几次，涉案金额达 10 万余元。

(三) 近因原则

近因是指造成保险标的损失最直接、起决定作用的原因。近因原则是指在风险与保险标的的损失关系中，如果近因属于被保风险，保险人应负赔偿责任；如果近因属于除外风险或未保风险，则保险人不负赔偿责任。

在实际生活中，损害结果可能由单因或多因造成。单因比较简单，即造成损失的原因只有一个，则该原因即为近因。如果该近因属于被保风险，保险人应对损失负赔付责任；如果该近因是除外风险，保险人则不予赔付。多因则比较复杂，主要有以下三种情况。

1. 多因同时发生

多因同时发生，即损失是由多种原因造成的，且这些原因几乎同时发生，无先后之分。如果损失的发生同时存在多种原因，且对损失都起决定性作用，则原则上它们都是近因。而保险人是否承担赔付责任，有以下两种情况。

(1) 如果这些原因都属于保险责任，则保险人承担赔付责任；相反，如果这些原因都属于除外责任，则保险人不承担赔付责任。

(2) 如果这些原因中既有保险责任，也有除外责任，则需要依据具体情况进行处理。

2. 多因连续发生

多因连续发生，即损失是由若干个连续发生的原因造成的，且各原因之间有因果关系。在这种情况下，最先发生并造成事故的为近因。如果该近因是保险责任，保险人应承担赔偿责任；反之，保险人不承担赔偿责任。

3. 多因间断发生

多因间断发生，即各原因的发生虽有先后，但不存在任何因果关系。此情形下近因的判定及保险人承担责任的处理方法与多因同时发生的情形基本相同。

【案例 2】

某日，王女士在驾车行驶时被一辆中速行驶的轿车轻微碰擦后，顿感胸闷头晕。不幸的是，王女士在被送往医院途中病情加重，最后不治身亡。医院的死亡证明书指出王女士死亡的原因是心肌梗死。因为之前王女士买了保险，于是其家人拿着保单及死亡证明等材料向保险公司索赔，但保险公司以导致死亡的事故为非保险事故，不属于意外伤害为由，不予理赔。

在此案例中，造成王女士死亡的原因有两个，一是王女士驾车时与轿车发生的轻微碰擦，另一个是心肌梗死。关键问题在于，这次事故的近因到底是二者中的哪个呢？

王女士驾车时与轿车发生轻微碰擦是其死亡的前因，心肌梗死是后因。如果同样的事情发生在正常人身上，是不会导致死亡的，所以王女士死亡的近因不是车辆碰擦，而是心肌梗死。轻微碰擦是被保风险，心肌梗死是除外风险，所以保险公司不承担赔偿责任。

（四）损失补偿原则

损失补偿原则是指保险事故发生后，保险人在其职责范围内，对被保险人遭受的实际损失进行赔偿的原则。

保险的目的是补偿损失，而不是使被保险人获得额外收入，所以保险人支付的赔款不能超过被保险人所遭受的实际损失。在具体赔偿时，应掌握以下三个限度。

1. 以实际损失为限

保险人赔偿的金额只能是保险标的实际损失的金额。例如，一辆旧车的实际价值为15 万元，但其新车购置价为 20 万元，即使保险金额为 20 万元，车辆全损时也只能赔偿 15 万元。

2. 以保险金额为限

保险人只在保险合同规定的期限内，以约定的保险金额为限，对合同中约定的危险事故所致损失进行赔偿。如上述案例中，若保险金额为 12 万元，则车辆全损时只能赔偿12 万元。

3. 以保险利益为限

在被保险人的保险利益减少时，应以被保险人实际存在的保险利益为限。例如，张某由于资金短缺，将一辆轿车作为抵押物向银行贷款 15 万元，而银行又以新车购置价 20 万元向保险公司投保。在车辆全损时，保险公司只赔 15 万元，因为银行对汽车的保险利益只有 15 万元。

上述三者不一致时，以最低者为限。

【注意】

（1）不要重复投保。

有些投保人认为多投几份保险，就可以使被保车辆多几份赔偿，其实不然。按照《保险法》第五十六条规定："重复保险的各保险人赔偿保险金的总和不得超过保险价值。"因此，即使投保人重复投保，也不会得到超价值的赔款。

（2）不要超额投保或不足额投保。

有些车主的车辆明明价值 10 万元，却投保了 15 万元的保险，认为多花钱就能多赔付；而有的车价值 20 万元，却只投保了 10 万元。这两种投保都不能得到有效的保障。

依据《保险法》第五十五条规定："保险金额不得超过保险价值。超过保险价值的，超过部分无效，保险人应当退还相应的保险费。保险金额低于保险价值的，除合同另有约定外，保险人按照保险金额与保险价值的比例承担赔偿保险金的责任。"由此可知，超额投保或不足额投保都不能获得额外的利益。

六、汽车保险的发展

汽车保险是伴随着汽车的出现和普及而产生和发展的，属于财产保险中相对年轻的险种。汽车保险发展于近代，其出现比水险、火险、盗窃险和综合责任险等都要晚，但发展异常迅速，如今已成为国际保险行业的主要业务险种之一。

英国法律事故保险公司于 1896 年开办了汽车保险业务，成为全世界汽车保险领域"第一个吃螃蟹的人"。由于市场的迫切需求，该公司在 1899 年签发了机动车碰撞责任险，主要负责赔付被保险车辆与其他车辆发生碰撞所造成的损失。10 多年后，汽车保险逐步在多个国家生根开花，其承保和费率等也开始尝试实行标准化。1950 年以后，随着欧、美、日等地区和国家汽车工业的迅速发展，汽车保险得到了长足发展，成为各国财产保险中最重要的业务险种。

故事屋：世界上第一份汽车保险

世界上第一份汽车保险出现在 1898 年的美国纽约，当时给汽车买保险的车主——杜鲁门·马丁最担心的"马路杀手"不是汽车而是马。当时，美国全国只有 4 000 多辆汽车，而马的数量达到了 2 000 万匹，马车是当时主要的交通工具。马丁非常担心自己的爱车会被马冲撞，于是到美国的旅行者保险有限公司买了世界上第一份汽车保险。

100 多年之后，美国已有 2.2 亿辆汽车，而马的数量却减少到 200 万匹。一个多世纪前还被视为新鲜事物的汽车保险已经成为再平常不过的事情。

（一）我国汽车保险的发展

我国汽车保险的发展经历了一个曲折的过程。

（1）中华人民共和国成立后，中国人民保险公司于 1950 年开办了汽车保险业务，但由于宣传不足，该业务于 1955 年停止。

（2）1980 年，由于公路交通运输业迅速发展，汽车事故日益增多，企业和个人对汽车保险的需求日益迫切，中国人民保险公司逐步恢复中断了近 25 年之久的汽车保险业务。

（3）1983 年，汽车保险改为机动车辆保险，这使其具有了更广泛的适应性。

（4）1988 年，我国汽车保险的保费收入超过 20 亿元，占财产保险总保费的 37.6%，第一次超过了企业财产险（35.99%）。此后，机动车辆保险一直是财产保险的第一大险种，并保持高增长率，我国的汽车保险业务进入了高速发展时期。

如今，虽然我国汽车保险行业发展非常迅速，但仍存在着保险品种和费率单一、保险责任不够细化、骗保现象严重、保险理赔人员匮乏等问题。为此，国家采取了一系列措施促进汽车保险行业的健康发展，如鼓励汽车保险业务创新、加强市场监督检查、培养专业车险人员等。

（二）国外汽车保险的发展

1. 美国——汽车保险发展的成熟地

美国建立了较为完善和发达的汽车保险体系，为各国所效仿。经过多年的研究和实践，美国逐步形成了一套代表国际汽车保险市场先进水平的、较为复杂且科学的费率计算方法。在通常情况下，美国的汽车保险分为商用汽车险和个人汽车险两大类。在制定个人汽车险费率时，充分考虑了驾驶人的年龄、性别、驾驶经验、违章记录、是否抽烟、婚姻状况、居住地等情况。

值得一提的是，美国车险行业依靠灵活的车险市场准入、退出机制，相对自由的市场竞争，较为完善的法律法规，已成为全球最发达的车险市场。

2. 日本——完善的汽车保险费率体系

汽车保险一直是日本财产保险业的重要支柱。日本自 20 世纪 50 年代初采取汽车保险浮动费率制度以来，经过几十年的市场改革，该体系已经发展成为一套较为公平合理的费率体系。其核心是将出险次数与投保人应付保险费挂钩。因此，投保人或被保险人可通过减少事故换取相应的经济利益。

此外，因保险产品的特殊公共产品性质，尽管日本已是高度市场化经济，但汽车保险费率的厘定仍然需要受到政府的全程监管，即保险费率的确定需要获得政府相关部门的批准。

3. 英国——先进的费率制定技术

英国采取加权多种因素的方式确定保费，真实体现了投保车辆的风险状况。它注重驾驶记录因素，区别对待拥有不同风险因素的投保对象，在一定程度上让消费者体验到费率的公平性。同时，它也有效鞭策被保险人养成遵守交通法规的习惯。如果上年有“违章记录”或“赔偿记录”，第二年在保险公司续保时将无法获得较大的保费折扣。

4. 德国——完善的汽车保险等级划分制度

德国保险公司根据不同品牌、不同车型等，将汽车划分为不同等级，等级越低，说明这款车出险概率越低，需要缴纳的保费也越低。

例如 POLO，按照德国汽车工业联合会和保险公司的评级，它的保险评级为 10 级，而与它同级别的车型往往在 13 级、14 级的水平，POLO 的每年保费约为 350 欧元，而其他同级别车型则高达 700 欧元。因此，车辆的保险等级也是德国人在购车时的一个重要参考指标。这种保费计算方式，使得汽车制造商为了保住市场份额，不得不想方设法提高产品质量和产品安全系数，以获得较高的保险等级。

5. 法国——汽车保险社会管理功能突出

法国车险市场是一个较为成熟和规范的市场，竞争激烈，产品丰富，市场细分度高。法国汽车保险行业的经营区域和范围已经大大超越了传统保险，其社会管理功能也更突出。

例如，保险公司为减少酒后驾车的事故发生率，允许客户在因饮酒而不能驾车时，在保险公司报销一次交通费用；在重大节假日，保险公司会适时在大的娱乐场所进行查验，并为因饮酒不能驾车的客户提供交通服务；有的保险公司还设立了汽车修理研究中心，以便为客户提供修车价格指导服务或为汽车修理厂提供技术培训等。

技能拓展

根据自己的了解和调查，列出一些经营汽车保险业务的保险公司。

任务实施

一、任务实施环境

(1) 汽车保险仿真模拟实训室。

(2) 车险承保模拟教学系统投保平台。

(3) 辅助办公设备(文具、打印机、复印机等)。

二、学生分组

将学生进行分组，每 6 人为一组，并选出小组负责人。利用本任务学到的知识，结合“情景导入”中的案例进行小组讨论。

(1) 解释何为汽车保险，汽车保险的原则及其适用范围。

(2) 简述在投保或订立合同时应遵守的原则。

(3) 分析各种情况车辆保险应遵循的原则。

三、考核要点

(1) 小组成员配合是否默契，对话逻辑是否清晰。

(2) 小组成员是否熟悉汽车保险的作用及特点，是否能够分析各种情况车辆的保险遵循的原则。

(3) 小组成员是否能够清晰、准确地向客户介绍其车辆应遵守及适合的原则。

(4) 是否能从对话中体现本任务的主要知识点。

四、总结讨论

(1) 各小组对本组成员的讨论表述情况进行总结讨论，并对其他小组的讨论表述进行点评。

（2）教师对各小组出现的亮点与不足进行点评。

任务二 识别与控制车辆风险

情景导入

最近，李先生在4S店购买了一辆价值15万元的大众速腾轿车，因为是新手上路，知道自己单独开车存在一定风险，于是向工作人员小张进行咨询。小张帮李先生分析了汽车在使用过程中的风险，并告之购买汽车保险可以将其所面临的风险转嫁给保险公司。

思考：如果你是工作人员小张，你会如何向李先生分析使用车辆时所面临的风险，为什么一定要给车买保险？

知识准备

在掌握汽车保险的概念及特点的基础上，识别及控制车辆风险显得尤为重要。本任务主要介绍车辆面临的风险，车辆及驾驶人风险的识别，车辆风险的控制等内容。

一、车辆面临的风险

为达到消除、避免、减少和防范车辆风险的目的，首要的风险管理方法是对车辆风险进行识别，确定车辆所面临的各种风险。

（一）道路交通事故风险

（1）车与车之间发生的碰撞。是指发生在道路上行驶的各种机动车或非机动车之间相互碰撞的事故。

（2）车与行人之间发生的碰撞。是指发生在各种行驶的机动车辆与在道路上活动的行人相撞的事故。

（3）车辆自身的事故。是指车辆在行驶过程中失控驶出道路、自行翻车、失火爆炸等造成的事故。

（4）其他事故。包括车辆与道路固定设施相撞，撞死、撞伤牲口家禽，以及驾驶人因疲劳、病痛等原因造成的事故。

（二）自然灾害风险

自然灾害风险是指由于驾驶环境的自然现象引起的机动车的损害和驾乘者的人员伤害，如洪水、大风，泥石流、冰雹、暴雪、大雨、雷击、地震、海啸、塌方滑坡等自然现象引起的车辆碰撞、倾覆、火灾、爆炸等损害继而引发人身伤害。

(三) 其他风险

其他风险如机动车被盗抢风险、高空坠物、交通事故精神损害风险等。

二、车辆风险的识别

(一) 车辆的使用性质及目的

汽车的使用性质不同,对其行驶里程、使用频率、耗损程度以及技术状况都有不同程度的影响。汽车的使用性质一般分为私用和商用。我国则以营业和非营业为划分标准。私用汽车一般使用频率较低,事故率相对较小,而商用汽车使用频率较高,事故率也较高,所以汽车的使用性质不同,发生事故的风险也不同。

汽车的使用目的不同,其危险性也不一样。汽车的使用目的有以下四种。

(1) 上班代步、家庭活动、舆论及社交活动。

(2) 被保险人亲自驾驶汽车从事业务活动或处理与职业相关的事宜。

(3) 被保险人的家庭活动、娱乐及社交活动,以及被保险人或其雇主开展的商业活动。

(4) 其他事项,如汽车租赁和与汽车贸易有关的事宜。

(二) 车型与厂牌型号

车型大小与发生事故的危险性有直接关系。一般大型汽车,由于其体积大、功率大、速度快,一旦发生事故后果严重,危害较大,而小型汽车发生事故的危害性相对小一些。现代汽车的车型很多且复杂,即使同一型号的汽车其安全性也不尽相同,因此对汽车的车型及其危险性进行分析很重要。英国采用由保险公司成立的专门机构负责对各种车辆的安全性进行综合分类,作用十分明显。

因汽车的种类繁多,各种汽车的构造、性能差异较大,即使同一厂牌的汽车,不同型号之间差异也很大,因此厘定汽车保险费率时厂牌和型号都是重要的因素。

(三) 车龄或汽车的实际价格

车龄或汽车的实际价格是汽车已使用时间长短的评判指标,它与汽车的折旧关系很大,直接影响保险金额,也影响汽车的修理成本和使用危险性。车龄较大的汽车,其技术性能会明显不如新车,危险性比新车要大。因此,对于从车主义(费率考虑的因素,以车为主)的汽车保险,车龄或汽车的实际价格是确定保险金额和厘定保证保险费率的重要依据之一。

(四) 家庭或车主拥有的汽车数

如果一个家庭或者一个家族拥有的汽车数少,汽车的使用频率会很高,同时由于家庭成员的驾驶习惯不同,往往发生事故的频率较大。如果同一车主拥有多辆汽车,则有助于保险成本的降低。

三、驾驶人风险的识别

（一）驾驶人的年龄与驾龄

研究表明，驾驶人的年龄是影响交通事故的重要因素之一，交通事故的发生与驾驶人的生理状况和心理状态密切相关。一般情况下，年轻人的心理未成熟，处于争强好胜阶段，往往容易超速驾车，因此交通事故会高一些；而老年人的生理机能日趋下降，反应较迟钝，事故率也较高。统计资料表明，驾驶人发生交通事故的概率年轻时最高，然后逐年下降，在 40—50 岁时最低，此后又略有上升。所以通过合理划分年龄档次确定保险费率是从人主义（费率考虑的因素，以人为主）的汽车保险的通用做法。

（二）驾驶人的性别与职业

驾驶人的性别与交通事故率也有很大的关系。由于男性驾驶汽车时较女性更易受干扰，所以事故率也高于女性。研究表明，女性驾驶人发生事故的概率比男性略低，其差别一般为 3～5 岁。例如，22 岁的女性驾驶人的危险因素与 25—27 岁的男性驾驶人的危险因素相当，但当女性驾驶人超过 60 岁时，其发生事故的概率比男性略高。

不同的职业对人的情绪和体力的影响很大，同时也会影响人的心理状态。资料表明，不同职业的汽车驾驶人发生事故的概率差别很大。例如，从事体力劳动的工人的事故率高于行政工作人员，飞机驾驶人的事故率高于教师，因此驾驶人的职业反映了其生活习惯和生活方式，也影响被保险车辆的使用目的和使用范围。

（三）驾驶人的婚姻状况

驾驶人的婚姻状况对发生交通事故也有影响。如果驾驶人已婚，家庭责任和家人的督促会使其小心驾车，从而降低事故率；如果驾驶人未婚，没有家庭牵挂，其驾车安全性显然不如已婚者，易发生交通事故，所以已婚驾驶人的保险费率要比未婚者低。

（四）驾驶人的生活习惯与事故记录

汽车驾驶人是否有吸烟的生活习惯对交通事故也有影响。如果驾驶人在汽车行驶中吸烟必然妨碍其驾驶操作，影响汽车行驶的安全性。而酗酒对驾驶人的神经系统的影响尤为明显，会导致其反应迟钝、判断错误，酒后开车一直是交通事故的主要原因之一，因此，大多数国家都明令禁止酒后驾车。

（五）附加驾驶人的数量

由于附加驾驶人个人情况差异较大，显然会增加事故概率。附加驾驶人越多，事故危险性越大。因此每附加一个驾驶人，保险人就要增收一部分保费。投保人附加的驾驶人越多，所交保费就越多。

课堂讨论

（1）私家车存在哪些风险？

（2）政府公务用车存在哪些风险？

四、车辆风险的控制

（一）政府和有关主管部门采取的风险控制

（1）加大投入，加快建设公路及基础设施。

“十三五”规划提纲指出，重点完善现代综合交通运输体系。坚持网络化布局、智能化管理、一体化服务、绿色化发展，建设国内国际通道连通、区域城乡覆盖广泛、枢纽节点功能完善、运输服务运输服务一体高效的综合交通运输体系，构建内通外联的运输通道网络，建设现代高效的城际城市交通，打造一体衔接的综合交通枢纽，推动运输服务低碳智能安全发展。

（2）新技术、新材料在交通基础设施中的运用，如在高速公路上安装反光材料大大提升了车辆夜间通行能力，公路两旁使用防撞吸能材料大大降低了交通事故对车辆人员的伤害。

（3）在《中华人民共和国道路交通安全法》中明文规定了驾驶人饮酒、服用国家管制的精神药品或者麻醉药品，或者患有妨碍安全驾驶机动车的疾病，或者高度疲劳影响安全驾驶的，不得驾驶机动车。

（4）国家交通管理部门及其他机关的联合“治超”行动。

（二）保险经营主体采取的风险控制

（1）建立与气象部门和地质灾害预测部门的紧密联系，采取合理有效的办法，将这些信息及时传送给被保险人，组织自身和社会资源，建立抢险救灾预警机制。

（2）提醒车辆所有者和管理者及时维修车辆，使车辆保持良好的技术状态。

（3）鼓励车辆安装超速报警装置，安装超时行驶报警装置，安装 GPS 系统，在承保时给予足够的保费优惠，用价格杠杆引导投保人的消费行为和安全意识。

（4）利用各种媒体和形式宣传道路安全法规，制作典型案例宣传材料，用实际案例警示交通参与者。

（5）加强基础数据的积累和研究，为车辆主、被动安全设备的研制和推广提供数据支持和资金支持。

技能拓展

汽车保险风险控制的具体实施：

（1）汽车修理厂和 4S 店谈判。目的是压缩维修点的理赔水分，将理赔成本向终端挤压，谈判的主动权目前已经逐步转移到保险公司。

(2) 与当地交警部门加强合作。

(3) 与当地重大人伤事故受理法院合作。

(4) 对于重大人伤、车损事故，第一时间进行现场查勘。

(5) 建立当地的理赔黑名单。

任务实施

一、任务实施环境

(1) 汽车保险仿真拟实训室。

(2) 车险承保模拟教学系统投保平台。

(3) 辅助办公设备(文具、打印机、复印机等)。

二、学生分组

将学生进行分组，每 6 人为一组，并选出小组负责人。利用本任务学到的知识，结合"情景导入"中的案例进行小组讨论。

(1) 说明车辆行驶面临的风险。

(2) 如何识别车辆行驶风险？

(3) 如何控制车辆行驶风险？如何提前转移车辆风险？

三、考核要点

(1) 小组成员配合是否默契，对话逻辑是否清晰。

(2) 小组成员是否能够扮演保险业务员为客户分析汽车的风险及其控制，如何转移风险。

(3) 小组成员是否能够清晰、准确地向客户介绍汽车行驶中存在的风险，是否能正确引导客户建立风险转移意识。

(4) 是否能从对话中体现本任务的主要知识点。

四、总结讨论

(1) 各小组对本组成员的讨论表述情况进行总结讨论，并对其他小组的讨论表述进行点评。

(2) 教师对各小组出现的亮点与不足进行点评。

项目测评

一、判断题

1. 汽车保险不属于财产保险，属于责任保险。　(　　)

2. 汽车投保人与汽车被保险人可同为一个人。 (　　)
3. 保险金额是指保险人承担赔偿或者给付保险金责任的最高限额。 (　　)
4. 责任免除是指被保险人不承担赔偿保险金责任的风险项目。 (　　)
5. 保险人支付的赔款可以超过被保险人所遭受的实际损失。 (　　)

二、单项选择题

1. 汽车保险又称为(　　)。
A. 机动车辆保险　B. 车险　C. 车辆保险　D. 以上都不对
2. 下列不属于保险利益的具体构成需满足的条件是(　　)。
A. 合法性　B. 确定性　C. 可计算性　D. 随意性
3. 下列属于自然灾害引起车辆风险的是(　　)。
A. 塌方滑坡导致车辆倾倒　B. 两车之间碰撞
C. 车辆与行人间碰撞　D. 高空坠物导致车辆损害
4. 下列属于车辆本身风险的是(　　)。
A. 驾驶人年龄较大　B. 驾驶人经常出事故
C. 驾驶人较多　D. 车龄较长

三、填空题

1. 汽车保险又称________、________,简称________。
2. 汽车保险中介人是指________________________。
3. 汽车保险的原则主要有________、________、________、________。
4. 车辆面临的风险有________、________、________三大类。
5. 汽车保险市场需求发展对策为________、________、________、________。

四、简答题

1. 简述汽车保险的定义。
2. 简述汽车保险的作用。
3. 简述汽车保险的特点。
4. 简述如何识别车辆风险。
5. 简述如何对车辆风险进行控制。
6. 结合实训中的观察体会,回答以下问题:
(1) 对于一辆新车,该如何选择险种?
(2) 对于一辆二手车,该如何选择险种?
(3) 你觉得该如何控制自己车辆的风险?

项目三 了解汽车保险产品

项目目标

知识目标

1. 了解机动车交通事故责任强制保险(以下简称交强险)的内容,理解交强险的特征。

2. 熟悉常见附加险的保险责任、责任免除及赔偿处理。

3. 熟练掌握交强险的保险责任、垫付与追偿、责任免除、赔偿处理的相关规定,以及不同车型交强险保费的计算。

4. 熟练掌握机动车商业险保险的险种。

5. 掌握汽车主险产品的保险责任、责任免除、免赔率、保险金额、赔偿处理等情况。

技能目标

1. 能够合理、全面地为被保险人选择合适的险种。

2. 能够及时、准确地处理保险理赔业务,计算保险赔款。

项目描述

保险业务员在客户初步了解汽车风险与汽车保险的同时,还应向客户介绍汽车保险产品。目前,汽车保险产品由交强险和机动车商业保险两类产品构成。保险业务员应向客户重点介绍交强险和常用的机动车商业保险险种的特点和具体内容,尤其要详细介绍保险的责任免除,避免客户在保险理赔时遇到麻烦。此外,保险业务员还要向客户介绍各个保险公司的产品异同,便于客户进行投保选择。风险的客观存在是保险产生与发展的自然基础。为此,本项目主要介绍交强险和机动车商业保险两大类,讲述各类保险的基本内容,分析不同保险的基本特征,简明扼要地介绍不同的保险产品。通过本项目的学习,可以清晰地了解汽车保险产品,为进一步学习保险知识打下坚实的基础。

课时计划

任务一:机动车交通事故责任强制保险。

任务二：机动车商业主险。

任务三：机动车商业附加险。

依照我国现有的汽车保险政策，交强险和机动车商业保险都是由商业保险公司经营，但是交强险是强制性保险，而机动车商业保险是建立在保险人和被保险人自愿投保基础上的险种，见表 3-1。

表 3-1　我国汽车保险产品

<table>
<tr><td rowspan="2">强制性汽车保险</td><td colspan="2">非强制性汽车保险(机动车商业保险)</td></tr>
<tr><td>主险</td><td>附加险</td></tr>
<tr><td rowspan="2">机动车交通事故责任强制保险</td><td>车辆损失险、车辆第三者责任险、车上人员责任险</td><td>绝对免赔率特约条款、车轮单独损失险、新增加设备损失险、车身划痕损失险、修理期间费用补偿险、发动机进水损坏除外特约条款、车上货物责任险、精神损害抚慰金责任险、法定节假日限额翻倍险、医保外医疗费用责任险、机动车增值服务特约条款</td></tr>
<tr><td colspan="2">不计免赔特约条款(适用于各个基本险和附加险)</td></tr>
</table>

任务一　机动车交通事故责任强制保险

情景导入

张先生在 4S 店买了一辆新车，想给自己的爱车买保险，但是张先生对保险并不了解。

思考：作为驻店的保险顾问，应如何给张先生介绍什么是交强险、为什么要购买交强险，以及制定交强险的依据？

知识准备

机动车交通事故责任强制保险，又称强制汽车责任保险(以下简称交强险)，是指机动车在使用过程中发生道路交通事故，致使第三者遭受人身伤亡和财产的直接损失，被保险人依法承担对受害人的赔偿责任，由保险公司在规定的保险责任限额内承担的一种强制保险，即以机动车所有人或使用人对机动车事故受害人应当承担的损害赔偿责任为标的的责任保险。

交强险的保险标的是被保险机动车造成的第三人损害，也就是说，交强险的保障对象是除被保险机动车本车人员、被保险人以外的被保险机动车致害的交通事故受害人，其保障内容包括受害人的人身伤亡和财产损失。交强险是在机动车保有量增加、交通事故矛盾日益突出的情况下，国家或地区基于维护社会大众利益考虑，为保障交通事故受害者能获得基本的赔偿，以颁布法律或行政法规的形式实施的机动车责任保险。

自2006年7月1日起实施的《机动车交通事故责任强制保险条例》(以下简称《交强险条例》)规定：交强险是由保险公司对被保险机动车发生道路交通事故造成本车人员、被保险人以外的受害人的人身伤亡、财产损失，在责任限额内予以赔偿的强制性责任保险。这也是我国首个由国家法律规定实行的强制保险制度。

一、交强险的特征

(一) 法定性

交强险源于商业第三者责任险，保险费率、赔偿额、赔偿程序等基本内容由法律直接或者授权界定，实行统一的保险条款和基础保险费率，投保人不得在保险条款和保险费率之外，向保险公司提出附加其他条件的要求，保险公司不得强制投保人订立商业保险合同以及提出附加其他条件的要求。

(二) 强制性

交强险的强制性表现为机动车的所有人或管理人的法定投保义务和保险公司的法定承保义务。《交强险条例》第三十八条规定："机动车所有人、管理人未按照规定投保机动车交通事故责任强制保险的，由公安机关交通管理部门扣留机动车，通知机动车所有人、管理人依照规定投保，处依照规定投保最低责任限额应缴纳的保险费的2倍罚款。"即机动车的所有人有法定投保交强险的义务。《交强险条例》第十条规定："投保人在投保时应当选择从事机动车交通事故责任强制保险业务的保险公司，被选择的保险公司不得拒绝或者拖延承保。国务院保险监督管理机构应当将从事机动车交通事故责任强制保险业务的保险公司向社会公示。"即经银保监会核准的承保交强险的保险公司有法定的承保义务。

按照规定，对未参加交强险的机动车，机动车管理部门不得予以登记，机动车安全技术检验机构不得予以检验。公安机关交通管理部门及其交通警察在调查处理道路交通安全违法行为和道路交通事故时，应当依法检查交强险的保险标志。

(三) 对第三者利益具有基本保障性

一般的汽车责任保险，投保人可以自愿选择责任限额，主要依据个人的需要和缴费能力确定。一般情况下，投保人会选择稍高限额，以获得保险的充足保障。而交强险的责任限额是固定的，不能自愿选择，正因为这点，各国在制定责任限额时都定得比较低，以使大多数投保人都有购买能力，因此较低的限额只是对事故受害者的基本保障。

(四) 以无过失责任为基础

一般的汽车责任保险依据的是保险合同的规定，以被保险人在事故中所负责任比例确定损害赔偿范围和大小，是以过失责任为归责原则。而交强险根据的是相关法律的规定，大多基于损害的存在对受害者予以补偿，因此多采用以无过失责任为归责原则。我国的交强险采用过失责任和无过失责任相结合的原则。

（五）公益性

保障受害人得到及时、有效的基本赔偿是设立交强险的首要宗旨。基于这一目标，《交强险条例》要求承保公司在总体不盈利、不亏损的原则上“义务”经营，保险合同不设免赔率和免赔额，所以保险费率相对较低，具有公益性。同时，为充分体现“以人为本，尊重生命”的设计原则和特点，《中华人民共和国道路交通安全法》（以下简称《道路交通安全法》）第七十六条明确规定，交强险实行“无过失责任”赔偿原则，即无论投保人是否在交通事故中负有责任，被保险机动车发生道路交通事故造成本车人员和被保险人以外的受害人人身伤亡、财产损失的，由保险公司依法在交强险责任限额范围内先行赔偿，凸显了交强险制度的公益性功能。

二、交强险的条款

交强险条款的内容共分 10 部分，分别为：总则，定义，保险责任，垫付与追偿，责任免除，保险期间，投保人与被保险人义务，赔偿处理，合同变更与终止，附则。

（一）总则

总则主要是对条款制定的法律依据、合同的组成与形式、费率的影响因素、交费情况等内容进行阐述。交强险条款制定的法律依据是《道路交通安全法》《中华人民共和国保险法》（以下简称《保险法》）和《交强险条例》。

交强险合同内容包括交强险条款、投保单、保险单、批单和特别约定五个部分。交强险合同要求所有涉及合同的约定与其他商业性保险合同的组成一致，均采用书面形式，以利于明确合同当事人的权利和义务。

交强险费率按照银保监会规定执行，实行与被保险机动车道路交通安全违法行为、交通事故记录相联系的浮动机制。签订交强险合同时，投保人应一次性支付全部保险费。保险费按照银保监会批准的费率计算。

（二）定义

（1）被保险人。是指投保人及其允许的合法驾驶人。

（2）投保人。是指与保险公司订立交强险合同，并按照合同负有支付保险费义务的机动车的所有人或管理人。

（3）受害人。是指因被保险机动车发生交通事故遭受人身伤亡或者财产损失的人，但不包括被保险机动车本车车上人员、被保险人。

（4）抢救费用。是指被保险机动车发生道路交通事故导致人员受伤时，医疗机构参照国务院卫生主管部门组织制定的有关临床诊疗指南和国家基本医疗保险标准，对生命体征不平稳和虽然生命体征平稳但如果不采取处理措施会产生生命危险，或者导致残疾、器官功能障碍，或者导致病程明显延长的受伤人员，采取必要的处理措施所发生的医疗费用。

（三）保险责任

规定了交强险的保险责任的具体内容和具体责任限额的数额。保险责任的成立应满足四个条件：一是被保险机动车在中华人民共和国境内使用（不含港、澳、台地区）；二是发生交通事故；三是造成受害人的人身或者财产损失；四是依法应当由被保险人承担的损害赔偿责任。

1. 责任限额的规定

责任限额是指被保险机动车在保险期间（通常为 1 年）发生交通事故，保险公司对每次保险事故所有受害人的人身伤亡和财产损失所承担的最高赔偿金额。交强险责任限额见表 3-2。

表 3-2 交强险责任限额（2020 年 9 月 19 日后）

	机动车在道路交通事故中有责任的赔偿限额	机动车在道路交通事故中无责任的赔偿限额
死亡伤残	180 000 元	18 000 元
医疗费用	18 000 元	1 800 元
财产损失	2 000 元	100 元
总限额	200 000 元	19 900 元

2. 赔偿费用项目规定

（1）死亡伤残赔偿限额。是指被保险机动车发生交通事故，保险人对每次保险事故所有受害人的死亡伤残费用所承担的最高赔偿金额。死亡伤残赔偿限额包括丧葬费、死亡补偿费、受害人亲属办理丧葬事宜支出的交通费、残疾赔偿金、残疾辅助器具费、护理费、康复费、交通费、被抚养人的生活费、住宿费、误工费、被保险人依照法院判决或者调解承担的精神损害抚慰金。

（2）医疗费用赔偿限额。是指被保险机动车发生交通事故，保险人对每次保险事故所有受害人的医疗费用所承担的最高赔偿金额。医疗费用赔偿限额包括医药费、诊疗费、住院费、住院伙食补助费，必要且合理的后续治疗费、整容费、营养费。确定以上赔偿费用项目的法律依据为《最高人民法院关于审理人身损害赔偿案件适用法律若干问题的解释》（法释〔2003〕20 号），并且将其中所规定的人身损害的所有赔偿项目在不同赔偿限额间进行了分配，明确了各赔偿限额的保障范围。

（3）财产损失赔偿限额。是指被保险机动车发生交通事故，保险人对每次保险事故所有受害人的财产损失承担的最高赔偿金额。

（四）垫付与追偿

被保险机动车在以下四种情形的任一情形下发生交通事故，造成受害人受伤需要抢救的，保险人在接到公安交通管理部门的书面通知和医疗机构出具的抢救费用清单后，按照国务院卫生主管部门组织制定的交通事故人员创伤临床诊疗指南和国家基本医疗保险标准进行核实。对于符合规定的抢救费用,保险人在医疗费用赔偿限额内垫付。被保险人在交通事故中无责任的,保险人在无责任医疗费用赔偿限额内垫付。对于其他损失和费用,保险人不负责垫付和赔偿。

(1) 驾驶人未取得驾驶资格的;

(2) 驾驶人醉酒的;

(3) 被保险机动车被盗抢期间肇事的;

(4) 被保险人故意制造交通事故的。

对于垫付的抢救费用,保险人有权向致害人追偿。

(五) 责任免除

责任免除主要列明了保险公司不负责赔偿和垫付的损失和费用,具体如下:

(1) 因受害人故意造成的交通事故的损失。

(2) 被保险人所有的财产及被保险机动车上的财产遭受的损失。

(3) 被保险机动车发生交通事故,致使受害人停业、停驶、停电、停水、停气、停产、通信或者网络中断、数据丢失、电压变化等造成的损失,以及受害人财产因市场价格变动造成的贬值,修理后因价值降低造成的损失等其他各种间接损失。

(4) 因交通事故产生的仲裁或者诉讼费用以及其他相关费用。

技能拓展

交强险的垫付制度

《道路交通安全法》第七十五条对道路交通事故社会救助基金交强险垫付责任规定:"抢救费用超过责任限额的,未参加机动车第三者责任强制保险或者肇事逃逸的,由道路交通事故社会救助基金先行垫付部分或者全部抢救费用,道路交通事故社会救助基金管理机构有权向交通事故责任人追偿。"

《交强险条例》规定,保险公司承担交强险垫付责任的范围仅限于交强险责任限额范围内的抢救费用,保险公司在垫付了抢救费用之后,有权向致害人进行追偿,即保险公司交强险垫付责任原本就不是应承担的赔偿责任。而且《交强险条例》规定,只能在医疗费用限额之内予以垫付,垫付限额也应适用交强险医疗费用的保险责任限额。

(六) 保险期间

交强险合同的保险期间一般为1年,以保险单载明的具体起止时间为准。但有下列情形之一的,可以投保期间少于1年的短期交强险:

(1) 临时入境的境外机动车;

(2) 距报废期限不足1年的机动车;

(3) 临时上道路行驶的机动车(如领取临时牌照的机动车,临时提车,到异地办理注册登记的新购机动车等);

(4) 银保监会规定的其他情形。

投保人投保保险期间小于7日短期险的计算公式如下：

$$短期费率=基础保险费\times\frac{7}{365}$$

投保人投保保险期间大于或等于7日短期险的计算公式如下：

$$短期费率=基础保险费\times\frac{n}{365}$$

其中，n 为投保人的投保天数。

投保短期保险的，按照短期月费率计算保费，不足1个月按1个月计算。计算公式如下：

$$短期基础保险费=年基础保险费\times短期月费率系数$$

短期月费率系数见表3-3。

表3-3　交强险短期月费率系数

保险期间/个月	1	2	3	4	5	6	7	8	9	10	11	12
短期月费率系数	10%	20%	30%	40%	50%	60%	70%	80%	85%	90%	95%	100%

(七) 投保人与被保险人义务

根据《交强险条例》和《保险法》规定，投保人、被保险人应履行以下义务：

(1) 投保人投保时，应如实填写投保单，向保险人如实告知重要事项，并提供被保险机动车的行驶证复印件。投保人未如实告知重要事项，对保险费计算有影响的，保险人按照保单年度重新核定保险费计收。

重要事项包括机动车的种类、厂牌型号、识别代码、发动机号、牌照号码(临时移动证编码或临时号牌)、使用性质和机动车所有人或管理人的姓名(名称)、性别、年龄、住所、身份证或者驾驶证号码(统一社会信用代码)、续保前该机动车发生事故的情况(仅无车险信息平台地区的转保业务须提供)，以及银保监会规定的其他告知事项。

(2) 签订交强险合同时，投保人应一次性支付全部保险费。不得在保险条款和保险费率之外，向保险人提出附加其他条件的要求。

(3) 投保人续保时，应提供被保险机动车上一年度交强险的保险单。

(4) 在保险合同有效期内，被保险机动车因改装、加装、使用性质改变等导致危险程度增加的，被保险人应当及时通知保险人，并办理批改手续；否则，保险人按照保单年度重新核定保险费计收。

(5) 被保险机动车发生交通事故时，被保险人应及时采取合理、必要的施救和保护措施，并在事故发生后及时通知保险人。

(6) 发生保险事故后，被保险人应当积极协助保险人进行现场查勘和事故调查。同时，发生与保险赔偿有关的仲裁或者诉讼时，被保险人应及时书面通知保险人。

(八) 赔偿处理

被保险机动车发生交通事故的，由被保险人向保险人申请赔偿保险金。被保险人索赔时，应当向保险人提供以下材料：

(1) 交强险的保单；

(2) 被保险人出具的索赔申请书；

(3) 被保险人和受害人的有效身份证明、被保险机动车行驶证和驾驶人的驾驶证；

(4) 公安机关交通管理部门出具的事故证明，或者人民法院等机构出具的相关法律文书及其他证明；

(5) 被保险人根据有关法律法规规定选择自行协商方式处理交通事故的，应当提供依照《交通事故处理程序规定》规定的记录交通事故情况的协议书；

(6) 受害人财产损失程度证明、人身伤残程度证明、相关医疗证明以及有关损失清单和费用单据；

(7) 其他与确认保险事故的性质、原因、损失程度等有关的证明和资料。

现阶段，我国在交强险的责任限额内核定人身伤亡赔偿金额的标准，主要是参照《最高人民法院关于审理人身损害赔偿案件适用法律若干问题的解释》、国务院卫生主管部门组织制定的《交通事故人员创伤临床诊疗指南》和国家基本医疗保险标准。

同时发生人身伤亡和财产损失赔偿时，应注意以下三个方面。

(1) 因保险事故造成受害人人身伤亡的，未经保险人书面同意，被保险人自行承诺或支付的赔偿金额，保险人在交强险责任限额内有权重新核定。

(2) 因保险事故损坏的受害人财产需修理的，被保险人应当在修理前会同保险人检验，协商确定修理或者更换项目、方式和费用；否则，保险人在交强险责任限额内有权重新核定。

(3) 涉及受害人受伤的交通事故，因抢救受害人需保险人支付抢救费用的，保险人在接到公安机关交通管理部门的书面通知和医疗机构出具的抢救费用清单后，按照《道路交通事故受伤人员临床诊疗指南》和国家基本医疗保险标准进行核实。对于符合规定的抢救费用，保险人在医疗费用赔偿限额内支付。被保险人在交通事故中无责任的，保险人在无责任医疗费用赔偿限额内支付。

(九) 合同变更与终止

在合同有效期内，被保险机动车所有权发生转移的，投保人应及时通知保险人，并办理合同变更手续。

因交强险是法定强制保险，所以投保人一般是不能解除的，保险人也不接受投保人解除合同的申请。但在下列六种情况下，投保人可要求解除交强险保险合同。

(1) 被保险机动车被依法注销登记的；

(2) 被保险机动车办理停驶的;

(3) 被保险机动车经公安机关证实丢失的;

(4) 投保人重复投保交强险的(解除后期投保的交强险);

(5) 被保险机动车被转卖、转让、赠送至车籍所在地以外的地方;

(6) 新车因质量问题被销售商收回或因相关技术参数不符合国家规定交管部门不予上户的。

交强险合同解除后,保险人按照日费率收取自保险责任开始之日起至合同解除之日止期间的保险费,退还剩余保险费,投保人应及时将保险单、保险标志交还保险人。如无法交回保险标志的,应当及时向保险人说明情况,征得保险人同意。

(十) 附则

附则主要规定了合同争议的处理方式、适用法律及条款未尽事宜的处理等。

合同争议解决有三种方式:由合同当事人协商解决;协商不成的,提交保险单载明的仲裁委员会仲裁;保险单未载明仲裁机构或者争议发生后未达成仲裁协议的,可向人民法院起诉。

交强险合同争议处理适用中华人民共和国法律。

条款未尽事宜,按照《交强险条例》执行。

三、交强险赔偿规定

(一) 互碰自赔

为简化交强险理赔手续,提高客户满意度,准确归集交强险理赔成本,2009 年 2 月 1 日,中国保险行业协会下发《交强险损失"互碰自赔"处理办法》,规定了"互碰自赔"的条件,具体如下:

(1) 多车互碰,指两车或多车互碰。

(2) 有交强险,指事故各方都有交强险。

(3) 只有车损,指事故只导致各方车辆损失,没有发生人员伤亡和车外的财产损失。

(4) 不超 2 000 元,指各方车损都不超过 2 000 元。

(5) 都有责任,指交警裁定或事故各方自行协商确定为各方都有责任(同等或主次责任)。

(6) 各方同意,指事故各方都同意采用"互碰自赔"。

(二) 无责代赔

交强险"无责代赔",是一种交强险简化处理机制,即两方或多方机动车互碰,对于应由无责任方交强险承担的对有责任方机动车损失的赔偿责任,由有责任方保险公司在本方交强险项下代为赔偿。

四、交强险费率

(一) 交强险费率厘定原则

交强险费率厘定坚持不盈不亏原则。中国银保监会规定：一是要求保险公司对交强险业务与其他保险业务分开管理，单独核算；二是加大检查力度，每年对保险公司交强险业务情况进行核查，并向社会公布，以便监督；三是根据保险公司交强险的总体盈亏情况，要求或允许保险公司调整费率。

第一年的交强险费率实行全国统一保险价格，之后通过实行“奖优罚劣”的费率浮动机制，并根据各地区经营情况，逐步在费率中加入地区差异化因素等，进而实行差异化费率。

(二) 交强险基础费率

交强险基础费率将所有机动车分为 8 大类 43 小类。8 大类分别为：家庭自用车、非营业客车、营业客车、非营业货车、营业货车、特种车、摩托车和拖拉机(表 3-4)。

表 3-4　交强险基础费率(2008 年版)

车辆大类	序号	车辆明细分类	保费/元
一、家庭自用车	1	家庭自用汽车 6 座以下	950
	2	家庭自用汽车 6 座及以上	1 100
二、非营业客车	3	企业非营业汽车 6 座以下	1 000
	4	企业非营业汽车 6～10 座	1 130
	5	企业非营业汽车 10～20 座	1 220
	6	企业非营业汽车 20 座以上	1 270
	7	机关非营业汽车 6 座以下	950
	8	机关非营业汽车 6～10 座	1 070
	9	机关非营业汽车 10～20 座	1 140
	10	机关非营业汽车 20 座以上	1 320
三、营业客车	11	营业出租租赁 6 座以下	1 800
	12	营业出租租赁 6～10 座	2 360
	13	营业出租租赁 10～20 座	2 400
	14	营业出租租赁 20～36 座	2 560
	15	营业出租租赁 36 座以上	3 530
	16	营业城市公交 6～10 座	2 250
	17	营业城市公交 10～20 座	2 520
	18	营业城市公交 20～36 座	3 020

（续表）

车辆大类	序号	车辆明细分类	保费/元
三、营业客车	19	营业城市公交 36 座以上	3 140
	20	营业公路客运 6～10 座	2 350
	21	营业公路客运 10～20 座	2 620
	22	营业公路客运 20～36 座	3 420
	23	营业公路客运 36 座以上	4 690
四、非营业货车	24	非营业货车 2 吨以下	1 200
	25	非营业货车 3～5 吨	1 470
	26	非营业货车 5～10 吨	1 650
	27	非营业货车 10 吨以上	2 220
五、营业货车	28	营业货车 2 吨以下	1 850
	29	营业货车 2～5 吨	3 070
	30	营业货车 5～10 吨	3 450
	31	营业货车 10 吨以上	4 480
六、特种车	32	特种车一	3 710
	33	特种车二	2 430
	34	特种车三	1 080
	35	特种车四	3 980
七、摩托车	36	摩托车 50 毫升及以下	80
	37	摩托车 50～250 毫升(含)	120
	38	摩托车 250 毫升以上及侧三轮	400
八、拖拉机	39	兼用型拖拉机 14.7 千瓦及以下	按保监产险〔2007〕53 号实行地区差别费率
	40	兼用型拖拉机 14.7 千瓦以上	
	42	运输型拖拉机 14.7 千瓦及以下	
	43	运输型拖拉机 14.7 千瓦以上	

1. 座位和吨位的分类都按照“含起点不含终点”的原则来解释

2. 特种车一：油罐车、汽罐车、液罐车；
特种车二：专用净水车、特种车一以外的罐式货车，以及用于清障、清扫、清洁、起重、装卸、升降、搅拌、挖掘、推土、冷藏、保温等的各种专用机动车；
特种车三：装有固定专用仪器设备从事专业工作的监测、消防、运钞、医疗、电视转播等的各种专用机动车；
特种车四：集装箱拖头

3. 挂车根据实际的使用性质并按照对应吨位货车的 30％计算

4. 低速载货汽车参照运输型拖拉机 14.7 千瓦以上的费率执行

费率表中每种类型含义如下：

(1) 家庭自用车。是指家庭或个人所有，且用途为非营业性的客车。

(2) 非营业客车。是指党政机关、企事业单位、社会团体、使领馆等机构从事公务或在生产经营活动中不以直接或间接方式收取运费或租金的客车，包括党政机关、企事业单位、社会团体、使领馆等机构为从事公务或在生产经营活动中承租且租赁期限1年以上的客车。非营业客车分为党政机关、事业团体客车，企业客车。用于驾驶教练、邮政公司用于邮递业务、快递公司用于快递业务的客车、警车、普通囚车、医院的普通救护车、殡葬车按照其行驶证上载明的核定载客数，适用对应的企业非营业客车的费率。

(3) 营业客车。是指用于旅客运输或租赁，并以直接或间接方式收取运费或租金的客车。营业客车分为城市公交客车、公路客运客车、出租、租赁客车。旅游客运车按照其行驶证上载明的核定载客数，适用对应的公路客运车费率。

(4) 非营业货车。是指党政机关、企事业单位、社会团体自用或仅用于个人及家庭生活，不以直接或间接方式收取运费或租金的货车(包括客货两用车)。货车是指载货机动车、厢式货车、半挂牵引车、自卸车、蓄电池运输车、装有起重机械但以载重为主的起重运输车。用于驾驶培训教学、邮政公司用于邮递业务、快递公司用于快递业务的货车按照其行驶证上载明的核定载质量，适用对应的非营业货车的费率。

(5) 营业货车。是指用于货物运输或租赁，并以直接或间接方式收取运费或租金的货车(包括客货两用车)。货车是指载货机动车、厢式货车、半挂牵引车、自卸车、蓄电池运输车、装有起重机械但以载重为主的起重运输车。

(6) 特种车。特种车按其用途分成四类，不同类型特种车采用不同收费标准。

(7) 摩托车。是指以燃料或蓄电池为动力的各种两轮、三轮摩托车。正三轮摩托车按照排气量分类执行相应的费率。

(8) 拖拉机。按其使用性质分为兼用型拖拉机和运输型拖拉机。兼用型拖拉机是指以田间作业为主，通过铰接连接牵引挂车可进行运输作业的拖拉机。运输型拖拉机是指货箱与底盘一体，不通过牵引挂车可运输作业的拖拉机。低载货汽车参照运输型拖拉机14.7千瓦以上的费率执行。

(三) 交强险费率浮动项目

交强险从购买的第二年开始实行的“奖优罚劣”费率浮动机制是指费率水平与道路交通安全违法行为和道路交通事故挂钩，安全驾驶人可享受优惠费率，交通肇事者则将负担高额保费。目的是利用费率杠杆的调节手段提高驾驶人的道路交通安全法律意识，督促驾驶人安全行驶，以便有效地预防和减少道路交通事故的发生。具体项目如下。

1. 与道路交通违法行为相结合的浮动项目

(1) 费率上浮的项目

上一保险年度具有下列道路交通违法行为的，根据发生次数费率上浮。

① 饮酒后驾驶机动车的；

② 公路营运客车载人超过核定人数20%以上的，或者违反规定载货的；

③ 无证驾驶，或机动车驾驶证被暂扣期间驾驶机动车的；

④ 机动车行驶超过规定时速的；

⑤ 造成交通事故后逃逸，尚不构成犯罪的；

⑥ 正常道路状况下，在高速公路上低于规定最低速度的；

⑦ 货车载物超过核定载质量30%的；

⑧ 连续驾驶机动车超过4小时未停车休息或停车休息时间少于20分钟的；

⑨ 在高速公路上倒车、逆行、穿越中央分隔带掉头的；

⑩ 在高速公路上试车和学习驾驶机动车的；

⑪ 在高速公路上不按规定停车的；

⑫ 机动车在高速公路上发生故障、事故停车后，不按规定使用灯光或设置警告标志的；

⑬ 违反交通信号，闯红灯、闯禁行的；

⑭ 驾驶和驾驶证载明的准驾驶车型不符的机动车的；

⑮ 在高速公路上违反规定拖拽故障车、肇事车的；

⑯ 低能见度气象条件下在高速公路上不按规定行驶的；

⑰ 不按规定运载危险物品的。

(2) 费率下浮或不浮动的项目

① 上一保险年度未发生任何交通违法行为的，费率下浮；

② 上一保险年度发生其他交通违法行为的，或发生违法行为次数达不到有关上浮标准的，费率不浮动。

2. 与道路交通事故相结合的浮动项目

(1) 费率上浮的项目

上一保险年度具有下列道路交通事故的，根据事故次数费率上浮相应的比例。交通事故包括经公安交通管理部门认定的交通事故，以及虽未经公安交通管理部门认定，但保险人已经在交强险项下承担赔偿责任的事故。

① 发生涉及人伤的交通事故并负主要以上责任的；

② 发生未涉及人伤的交通事故并负主要以上责任的；

③ 发生涉及人伤的交通事故并负同等责任的；

④ 发生未涉及人伤的交通事故并负同等责任的；

⑤ 发生涉及人伤的交通事故并负次要责任的；

⑥ 发生未涉及人伤的交通事故并负次要责任的。

(2) 费率下浮的项目

上一保险年度、上两个年度或上三个及以上年度未发生有责任交通事故的，费率下浮一定比例。

（四）交强险费率浮动暂行办法

2007 年 6 月 27 日时，中国银保监会公布了《机动车交通事故责任强制保险费率浮动暂行办法》（以下简称《费率浮动暂行办法》），规定在全国范围统一实行交强险费率浮动与道路交通事故相联系，暂不在全国范围内统一实行与道路交通安全违法行为相联系。与道路交通事故挂钩时，是以被保险机动车上一年度已赔付的交强险责任事故赔案为依据。

按照 2020 年 9 月银保监会发布的《关于实施车险综合改革指导意见》，在道路交通事故费率调整系数中引入了区域浮动因子，同时提高对未发生赔付消费者的费率优惠幅度。对于轻微交通事故，鼓励当事人采取“互碰自赔”、在线处理等方式进行快速处理，并研究不纳入费率上调浮动因素。现行交强险费率浮动因素及比率见表 3-5 至表 3-9。

表 3-5　内蒙古、海南、青海、西藏实行的费率调整方案

浮动因素			浮动比率
与道路交通事故相联系的浮动 A	A1	上一年度未发生有责任道路交通事故	−30%
	A2	上两个年度未发生有责任道路交通事故	−40%
	A3	上三个及以上年度未发生有责任道路交通事故	−50%
	A4	上一年度发生一次有责任不涉及死亡的道路交通事故	0%
	A5	上一年度发生两次及以上有责任道路交通事故	10%
	A6	上一年度发生有责任道路交通死亡事故	30%

表 3-6　陕西、云南、广西实行的费率调整方案

浮动因素			浮动比率
与道路交通事故相联系的浮动 A	A1	上一年度未发生有责任道路交通事故	−25%
	A2	上两个年度未发生有责任道路交通事故	−35%
	A3	上三个及以上年度未发生有责任道路交通事故	−45%
	A4	上一年度发生一次有责任不涉及死亡的道路交通事故	0%
	A5	上一年度发生两次及以上有责任道路交通事故	10%
	A6	上一年度发生有责任道路交通死亡事故	30%

表 3-7　甘肃、吉林、山西、黑龙江、新疆实行的费率调整方案

浮动因素			浮动比率
与道路交通事故相联系的浮动 A	A1	上一年度未发生有责任道路交通事故	−20%
	A2	上两个年度未发生有责任道路交通事故	−30%
	A3	上三个及以上年度未发生有责任道路交通事故	−40%
	A4	上一年度发生一次有责任不涉及死亡的道路交通事故	0%
	A5	上一年度发生两次及以上有责任道路交通事故	10%
	A6	上一年度发生有责任道路交通死亡事故	30%

表 3-8　北京、天津、河北、宁夏实行的费率调整方案

浮动因素			浮动比率
与道路交通事故相联系的浮动 A	A1	上一年度未发生有责任道路交通事故	−15%
	A2	上两个年度未发生有责任道路交通事故	−25%
	A3	上三个及以上年度未发生有责任道路交通事故	−35%
	A4	上一年度发生一次有责任不涉及死亡的道路交通事故	0%
	A5	上一年度发生两次及以上有责任道路交通事故	10%
	A6	上一年度发生有责任道路交通死亡事故	30%

表 3-9　江苏、浙江、安徽、上海、湖南、湖北、江西、辽宁、河南、福建、重庆、山东、广东、深圳、厦门、四川、贵州、大连、青岛、宁波实行的费率调整方案

浮动因素			浮动比率
与道路交通事故相联系的浮动 A	A1	上一年度未发生有责任道路交通事故	−10%
	A2	上两个年度未发生有责任道路交通事故	−20%
	A3	上三个及以上年度未发生有责任道路交通事故	−30%
	A4	上一年度发生一次有责任不涉及死亡的道路交通事故	0%
	A5	上一年度发生两次及以上有责任道路交通事故	10%
	A6	上一年度发生有责任道路交通死亡事故	30%

1. 扩大了下浮比例

上一年度未发生有责任道路交通事故的，下浮比率最小为 10%；上两个年度未发生有责任道路交通事故的，下浮比率最大为 40%；上三个及以上年度未发生有责任道路交通事故的，下浮比率最大为 50%。

2. 缩小了上浮比率

上一年度发生两次及以上有责任道路交通事故的，上浮比率为 10%；上一年度发生有责任道路交通死亡事故的，上浮比率为 30%；上一年度发生一次有责任不涉及死亡的道路交通事故的，费率不浮动；仅发生无责任道路交通事故的，无论次数多少，费率仍可享受向下浮动。

3. 注意事项

(1) 摩托车和拖拉机暂不浮动。

(2) 与道路交通事故相联系的浮动比率 A 为 A1 至 A6 其中之一,不累加,同时满足多个浮动因素的,按照向上浮动或者向下浮动比率的高者计算。

(3) 仅发生无责任道路交通事故的,交强险费率仍可享受向下浮动。

(4) 浮动因素计算区间为上期保单出单日至本期保单出单日之间。

(5) 与道路交通事故相联系浮动时,应根据上一年度交强险已赔付的赔案浮动。上年度发生赔案但还未赔付的,本期交强险费率不浮动,直至赔付后的下一年度交强险费率向上浮动。

(6) 特殊情况的交强险费率浮动方法:

① 首次投保交强险的机动车费率不浮动。

② 在保险期限内,被保险机动车所有权转移,应当办理交强险合同变更手续,且费率不浮动。

③ 机动车临时上道路行驶或境外机动车临时入境投保短期交强险的,交强险费率才浮动。其他投保短期交强险的情况下,根据交强险短期基准保险费并按照上述标准浮动。

④ 被保险机动车经公安机关证实丢失后追回的,根据投保人提供的公安机关证明,在丢失期间发生道路交通事故的,交强险费率不向上浮动。

⑤ 机动车上一期交强险保单满期后未及时续保的,浮动因素计算区间仍为上期保单出单日至本期保单出单日之间。

⑥ 在全国车险信息平台联网或全国信息交换前,机动车跨省变更投保地时,如投保人能提供相关证明文件的,可享受交强险费率向下浮动;不能提供的,交强险费率不浮动。

(7) 交强险保单出单日距离保单起期最长不能超过 3 个月。

(8) 除投保人明确表示不需要的,保险公司应在完成保险费计算后、出具保险单前,向投保人出具《机动车交通事故责任强制保险费率浮动告知书》(表 3-10),经其签章确认后再出具交强险保单、保险标志。投保人有异议的,应告知其有关道路交通事故查询方式。

(9) 已经建立车险联合信息平台的地区,通过车险联合信息平台实现交强险费率浮动。除当地保险监管部门认可的特殊情形以外,《机动车交通事故责任强制保险费率浮动告知书》和交强险保单必须通过车险信息平台出具。未建立车险信息平台的地区,通过保险公司之间相互报盘、简易理赔共享查询系统或者手工方式等,实现交强险费率浮动。

表 3-10 《机动车交通事故责任强制保险费率浮动告知书》

尊敬的投保人：

您的机动车投保基本信息如下：

车牌号码：　　　　　　　　　　号牌种类：

发动机号：　　　　　　　　　　识别代码(车架号)：

浮动因素计算区间：　　年　　月　　日零时至　　年　　月　　日二十四时

根据中国银行保险监督管理委员会批准的机动车交通事故责任强制保险(以下简称交强险)费率,您的机动车交强险基础保险费是：人民币　　　元。

您的机动车从上年度投保以来至今,发生的有责任道路交通事故记录如下：

序号	赔付时间	是否造成受害人死亡

或者：您的机动车在上________个年度内未发生道路交通事故。

根据中国银行保险监督管理委员会公布的《机动车交通事故责任强制保险费率浮动暂行办法》,与道路交通事故相联系的费率浮动比率为：　　　%。

交强险最终保险费＝交强险基础保险费×(1＋与道路交通事故相联系的浮动比率)

本次投保的应交保险费：人民币　　　元(大写：　　　　　　　　　　)

以上告知,如无异议,请您签字(签章)确认。

投保人签字(盖章)：______________________

日期：________年________月________日

(五) 交强险最终保险费的计算办法

先根据基础费率方案计算出基础保险费,再根据费率浮动办法计算出与道路交事故相联系的浮动比率,二者相乘即为最终保险费,计算公式如下：

交强险最终保险费＝交强险基础保险费×(1＋与道路交通事故相联系的浮动比率)

我国部分省市已将酒驾、醉驾纳入费率浮动考核指标(表 3-11)。计算公式如下：

表 3-11　某地区与酒驾、醉驾相联系的交强险浮动比率

	浮动因素	浮动比率
M1	上年(指上一个保单年度)每发生一次饮酒后驾驶交通违法行为且尚未处理的	＋15%
M2	上年每发生一次饮酒后驾驶交通违法行为且已处理完毕的	＋10%
M3	上年每发生一次醉酒后驾驶交通违法行为且尚未处理的	＋30%
M4	上年每发生一次醉酒后驾驶交通违法行为且已处理完毕的	＋25%

交强险最终保险费＝交强险基础保费×(1＋与道路交通事故相联系的浮动比率＋与酒驾、醉驾相联系的浮动比率)

(六) 解除保险合同保险费的计算办法

根据《交强险条例》规定解除保险合同时,保险人应按如下标准计算并退还投保人保险费。

(1) 投保人已支付保险费、保险责任尚未开始的，全额退还保险费；

(2) 投保人已支付保险费、保险责任已开始的，退回未到期责任部分保险费。计算公式如下：

$$退还保险费=保险费\times\left(1-\frac{已了责任天数}{保险期间天数}\right)$$

技能拓展

交强险与商业第三者责任险的区别：

(1) 投保意愿不同。交强险是强制性保险，具有强制性投保和强制性承保的特点。商业第三者责任险是纯粹的商业保险，由双方当事人自愿协商一致而成立的，格式合同(条款)不排斥自愿性。对于是否投保、选择哪家保险公司投保，投保人均有自主决定权，保险公司是否承保也有自主决定权。

(2) 赔偿原则不同。交强险是对机动车发生交通事故造成的人身伤亡、财产损失在责任额范围内予以赔偿；而商业第三者责任险是根据投保人或被保险人在交通事故中应负的责任来确定赔偿责任。

(3) 保障范围不同。交强险的赔偿范围几乎涵盖了所有道路交通责任风险；而商业第三者责任险是由保险公司不同程度地规定有免赔额、免赔率或责任免除事项。

(4) 索赔方式不同。交强险出险后可以由受害人直接向保险人索赔，保险人须先行在责任限额内向受害人赔付；而商业第三者责任险出险后必须由投保人向保险人提出索赔，保险人履行保险合同约定的赔付义务。

任务实施

一、任务实施环境

(1) 汽车保险仿真模拟实训室。

(2) 车险承保模拟教学系统投保平台。

(3) 辅助办公设备(文具、打印机、复印机等)。

二、学生分组

将学生进行分组，每6人为一组，并选出小组负责人。利用本任务学到的知识，由扮演保险业务员的学生向扮演客户的学生介绍交强险，并结合“情景导入”中的案例进行小组讨论。

(1) 介绍交强险的保险责任及责任免除。

(2) 介绍交强险的保险金额。

（3）介绍交强险的索赔事项。

三、考核要点

（1）小组成员配合是否默契，对话逻辑是否清晰。

（2）小组成员是否熟悉交强险的作用及特征。

（3）小组成员是否能够清晰、准确地向客户介绍交强险的保险责任、责任免除以及索赔事项。

（4）是否能从对话中体现本任务的主要知识点。

四、总结讨论

（1）各小组对本组成员的讨论表述情况进行总结讨论，并对其他小组的讨论表述进行点评。

（2）教师对各小组出现的亮点与不足进行点评。

任务二　机动车商业主险

情景导入

陈某驾驶一辆小货车在路口撞到一个骑电动车的人。陈某下车观察后觉得被撞者被救活的可能性不大，因此他选择了逃逸，这个过程被路口的监控拍了下来。两周后，陈某迫于压力到交警大队投案自首。后经交管部门责任认定，陈某负全责且要向死者家属赔偿 20 多万元。陈某驾驶的小货车投保了车辆第三者责任险，于是，他向保险公司报案并申请理赔，可是保险公司以陈某肇事逃逸为由，拒绝赔付。

思考：为什么保险公司拒绝陈某的赔付请求？

知识准备

为了提高保险公司的经营管理水平和服务质量，尽快完成机动车商业保险与交强险的衔接，2000 年 7 月 1 日起，我国施行由保险行业协会统一制定的《机动车商业保险行业基本条款》（以下简称《基本条款》）A、B、C 三套条款，各公司（天平汽车保险公司除外）任选其一，A、B、C 三套条款只对车辆损失险和车辆第三者责任险两个主要险种进行了统一，其他险种的条款由各保险公司自己制定，报保险监督管理部门备案。2007 年 4 月 1 日起，全国启用由中国保险行业协会（以下简称中保协）牵头开发的 2007 版 A、B、C 三套条款（包含 4 个主险，38 个附加险），国内经营车险的保险公司（天平汽车保险公司除外）都必须从这三套条款中选择一款经营。银保监会明确指出：三套行业基本条款中的车辆第三者责任险条款是指令性条款，所有会员公司只能从中选择一套上报经银保监会批准后使用，而车辆损失险条款是行业指导性条款，各公司可选择使用，也可不选择。这三套条款，每一款都有各自的保险条款和对应费率。

中保协于2012年3月14日正式发布《机动车辆商业保险示范条款》(以下简称《示范条款》)，为保险公司提供了商业车险条款行业范本。随后在2014年根据《中国保监会关于深化商业车险条款费率管理制度改革的意见》的要求，在财产保险监管部的指导下，中保协组织力量对2012年版《示范条款》进行修订完善，以相关法律、行政法规为依据，多方征求意见基础上，形成《中国保险行业协会机动车辆商业保险示范条款(2014版)》以下简称《示范条款(2014版)》，由原来的4个主险，38个附加险，调整为4个主险，11个附加险，全部执行同一条款。2020年9月，再次对2014版条款进行整合、增删部分险种，最终调整为目前的3个主险，11个附加险，形成中保协制定的《机动车综合商业保险示范条款(2020版)》以下简称《示范条款(2020版)》。

机动车辆保险事故以机动车辆本身及其相关济利益为保险标的定值财产保险。目前使用的机动车辆保险产品由主险和附加险构成。其中，主险分为车辆损失险、车辆第三者责任险、车上人员责任险三个险种；附加险有绝对免赔率特约条款、车轮单独损失险、新增加设备损失险、车身划痕损失险、修理期间费用补偿险、发动机进水损坏除外特约条款、车上货物责任险、精神损害抚慰金责任险、法定节假日限额翻倍险、医保外医疗费用责任险和机动车增值服务特约条款共11个险种。《示范条款(2020版)》中的商业保险，具体险种见表3-12。

表3-12 《示范条款(2020版)》险种

主险	附加险
车辆损失险、车辆第三者责任险、车上人员责任险	绝对免赔率特约条款、车轮单独损失险、新增加设备损失险、车身划痕损失险、修理期间费用补偿险、发动机进水损坏除外特约条款、车上货物责任险、精神损害抚慰金责任险、法定节假日限额翻倍险、医保外医疗费用责任险、机动车增值服务特约条款

主险与附加险的关系如下：

(1) 附加险不能单独投保，只能附加于主险而投保。即购买了车辆损失险后才能购买车辆损失险的附加险。

(2) 主险因失效、解约或满期等原因效力终止或中止时，附加险效力也随之终止或中止。

(3) 主险的生效、失效、复效等是独立的，不依赖于附加险，但附加险效力的产生和存续却要以主险效力的存在为前提，附加险的效力不能独立存在。

(4) 如果主险的保险责任与附加险的保险责任有抵触，则主险服从附加险，也就是附加险优于主险，以附加险的约定为准。

《示范条款(2020版)》中的主险及其对应的附加险见表3-13。

表 3-13 《示范条款(2020 版)》的主险及其对应的附加险

险别	机动车产品体系(含挂车)		
主险	车辆损失险	车辆第三者责任险	车上人员责任险
附加险	绝对免赔率特约条款、车轮单独损失险、新增加设备损失险、车身划痕损失险、修理期间费用补偿险、发动机进水损坏除外特约条款、机动车增值服务特约条款	绝对免赔率特约条款、车上货物责任险、精神损害抚慰金责任险、法定节假日限额翻倍险、医保外医疗费用责任险、机动车增值服务特约条款	绝对免赔率特约条款、精神损害抚慰金责任险、医保外医疗费用责任险、机动车增值服务特约条款

一、车辆损失险

车辆损失险(简称车损险)的合同为不定值保险合同。不定值保险合同是指双方当事人在订立保险合同时不预先确定保险标的的保险价值,而是按照保险事故发生时保险标的的实际价值确定保险价值的保险合同。

(一) 保险标的

车辆损失险的保险标的是投保车辆本身,包括以动力装置驱动或者牵引、上道路行驶的供人员乘用或者用于运送物品以及进行专项作业的轮式车辆(含挂车)、履带式车辆和其他运载工具,但不包括摩托车、拖拉机、特种车。

(二) 保险责任

保险期间内,被保险人或被保险机动车驾驶人(以下简称驾驶人)在使用被保险机动车过程中,因自然灾害、意外事故(具体内容见表 3-14)造成被保险机动车直接损失,且不属于免除保险人责任的范围,保险人依照本保险合同的约定负责赔偿。

表 3-14　车辆损失险中的保险责任关于自然灾害和意外事故的定义

	定　义
自然灾害	是指对人类以及人类赖以生存的环境造成破坏性影响的自然现象,包括雷击、暴风、暴雨、洪水、龙卷风、冰雹、台风、热带风暴、地陷、崖崩、滑坡、泥石流、雪崩、冰陷、暴雪、冰凌、沙尘暴、地震及其次生灾害等
意外事故	是指被保险人不可预料、无法控制的突发性事件,但不包括战争、军事冲突、恐怖活动、暴乱、污染(含放射性污染)、核反应、核辐射等

保险期间内,被保险机动车被盗窃、抢劫、抢夺,经出险地县级以上公安刑侦部门立案证明,满 60 日未查明下落的全车损失,以及因被盗窃、抢劫、抢夺受到损坏造成的直接损失,且不属于免除保险人责任的范围,保险人依照本保险合同的约定负责赔偿。

(1) 该条款强调的是“全车被盗”,若非全车被盗,仅部分零部件被盗,则不属于理赔范畴。比如,张某投保车损险,某日,其将车停在小区内,第二天发现车轮胎被盗,则车损险不予赔付。

(2) 该条款承保的范围是车辆本身,但类似现金、笔记本电脑等经常被放置在车内的物品都不属于保险责任。

(3) 被保险机动车被盗窃、抢劫、抢夺后，必须经县级以上公安机关立案侦查[不能是乡镇(街道)派出所]，并满 60 日仍未找到的才能给予赔付。

(4) 被保险机动车全车被盗窃、抢劫、抢夺后，受到损坏或车上零部件、附属设备丢失需要修复的合理费用，保险人应予赔付。

(5) 被保险机动车在被抢劫、抢夺过程中，受到损坏需要修复的合理费用，保险人应予赔付。

发生保险事故时，被保险人或驾驶人为防止或者减少被保险机动车的损失所支付的必要的、合理的施救费用，由保险人承担；施救费用数额在被保险机动车损失赔偿金额以外另行计算，最高不超过保险金额。一般下列费用是必要的、合理的：

(1) 被保险机动车发生火灾时，被保险人或其允许的驾驶人使用他人非专业消防单位的消防设备，施救保险车辆所消耗的合理费用及设备损失应予赔偿。

(2) 被保险机动车出险后无法正常行驶，被保险人雇用吊车及其他车辆进行抢救的费用，以及将出险车辆拖运到修理厂的运输费用，在当地物价部门颁布的收费标准内负责赔偿。

(3) 在抢救过程中，因抢救而损坏的他人财产，并应由被保险人赔偿的，可酌情予以赔偿。但在施救时，施救人员丢失的个人物品不予赔偿。

(4) 被保险人自己或他人义务派来抢救的抢救车辆在拖运受损被保险机动车途中发生意外事故造成被保险机动车的损失扩大和费用增加部分应予赔偿。

(5) 被保险机动车出险后，被保险人赶赴事故现场所支出的费用不予赔偿。

(6) 只对被保险机动车的施救费用负责，对保险合同未保险的财产的施救部分，应按财产价值比分摊总施救费。

(7) 被保险机动车为进口车或特种车，发生保险责任范围的事故后，如当地确实无法修理的，经保险公司同意后去外地修理的移送费可予赔偿，并在定损单上注明送修地点和金额。但护送车辆人员的工资和差旅费不予赔偿。

(8) 重大或特殊案件的施救费用应委托专业施救单位出具相关施救方案及费用计算清单。

(三) 责任免除

1. 被保险人或驾驶人行为不当

下列情况下，不论任何原因造成被保险机动车的任何损失和费用，保险人不负责赔偿：

(1) 事故发生后，被保险人或其允许的驾驶人交通肇事逃逸，故意破坏、伪造现场、毁灭证据。

(2) 驾驶人有下列情形之一者：

① 交通肇事逃逸；

② 饮酒、吸食或注射毒品、服用国家管制的精神药品或者麻醉药品；

③ 无驾驶证，驾驶证被依法扣留、暂扣、吊销、注销期间；

④ 驾驶与驾驶证载明的准驾车型不相符合的机动车。

【案例 1】

民警小李在初次申领驾驶证后第 5 个月驾驶执行任务的警车不慎撞树造成车损，该车辆投保了《示范条款（2020 版）》车辆损失险。

思考：保险公司是否应该赔偿？

案例分析：该情形属于车辆损失险保险责任范围。虽然《道路交通安全法实施条例》第二十二条规定："机动车驾驶人初次申领机动车驾驶证后的 12 个月为实习期；机动车驾驶人在实习期内不得驾驶执行任务的警车。"但《示范条款（2020 版）》的车辆损失险责任免除部分已删除"驾驶人实习期内驾驶公共汽车、营运客车或者执行任务的警车不予赔付"的相关表述，因此，保险公司应给予赔付。

2. 与被保险机动车有关的情形

被保险机动车有下列情形之一者，保险人不负责赔偿：

（1）发生保险事故时被保险机动车行驶证、号牌被注销；

（2）被扣押、收缴、没收期间；

（3）竞赛、测试期间，在营业性场所维修、保养、改装期间；

（4）被保险人或驾驶人因故意或重大过失导致被保险机动车被利用从事犯罪行为。

【案例 2】

王某为自己的车辆投保了《示范条款（2020 版）》车辆损失险，因车辆故障需要修理，委托物流公司将车辆拖运到省城修理厂检查，车辆在拖运途中被盗。

思考：该事故是否属于车损险保险责任？

案例分析：该事故不属于车损险责任范围，保险公司不予赔付。根据《示范条款（2020 版）》车辆损失险第九条（三）款规定："被保险机动车在竞赛、测试期间，在营业性场所维修、保养、改装期间，无论任何原因造成被保险机动车的任何损失和费用，均不负责赔偿。"

3. 导致被保险机动车损失和产生费用的原因

下列原因导致的被保险机动车的损失和费用，保险人不负责赔偿：

（1）战争、军事冲突、恐怖活动、暴乱、污染（含放射性污染）、核反应、核辐射；

（2）违反安全装载规定；

（3）被保险机动车被转让、改装、加装或改变使用性质等，导致被保险机动车危险程度显著增加，且未及时通知保险人，因危险程度显著增加而发生保险事故的；

（4）投保人、被保险人或驾驶人故意制造保险事故。

4. 其他导致被保险机动车损失和产生费用的原因

下列损失和费用，保险人不负责赔偿：

（1）因市场价格变动造成的贬值、修理后因价值降低引起的减值损失；

（2）自然磨损、朽蚀、腐蚀、故障、本身质量缺陷；

（3）投保人、被保险人或驾驶人知道保险事故发生后，故意或者因重大过失未及时通知，致使保险事故的性质、原因、损失程度等难以确定的，保险人对无法确定的部分，不承担赔偿责任，但保险人通过其他途径已经知道或者应当及时知道保险事故发生的除外；

（4）因被保险人违反本条款第十五条规定，导致无法确定的损失；

（5）车轮单独损失，无明显碰撞痕迹的车身划痕，以及新增加设备的损失；

（6）非全车盗抢、仅车上零部件或附属设备被盗窃。

【案例 3】

1. 王某在某保险公司为其购买的小型汽车投保了车损险(保险金额 20 万元，保险期限 1 年)。某日，王某驾车外出突遇暴雨，车辆在行进过程中发动机突然进水熄火，李某随即向保险公司报案，后李某将该车辆送修，发生修理费 3 万元。随后王某和保险公司就因发动机进水产生的维修费用该由谁承担产生争议。

思考：该修理费用应由谁来承担?

案例分析：本案例争议的焦点是发动机进水是否属于保险公司理赔范围。根据《示范条款(2020 版)》第六条规定："保险期间内，被保险人或被保险机动车驾驶人在使用被保险机动车过程中，因自然灾害、意外事故造成被保险机动车直接损失，且不属于免除保险人责任的范围，保险人依照本保险合同的约定负责赔偿。"本案例中车辆因为突遇暴雨导致发动机进水至损，符合保险责任的范畴，应予赔偿。但是假设本案中，如果李某购买保险时同时购买了"发动机进水损坏除外特约条款"附加险，则本案中发动机进水这一损失便不能赔付。

2. 因紧急制动，导致本车上副驾驶室乘坐人员头部碰撞前风窗玻璃，本车前风窗玻璃破碎，乘员受伤的事故。该事故车辆投保了车损险。

思考：保险公司是否应赔付前风窗玻璃损失。

案例分析：应赔付。《示范条款(2020 版)》已将玻璃破损列入车损险的理赔范围，不管是交通事故导致的玻璃破损，还是没有明显碰撞痕迹情况下的玻璃破损，都应给予赔付。

（四）免赔额

对于投保人与保险人在投保时协商确定绝对免赔额的，保险人在依据本保险合同约定计算赔款的基础上增加每次事故绝对免赔额。

（五）保险金额

车辆投保时，保险金额不得高于被保险机动车的实际价值。对于实际价值的确定一般有三种方式。

1. 按投保时被保险机动车的新车购置价确定

新车购置价是指在保险合同签订地购置与被保险机动车同类型新车(含车辆购置附加税)的价格。投保时的新车购置价根据投保时保险合同签订地同类型新车的市场销售价格(含车辆购置税)确定,并在保险单中载明,无同类型新车市场销售价格的,由投保人与保险人协商确定。

2. 按投保时被保险机动车的实际价值确定

实际价值是指同类型汽车市场新车购置价减去该车已使用年限折旧金额后的价格。投保时被保险机动车的实际价值由投保人与保险人根据投保时的新车购置价减去折旧金额后的价格协商确定或其他市场公允价值协商确定。折旧金额可根据保险合同列明的参考折旧系数表确定。参考折旧系数见表 3-15。

表 3-15　参考折旧系数

车辆种类	月折旧系数			
	家庭自用	非营业	营业	
			出租	其他
9 座及以下客车	0.60%	0.60%	1.10%	0.90%
10 座及以上客车	0.90%	0.90%	1.10%	0.90%
微型载货汽车	—	0.90%	1.10%	1.10%
带拖挂的载货汽车	—	0.90%	1.10%	1.10%
低速载货汽车和三轮汽车	—	1.10%	1.40%	1.40%
其他车辆	—	0.90%	1.10%	0.90%

被保险机动车的折旧按月计算,不足一个月的部分,不计折旧。9 座及以下客车月折旧率为 0.6%,10 座以上客车月折旧率为 0.9%,最高折旧金额不超过投保时被保险机动车新车购置价的 80%。计算公式如下:

折旧金额=投保时的新车购置价×被保险机动车已使用月数×月折旧系数

机动车的实际价值=机动车的新车购置价—折旧金额

3. 按投保时被保险机动车的新车购置价内协商确定

协商实际价值(即车损险保额)由客户与保险公司共同协商确定,车辆发生全损时按照车辆的协商实际价值全额赔付。若协商实际价值远高于行业实际参考价值,车辆发生全损时的不当得利会触发客户的逆选择风险;若协商实际价值远低于行业实际参考价值,车辆发生全损时易引发客户投诉。故在与客户协商实际价值时,应尽量与行业实际参考价值一致,原则上不能超过上下浮动 30%的区间。

(六) 保险期间

除另有约定外,保险期间为 1 年,以保险单载明的起讫时间为准。

（七）双方义务

1. 保险人义务

（1）保险人在订立保险合同时，应向投保人说明投保险种的保险责任、责任免除、保险期间、保险费及支付办法、投保人和被保险人义务等内容。

（2）保险人应及时受理被保险人的事故报案，并尽快进行查勘。保险人接到报案后48小时内未进行查勘且未给予受理意见，造成财产损失无法确定的，以被保险人提供的财产损毁照片、损失清单、事故证明和修理发票作为赔付理算依据。

（3）保险人收到被保险人的索赔请求后，应当及时作出核定。

① 保险人应根据事故性质、损失情况，及时向被保险人提供索赔须知。审核索赔材料后认为有关证明和资料不完整的，应及时一次性通知被保险人补充有关证明和资料。

② 在被保险人提供了各种必要单证后，保险人应当迅速审查核定，并将核定结果及时通知被保险人，情形复杂的，保险人应当在30日内作出核定；保险人未能在30日内作出核定的，应与被保险人商定合理期间，并在商定期间内作出核定，同时将核定结果及时通知被保险人。

③ 对属于保险责任的，保险人应在与被保险人达成赔偿协议后10日内支付赔款。

④ 对不属于保险责任的，保险人应自作出核定之日起3日内向被保险人发出拒绝赔偿通知书，并说明理由。

⑤ 保险人自收到索赔请求和有关证明、资料之日起60日内，对其赔偿金额不能确定的，应当根据已有证明和资料可以确定的数额先予支付；保险人最终确定赔偿金额后，应支付相应的差额。

（4）保险人对在办理保险业务中知道的投保人、被保险人的业务和财产情况及个人隐私负有保密的义务。

2. 投保人、被保险人义务

（1）投保人应如实填写投保单并回答保险人提出的询问，履行如实告知义务，并提供被保险机动车行驶证复印件、机动车登记证书复印件，如指定驾驶人的，应同时提供指定驾驶人的驾驶证复印件。

在保险期间内，车辆被改装、加装或从事业余运输等，导致被保险机动车危险程度显著增加的，应当及时书面通知保险人；否则，因被保险机动车危险程度显著增加而发生的保险事故，保险人不承担赔偿责任。

（2）投保人应当在保险合同成立时交清保险费，保险费交清前发生的保险事故，保险人不承担赔偿责任。

（3）发生保险事故时，被保险人应当及时采取合理的、必要的施救和保护措施，防止或者减少损失，并在保险事故发生后48小时内通知保险人。故意或者因重大过失未及时通知，致使保险事故的性质、原因、损失程度等难以确定的，保险人对无法确定的部分，不承担赔偿责任，但保险人通过其他途径已经及时知道或者应当及时知道保险事故发生的除外。

(4) 发生保险事故后,被保险人应积极协助保险人进行现场查勘。

(5) 被保险人在索赔时应提供与确认保险事故的性质、原因、损失程度等有关的证明和资料。被保险人应提供保险单、损失清单、有关费用单据、被保险机动车行驶证和发生事故时驾驶人的驾驶证。属于道路交通事故的,被保险人应提供公安交通管理部门或法院等机构出具的事故证明、有关的法律文书(裁定书、裁决书、调解书、判决书等)。属于非道路交通事故或公安交通管理部门不进行处理的事故的,应提供相关的事故证明。

(6) 发生与保险赔偿有关的仲裁或者诉讼时,被保险人应及时书面通知保险人。

(7) 因第三方对被保险机动车的损害而造成保险事故的,保险人自向被保险人赔偿保险金之日起,在赔偿金额范围内代位行使被保险人对第三方请求赔偿权利,但被保险人必须协助保险人向第三方追偿。

保险事故发生后,保险人未赔偿之前,被保险人放弃对第三者请求赔偿权利的,保险人不承担赔偿责任。

被保险人故意或者因重大过失致使保险人不能行使代位请求赔偿的权利的,保险人可以扣减或者要求返还相应的赔款。

(八) 赔偿处理

发生保险事故后,保险人依据本条款约定在保险责任范围内承担赔偿责任。赔偿方式由保险人与被保险人协商确定。

1. 赔偿原则

(1) 因保险事故损坏的被保险机动车,修理前被保险人应当会同保险人检验,协商确定维修机构、修理项目、方式和费用。无法协商确定的,双方委托共同认可的有资质的第三方进行评估。

(2) 被保险机动车遭受损失后的残余部分由保险人、被保险人协商处理。如归被保险人,由双方协商确定其价值,并在赔款中扣除。

(3) 因第三方对被保险机动车的损害而造成保险事故,被保险人向第三方索赔的,保险人应积极协助;被保险人也可以直接向本保险人索赔,保险人在保险金额内先行赔付被保险人,并在赔偿金额内代位行使被保险人对第三方请求赔偿的权利。

(4) 被保险人已经从第三方取得损害赔偿的,保险人进行赔偿时,相应扣减被保险人从第三方已取得的赔偿金额。

(5) 保险人未赔偿之前,被保险人放弃对第三方请求赔偿权利的,保险人不承担赔偿责任。

(6) 被保险人故意或者因重大过失致使保险人不能行使代位请求赔偿权利的,保险人可以扣减或者要求返还相应的赔款。

(7) 保险人向被保险人先行赔付的,保险人向第三方行使代位请求赔偿权利时,被保险人应当向保险人提供必要的文件和所知道的有关情况。

2. 赔偿理算

(1) 全部损失的赔款计算

发生全部损失时，保险金额高于保险事故发生时被保险机动车实际价值的，以保险事故发生时被保险机动车的实际价值计算赔偿；保险金额等于或低于保险事故发生时被保险机动车实际价值的，按保险金额计算赔偿。赔偿之后，保险合同终止。计算公式如下：

赔款＝保险金额－被保险人已从第三方获得的赔偿金额－绝对免赔额

(2) 部分损失的赔款计算

被保险机动车发生部分损失，保险人按实际修复费用在保险金额内计算赔偿。计算公式如下：

赔款＝实际修复费用－被保险人已从第三方获得的赔偿金额－绝对免赔额

(3) 施救费的赔偿计算

施救费的赔偿计算方法与车损险的赔偿计算相同，但需注意以下事项：

① 施救费用在被保险机动车损失赔偿金额外另行计算，最高不超过保险金额。

② 施救的财产中，含有本保险合同之外的财产，应按本保险合同保险财产的实际价值占总施救财产的实际价值比例分摊施救费用。

3. 残值处理

被保险机动车遭受损失后的残余部分由保险人、被保险人双方协商确定其价值后，在赔款中扣除。

4. 事故责任比例确定

被保险人或被保险机动车驾驶人根据有关法律法规规定选择自行协商或由公安交通管理部门处理事故未确定事故责任比例的，按照下列规定确定事故责任比例：

(1) 被保险机动车方负主要事故责任的，事故责任比例为70%；

(2) 被保险机动车方负同等事故责任的，事故责任比例为50%；

(3) 被保险机动车方负次要事故责任的，事故责任比例为30%。

保险人受理报案、现场查勘、核定损失、参与诉讼、进行抗辩、要求被保险人提供证明和资料、向被保险人提供专业建议等行为，均不构成保险人对赔偿责任的承诺。

被保险机动车发生本保险事故，导致全部损失，或一次赔款金额与免赔金额之和(不含施救费)达到保险金额，保险人按本保险合同约定支付赔款后，本保险责任终止，保险人不退还车辆损失险及其附加险的保险费。

二、车辆第三者责任险

车辆第三者责任险是指被保险人或其允许的合法驾驶人在使用被保险机动车过程

中发生的意外事故，致使第三者遭受人身伤亡或财产直接损毁，依法应当由被保险人承担经济责任，保险公司负责赔偿。车辆第三者责任险的保险标的与车辆损失险不同，它以被保险人依法应对第三者承担的赔偿责任作为保险标的。所以，车辆第三者责任险属于责任保险范畴。

（一）保险责任

保险期间内，被保险人或其允许的合法驾驶人在使用被保险机动车过程中发生意外事故，致使第三者遭受人身伤亡或财产直接损毁，应当依法对第三者的损害承担赔偿责任，且不属于免除保险人责任的范围，保险人依照本保险合同的约定，对于超过交强险各分项赔偿限额的部分负责赔偿。

按照保险合同关系，保险合同法律关系的主体是保险人和被保险人，因此保险人是第一者，被保险人或者被保险机动车本车车上人员是第二者，除了保险人和被保险人之外，因被保险机动车的意外事故而遭受人身伤害或财产损失的，在车下的受害人或者遭受财产损失的财产所有人是第三者。同一被保险人的汽车之间发生意外事故，相对方均不构成第三者。

【案例 4】

张某驾车不小心撞上了道路旁的景观树，被撞倒的景观树属于车辆第三者责任险的赔偿范围，但是车辆的损失不属于车辆第三者责任险的赔偿范围，属于车损险负责的范畴。

（二）事故责任比例

保险人依据被保险机动车一方在事故中所负的事故责任比例，承担相应的赔偿责任。

被保险人或被保险机动车一方根据有关法律法规选择自行协商或由公安交通管理部门处理事故，但未确定事故责任比例的，按照下列规定确定事故责任比例：

（1）被保险机动车一方负主要事故责任的，事故责任比例为 70%；

（2）被保险机动车一方负同等事故责任的，事故责任比例为 50%；

（3）被保险机动车一方负次要事故责任的，事故责任比例为 30%；

（4）涉及司法或仲裁程序的，以法院或仲裁机构最终生效的法律文书为准。

（三）责任免除

1. 被保险人或驾驶人行为不当

下列情况下，不论任何原因造成的人身伤亡、财产损失和费用，保险人不负责赔偿：

（1）事故发生后，被保险人或驾车人故意破坏、伪造现场、毁灭证据。

（2）驾驶人有下列情形之一者：

① 交通肇事逃逸；

② 饮酒、吸食或注射毒品、服用国家管制的精神药品或者麻醉药品；

③ 无驾驶证，驾驶证被依法扣留、暂扣、吊销、注销期间；

④ 驾驶与驾驶证载明的准驾车型不相符合的机动车；

⑤ 非被保险人允许的驾驶人。

2. 与被保险机动车有关的情形

被保险机动车有下列情形之一者，保险人不负责赔偿：

（1）发生保险事故时被保险机动车行驶证、号牌被注销；

（2）被扣押、收缴、没收期间；

（3）竞赛、测试期间，在营业性场所维修、保养、改装期间；

（4）全车被盗窃、被抢劫、被抢夺、下落不明期间。

3. 导致人身伤亡、财产损失和产生费用的原因

下列原因导致的人身伤亡、财产损失和费用，保险人不负责赔偿：

（1）战争、军事冲突、恐怖活动、暴乱、污染（含放射性污染）、核反应、核辐射；

（2）第三者、被保险人或驾驶人故意制造保险事故、犯罪行为，第三者与被保险人或其他致害人恶意串通的行为；

（3）被保险机动车被转让、改装、加装或改变使用性质等，导致被保险机动车危险程度显著增加，且未及时通知保险人，因危险程度显著增加而发生保险事故的。

4. 其他导致人身伤亡、财产损失和产生费用的原因

下列人身伤亡、财产损失和费用，保险人不负责赔偿：

（1）被保险机动车发生意外事故，致使任何单位或个人停业、停驶、停电、停水、停气、停产、通信或网络中断、电压变化、数据丢失造成的损失以及其他各种间接损失；

（2）第三者财产因市场价格变动造成的贬值，修理后因价值降低引起的减值损失；

（3）被保险人及其家庭成员、驾驶人及其家庭成员所有、承租、使用、管理、运输或代管的财产的损失，以及本车上财产的损失；

（4）被保险人、驾驶人、本车车上人员的人身伤亡；

（5）停车费、保管费、扣车费、罚款、罚金或惩罚性赔款；

（6）超出《道路交通事故受伤人员临床诊疗指南》和国家基本医疗保险同类医疗费用标准的费用部分；

（7）律师费，未经保险人事先书面同意的诉讼费、仲裁费；

（8）投保人、被保险人或驾驶人知道保险事故发生后，故意或者因重大过失未及时通知，致使保险事故的性质、原因、损失程度等难以确定的，保险人对无法确定的部分，不承担赔偿责任，但保险人通过其他途径已经及时知道或者应当及时知道保险事故发生的除外；

（9）因被保险人违反本条款第二十八条约定，导致无法确定的损失；

（10）精神损害抚慰金；

（11）应当由交强险赔偿的损失和费用。

保险事故发生时，被保险机动车未投保交强险或交强险合同已经失效的，对于交强险责任限额以内的损失和费用，保险人不负责赔偿。

（四）责任限额

每次事故的责任限额，由投保人和保险人在签订本保险合同时协商确定，也可以按照费率表格档次选择相应的责任限额。

（1）在不同区域内，摩托车、拖拉机的最高赔偿限额为 2 万～20 万元。

（2）其他汽车的最高赔偿限额从改革前的 5 万～500 万元提升至改革后的 10 万～1 000万元等档次。

若为载货加挂车，主车和挂车连接使用时视为一体，发生保险事故时，由主车保险人和挂车保险人按照保险单上载明的车辆第三者责任险责任限额的比例，在各自的责任限额内承担赔偿责任。计算公式如下：

$$\text{主车承担的赔款}=\text{总赔款}\times\frac{\text{主车责任限额}}{\text{主车责任限额}+\text{挂车责任限额}}$$

$$\text{挂车承担的赔款}=\text{总赔款}\times\frac{\text{挂车责任限额}}{\text{主车责任限额}+\text{挂车责任限额}}$$

【注意】

挂车未投保商业险的，不参与分摊车辆第三者责任险项下应承担的赔偿金额；挂车未与主车连接时发生保险事故，在挂车的责任限额内承担赔偿责任。

（五）赔偿处理

（1）保险人对被保险人或其允许的驾驶人给第三者造成的损害，可以直接向该第三者赔偿。

（2）被保险人或其允许的驾驶人给第三者造成损害，对第三者应负的赔偿责任确定的，根据被保险人的请求，保险人应当直接向该第三者赔偿。被保险人怠于请求的，第三者就其应获赔偿部分直接向保险人请求赔偿，保险人可以直接向该第三者赔偿。

（3）被保险人或其允许的驾驶人给第三者造成损害，被保险人未向该第三者赔偿的，保险人不得向被保险人赔偿。

（4）发生保险事故后，保险人依据本条款约定在保险责任范围内承担赔偿责任。赔偿方式由保险人与被保险人协商确定。

因保险事故损坏的第三者财产，修理前被保险人应当会同保险人检验，协商确定维修机构、修理项目、方式和费用。无法协商确定的，双方委托共同认可的有资质的第三方进行评估。

（六）赔偿理算

（1）当（依合同约定核定的第三者损失金额－交强险的分项赔偿限额）×事故责任比

例≥每次事故责任限额时，计算公式如下：

赔款＝每次事故责任限额

（2）当（依合同约定核定的第三者损失金额－交强险的分项赔偿限额）×事故责任比例＜每次事故责任限额时，计算公式如下：

赔款＝（依合同约定核定的第三者损失金额－交强险的分项赔偿限额）×事故责任比例

保险人按照《道路交通事故受伤人员临床诊疗指南》和国家基本医疗保险的同类医疗费用标准核定医疗费用的赔偿金额。

未经保险人书面同意，被保险人自行承诺或支付的赔偿金额，保险人有权重新核定。不属于保险人赔偿范围或超出保险人应赔偿金额的，保险人不承担赔偿责任。

三、车上人员责任险

车上人员责任险负责赔偿车辆发生意外事故时，造成被保险机动车车体内或车体上人员的人身伤亡（包括司机和乘客）的损失。

（一）保险责任

在保险期间内，被保险人或其允许的驾驶人在使用被保险机动车过程中发生意外事故，致使车上人员遭受人身伤亡，且不属于免除保险人责任的范围，应当依法对车上人员承担的损害赔偿责任，保险人依照本保险合同的约定负责赔偿。

注意：车上人员责任险赔付对象是车上人员，行驶途中跳车的人员是免赔对象。改革后的赔付对象还包括上下车时受伤的人员，这就要特别强调意外发生瞬间该人员所处的位置。

【案例 5】

张某在乘坐同事李某驾驶的车辆回家途中发生碰撞事故，张某被甩出车外后又被该车碾压。

思考：张某应界定为车上人员还是第三者？

案例分析：根据《示范条款（2020 版）》规定："车上人员是指发生意外事故的瞬间，在被保险机动车车体内或车体上的人员，包括正在上下车的人员。"判断张某是否属于"车上人员"以外的受害人，时间是一个关键要素，不能因为被害人在事故之前一直处于机动车上而判断他为车上人员。毕竟车辆作为一种交通工具，"车上人员"和"第三者"并不是永久固定不变的身份，而是一种临时性的身份，在一定情形下是可以相互转化的。本案例中，事故发生前，张某坐在被保险机动车上，属于车上人员；当该车发生碰撞事故，张某被甩出车外时，已不再处于车体内，此时不是正在上下车的人，而是在被保险机动车之外。因此此时张某属于"本车人员"以外的受害人，即属于第三者的范畴，可以在车辆第三者责任险范围内给予赔偿。

（二）事故责任比例

保险人依据被保险机动车一方在事故中所负的事故责任比例，承担相应的赔偿责任。

被保险人或被保险机动车一方根据有关法律法规选择自行协商或由公安机关交通管理部门处理事故，但未确定事故责任比例的，按照下列规定确定事故责任比例：

（1）被保险机动车一方负主要事故责任的，事故责任比例为70%；

（2）被保险机动车一方负同等事故责任的，事故责任比例为50%；

（3）被保险机动车一方负次要事故责任的，事故责任比例为30%；

（4）涉及司法或仲裁程序的，以法院或仲裁机构最终生效的法律文书为准。

（三）责任免除

1. 被保险人或驾驶人行为不当

下列情况下，不论任何原因造成的人身伤亡，保险人不负责赔偿：

（1）事故发生后，被保险人或驾驶人故意破坏、伪造现场、毁灭证据。

（2）驾驶人有下列情形之一者：

① 交通肇事逃逸；

② 饮酒、吸食或注射毒品、服用国家管制的精神药品或者麻醉药品；

③ 无驾驶证，驾驶证被依法扣留、暂扣、吊销、注销期间；

④ 驾驶与驾驶证载明的准驾车型不相符合的机动车；

⑤ 未被保险人允许的驾驶人。

2. 与被保险机动车有关的情形

被保险机动车有下列情形之一者，保险人不负责赔偿：

（1）发生保险事故时被保险机动车行驶证、号牌被注销；

（2）被扣押、收缴、没收期间；

（3）竞赛、测试期间，在营业性场所维修、保养、改装期间；

（4）全车被盗窃、被抢劫、被抢夺、下落不明期间。

3. 导致人身伤亡、财产损失和产生费用的原因

下列原因导致的人身伤亡、财产损失和费用，保险人不负责赔偿：

（1）战争、军事冲突、恐怖活动、暴乱、污染（含放射性污染）、核反应、核辐射；

（2）被保险机动车被转让、改装、加装或改变使用性质等，导致被保险机动车危险程度显著增加，且未及时通知保险人，因危险程度显著增加而发生保险事故的；

（3）投保人、被保险人或驾驶人故意制造保险事故。

4. 其他导致人身伤亡、财产损失和产生费用的原因

下列人身伤亡、财产损失和费用，保险人不负责赔偿：

(1) 被保险人及驾驶人以外的其他车上人员的故意行为造成的自身伤亡；

(2) 车上人员因疾病、分娩、自残、斗殴、自杀、犯罪行为造成的自身伤亡；

(3) 罚款、罚金或惩罚性赔款；

(4) 超出《道路交通事故受伤人员临床诊疗指南》和国家基本医疗保险同类医疗费用标准的费用部分；

(5) 律师费，未经保险人事先书面同意的诉讼费、仲裁费；

(6) 投保人、被保险人或驾驶人知道保险事故发生后，故意或者因重大过失未及时通知，致使保险事故的性质、原因、损失程度等难以确定的，保险人对无法确定的部分，不承担赔偿责任，但保险人通过其他途径已经知道或者应当及时知道保险事故发生的除外；

(7) 精神损害抚慰金；

(8) 应当由交强险赔付的损失和费用。

(四) 责任限额

驾驶人每次事故责任限额和乘客每次事故每人责任限额由投保人和保险人在投保时协商确定。投保乘客座位数按照被保险机动车的核定载客(驾驶人座位除外)确定。限额一般在每座1万～5万元协商。

(五) 赔偿理算

(1) 对每座的受害人，当(依合同约定核定的每座车上人员人身伤亡损失金额—应由交强险赔偿的金额)×事故责任比例≥每次事故每座赔偿限额时，计算公式如下：

赔款＝每次事故每座赔偿限额

(2) 对每座的受害人，当(依合同约定核定的每座车上人员人身伤亡损失金额—应由交强险赔偿的金额)× 事故责任比例≤每次事故每座赔偿限额时，计算公式如下：

赔款＝(依合同约定核定的每座车上人员人身伤亡损失金额—
应由交强险赔偿的金额)×事故责任比例

保险人按照《道路交通事故受伤人员临床诊疗指南》和国家基本医疗保险的同类医疗费用标准核定医疗费用的赔偿金额。

未经保险人书面同意，被保险人自行承诺或支付的赔偿金额，保险人有权重新核定。不属于保险人赔偿范围或超出保险人应赔偿金额的，保险人不承担赔偿责任。

四、通用条款

(一) 适用范围

本保险合同适用中华人民共和国法律(不含港、澳、台地区法律)。

(二) 保险期间

除另有约定外，保险期间为1年，以保险单载明的起讫时间为准。

(三) 其他事项

(1) 发生保险事故时，被保险人或驾驶人应当及时采取合理的、必要的施救和保护措施，防止或者减少损失，并在保险事故发生后 48 小时内通知保险人。

被保险机动车全车被盗抢的，被保险人知道保险事故发生后，应在 24 小时内向出险当地公安刑侦部门报案，并通知保险人。

被保险人索赔时，应当向保险人提供与确认保险事故的性质、原因、损失程度等有关的证明和资料。

被保险人应当提供保险单、损失清单、有关费用单据、被保险机动车行驶证和发生事故时驾驶人的驾驶证。

属于道路交通事故的，被保险人应当提供公安交通管理部门或法院等机构出具的事故证明、有关的法律文书(判决书、调解书、裁定书、裁决书等)及其他证明。被保险人或其允许的驾驶人根据有关法律法规规定选择自行协商方式处理交通事故的，被保险人应当提供依照《道路交通事故处理程序规定》签订记录交通事故情况的协议书。

被保险机动车被盗抢的，被保险人索赔时，须提供保险单、损失清单、有关费用单据、机动车登记证书、机动车来历凭证以及出险当地县级以上公安刑侦部门出具的盗抢立案证明。

(2) 保险人按照本保险合同的约定，认为被保险人索赔提供的有关证明和资料不完整的，应当及时一次性通知被保险人补充提供。

(3) 保险人收到被保险人的赔偿请求后，应当及时作出核定；情形复杂的，应当在 30 日内作出核定。保险人应当将核定结果通知被保险人；对属于保险责任的，在与被保险人达成赔偿协议后 10 日内履行赔偿义务。保险合同对赔偿期限另有约定的，保险人应当按照约定履行赔偿义务。

保险人未及时履行前款约定义务的，除支付赔款外，应当赔偿被保险人因此受到的损失。

(4) 保险人依照本条款第四十二条的约定作出核定后，对不属于保险责任的，应当自作出核定之日起 3 日内向被保险人发出拒绝赔偿通知书，并说明理由。

(5) 保险人自收到赔偿请求和有关证明、资料之日起 60 日内，对其赔偿数额不能确定的，应当根据已有证明和资料可以确定的数额先予支付；保险人最终确定赔偿数额后，应当支付相应的差额。

(6) 保险人受理报案、现场查勘、核定损失、参与诉讼、进行抗辩、要求被保险人提供证明和资料、向被保险人提供专业建议等行为，均不构成保险人对赔偿责任的承诺。

(7) 在保险期间内，被保险机动车转让他人的，受让人承继被保险人的权利和义务。被保险人或者受让人应当及时通知保险人，并及时办理保险合同变更手续。

因被保险机动车转让导致被保险机动车危险程度发生显著变化的，保险人自收到前款约定的通知之日起 30 日内，可以相应调整保险费或者解除本保险合同。

(8) 保险责任开始前，投保人要求解除本保险合同的，应当向保险人支付应交保险费金额3%的退保手续费，保险人应当退还保险费。

保险责任开始后，投保人要求解除本保险合同的，自通知保险人之日起，本保险合同解除。保险人按日收取自保险责任开始之日起至合同解除之日止期间的保险费，并退还剩余部分保险费。

(9) 因履行本保险合同发生的争议，由当事人协商解决，协商不成的，由当事人从下列两种合同争议解决方式中选择一种，并在本保险合同中载明：

① 提交保险单载明的仲裁委员会仲裁；

② 依法向人民法院起诉。

任务实施

一、任务实施环境

(1) 汽车保险仿真模拟实训室。

(2) 车险承保模拟教学系统投保平台。

(3) 辅助办公设备(文具、打印机、复印机等)。

二、学生分组

将学生进行分组，每6人为一组，并选出小组负责人。利用本任务学到的知识，扮演保险业务员角色的学生向扮演客户的学生推荐机动车商业主险，结合"情景导入"中的案例进行小组讨论。

(1) 介绍机动车商业主险的保险责任及责任免除。

(2) 介绍机动车商业主险的保险金额。

(3) 介绍机动车商业主险的索赔事项。

三、考核要点

(1) 小组成员配合是否默契，对话逻辑是否清晰。

(2) 小组成员是否熟悉机动车商业主险的作用及特征。

(3) 小组成员是否能够清晰、准确地向客户介绍机动车商业主险的保险责任、责任免除以及索赔事项。

(4) 是否能从对话中体现本任务的主要知识点。

四、总结讨论

(1) 各小组对本组成员的讨论表述情况进行总结讨论，并对其他小组的讨论表述进行点评。

(2) 教师对各小组出现的亮点与不足进行点评。

任务三 机动车商业附加险

情景导入

大年初七，王先生开车上班时发现自己的车窗玻璃被鞭炮炸裂，刘先生立即报案，赶来的保险公司定损人员看了刘先生的保单后表示，刘先生因为只投保了车损险，而没有投保玻璃单独破碎险，所以该情况不在保险责任范围之内。

思考：刘先生明明投保了车损险，车窗玻璃也属于车辆的组成部分，为什么车窗玻璃破碎了却不能赔偿呢？

知识准备

机动车商业附加险是指除了保险条款规定的主险外，投保人根据自己的需要加保的一些险别。附加险是主险责任的扩展，通常用以扩大主险条款中所规定的权利和义务的补充条款，以及保障主险责任范围以外的可能发生的某些危险。附加险条款的法律效力优于主险条款。附加险条款未尽事宜，以主险条款为准。除附加险条款另有约定外，主险中的责任免除、免赔规则、双方义务同样用于附加险。主险保险责任终止的，其相应的附加险保险责任同时终止。

本《示范条款》的附加险共计 11 个，包括：绝对免赔率特约条款、车轮单独损失险、新增加设备损失险、车身划痕损失险、修理期间费用补偿险、发动机进水损坏除外特约条款、车上货物责任险、精神损害抚慰金责任险、法定节假日限额翻倍险、医保外医疗费用责任险、机动车增值服务特约条款。

一、绝对免赔率特约条款

附加绝对免赔率特约条款的绝对免赔率为 5%，10%，15%，20%，由投保人和保险人在投保时协商确定，具体以保险单载明为准。

被保险机动车发生主险约定的保险事故，保险人按照主险的约定计算赔款后，扣减本特约条款约定的免赔额。计算公式如下：

主险实际赔款＝主险约定的赔款×(1－绝对免赔率)

【案例 1】

1. 购买了“绝对免赔率特约条款”附加险的情况

一辆投保了车损险后的营业货车追尾撞上一辆家庭自用轿车，货车承担全部责任。发生事故时货车的实际价值为 130 000 元，损失 3 000 元，无绝对免赔额，已购买“绝对免赔率特约条款”附加险，绝对免赔率 15%。轿车无责，损失 1 000 元。请计算该货车的车损险赔付金额。

案例分析： 被保险机动车发生部分损失，保险人按实际修复费用在保险金额内计算赔偿，由于该货车购买了“绝对免赔率特约条款”附加险，计算时需考虑绝对免赔率。

货车车损险赔款=(货车实际损失－被保险人已从第三方获得的赔款)×(1－绝对免赔率)－绝对免赔额
=(3 000－100)×(1－15%)－0=2 465(元)

2. 未购买“绝对免赔率特约条款”附加险的情况

一辆营业货车投保车损险后追尾撞上一辆家庭自用轿车，货车承担全部责任。发生事故时货车的实际价值为 130 000 元，损失 3 000 元，无绝对免赔额，未购买“绝对免赔率特约条款”附加险。轿车无责，损失 1 000 元。请计算该货车的车损险赔付金额。

案例分析： 被保险机动车发生部分损失，保险人按实际修复费用在保险金额内计算赔偿。

货车车损险赔款=货车实际损失－被保险人已从第三方获得的赔偿金额－绝对免赔额
=货车实际损失－轿车交强险对货车赔付－绝对免赔额
=3 000－100－0=2 900(元)

通过对比可以发现，购买了“绝对免赔率特约条款”附加险后，即恢复了 2014 版的免赔率，但机动车商业险的保险费会下降。通俗地讲，就是购买了“绝对免赔率特约条款”附加险后出险时赔付减少了，但购买保险时的保费下降了，这是一个降费的险种。

二、车轮单独损失险

投保了车损险的机动车，可投保本附加险。

（一）保险责任

保险期间内，被保险人或被保险机动车驾驶人在使用被保险机动车过程中，因自然灾害、意外事故导致被保险机动车未发生其他部位的损失，仅有车轮（含轮胎、轮毂、轮毂罩）单独的直接损失，且不属于免除保险人责任的范围，保险人依照本附加险合同的约定负责赔偿。

（二）责任免除

下列情况保险人不负责赔偿：

(1) 车轮（含轮胎、轮毂、轮毂罩）的自然磨损、朽蚀、腐蚀、故障、本身质量缺陷；

(2) 未发生全车盗抢，仅车轮单独丢失。

（三）保险金额

保险金额由投保人和保险人在投保时协商确定。

（四）赔偿处理

（1）发生保险事故后，保险人依据本条款约定在保险责任范围内承担赔偿责任。赔偿方式由保险人与被保险人协商确定，可采取现金赔付或实物赔付。现金赔付的计算公式如下：

赔款＝实际修复费用－被保险人已从第三方获得的赔偿金额

（2）在保险期间内，累计赔款金额达到保险金额，本附加险保险责任终止。

三、新增加设备损失险

新增加设备是指被保险机动车出厂时原有各项设备以外，被保险人加装或改装的设备与设施。例如，在被保险机动车上加装制冷、加氧设备、清洁燃料设备、DVD及电视录像设备、检测设备、真皮或电动座椅、电动升降器、防盗设备、GPS等。办理本保险时，应列明被保险机动车上新增加的设备明细表及价格。

投保了车损险的机动车，可投保本附加险。

（一）保险责任

保险期间内，被保险机动车因发生车损险责任范围内的事故，造成车上新增加设备的直接损毁，保险人在保险单载明的本附加险的保险金额内，按照实际损失负责赔偿。

（二）保险金额

保险金额根据新增加设备投保时的实际价值确定。新增加设备的实际价值是指新增加设备的购置价减去折旧后的金额。

（三）赔偿处理

发生保险事故后，保险人依据本条款约定在保险责任范围内承担赔偿责任。赔偿方式由保险人与被保险人协商确定。计算公式如下：

赔款＝实际修复费用－被保险人已从第三方获得的赔偿金额

四、车身划痕损失险

投保了车损险的机动车，可投保本附加险。

（一）保险责任

保险期间内，被保险机动车在被保险人或被保险机动车驾驶人使用过程中，发生无明显碰撞痕迹的车身划痕损失，保险人按照保险合同约定负责赔偿。

（二）责任免除

下列情况保险人不负责赔偿：

（1）由被保险人及其家庭成员、驾驶人及其家庭成员的故意行为造成的损失；

（2）因投保人、被保险人与他人的民事、经济纠纷导致的任何损失；

(3) 车身表面自然老化、损坏、腐蚀造成的任何损失。

(三) 保险金额

保险金额为 2 000 元、5 000 元、10 000 元、20 000 元，由投保人和保险人在投保时协商确定。

(四) 赔偿处理

(1) 发生保险事故后，保险人依据本条款约定在保险责任范围内承担赔偿责任。赔偿方式由保险人与被保险人协商确定。计算公式如下：

赔款＝实际修复费用－被保险人已从第三方获得的赔偿金额

(2) 在保险期间内，累计赔款金额达到保险金额，本附加险保险责任终止。

五、修理期间费用补偿险

投保了车损险的机动车，可投保本附加险。车损险责任终止时，本附加险责任同时终止。

(一) 保险责任

保险期间内，被保险机动车在使用过程中，发生车损险责任范围内的事故，造成车身损毁，致使被保险机动车停驶，保险人按保险合同约定，在保险金额内向被保险人补偿修理期间的费用，作为代步车费用或弥补停驶损失。

(二) 责任免除

下列情况保险人不负责赔偿：

(1) 因车损险责任范围以外的事故而致被保险机动车的损毁或修理；

(2) 非在保险人认可的修理厂修理时，因车辆修理质量不合要求造成返修；

(3) 被保险人或驾驶人拖延车辆送修期间。

(三) 保险金额

保险金额的计算公式如下：

保险金额＝日补偿金额×补偿天数

其中，日补偿金额及补偿天数由投保人与保险人在投保时协商确定，并在保险合同中载明，保险期间内约定的补偿天数最高不超过 90 日。

(四) 赔偿处理

当发生全车损失时，按保险单载明的保险金额计算赔偿。计算公式如下：

赔款＝日补偿金额×保险合同约定的最高补偿天数

当发生部分损失时，在保险金额内按约定的日补偿金额乘以从送修之日起至修复之日止的实际天数计算赔偿，分以下两种情况。

(1) 补偿天数未超过保险合同约定的最高赔偿天数时，计算公式如下：

赔款＝日补偿金额×补偿天数

(2) 补偿天数超过保险合同约定的最高赔偿天数时，计算公式如下：

赔款＝日补偿金额×保险合同约定的最高补偿天数

赔付后，批减本附加险保险合同中约定的最高补偿天数。

保险期间内，累计赔款金额达到保险合同载明的保险金额，本附加险保险责任终止。

保险期间发生保险事故时，累计补偿天数达到保险合同约定天数时，合同终止。

六、发动机进水损坏除外特约条款

投保了车损险的机动车，可投保本附加险。

保险期间内，投保了本附加险的被保险机动车在使用过程中，因发动机进水后导致的发动机的直接损毁，保险人不负责赔偿。

七、车上货物责任险

投保了车辆第三者责任险的机动车(含挂车)，可投保本附加险。

(一) 保险责任

保险期间内，发生意外事故使被保险机动车所载货物遭受直接损毁，依法应由被保险人承担的损害赔偿责任，保险人负责赔偿。

(二) 责任免除

下列情况保险人不负责赔偿：

(1) 偷盗、哄抢、自然损耗、本身缺陷、短少、死亡、腐烂、变质、串味、生锈、动物走失、飞失、货物自身起火燃烧或爆炸造成的货物损失；

(2) 违法、违章载运造成的损失；

(3) 因包装、紧固不善，装载、遮盖不当导致的任何损失；

(4) 车上人员携带的私人物品的损失；

(5) 保险事故导致的货物减值、运输延迟、营业损失及其他各种间接损失；

(6) 法律、行政法规禁止运输的货物的损失。

(三) 责任限额

本保险的每次事故赔偿限额由投保人和保险人在投保时协商确定。

(四) 赔偿处理

(1) 被保险人索赔时，应提供运单、起运地货物价格证明等相关单据。保险人在责任限额内按起运地价格计算赔偿。

(2) 发生保险事故后，保险人依据本条款约定在保险责任范围内承担赔偿责任，赔偿方式由保险人与被保险人协商确定。

八、精神损害抚慰金责任险

投保了车辆第三者责任险或车上人员责任险，可投保本附加险。

仅投保车辆第三者责任险的基础上附加本附加险时，保险人只负责赔偿第三者的精神损害抚慰金；仅投保车上人员责任险的基础上附加本附加险时，保险人只负责赔偿车上人员的精神损害抚慰金。

（一）保险责任

保险期间内，被保险人或其允许的驾驶人在使用被保险机动车的过程中，发生投保的主险约定的保险责任内的事故，造成第三者或车上人员的人身伤亡，受害人据此提出精神损害赔偿请求，保险人依据法院判决及保险合同约定，对应由被保险人或被保险机动车驾驶人支付的精神损害抚慰金，扣除交强险应当支付的赔款后，在本保险赔偿限额内负责赔偿。

（二）责任免除

下列情况保险人不负责赔偿：

（1）根据被保险人与他人的合同协议，应由他人承担的精神损害抚慰金；

（2）未发生交通事故，仅因第三者或本车人员的惊恐引起的损害；

（3）怀孕妇女的流产发生在交通事故发生之日起 30 日以外的。

（三）责任限额

本保险每次事故赔偿限额由保险人和投保人在投保时协商确定。

（四）赔偿处理

依据生效法律文书或当事人达成且经保险人认可的赔付协议，在保险单所载明的赔偿限额内计算赔偿。

九、法定节假日限额翻倍险

投保了车辆第三者责任险的家庭自用汽车，可投保本附加险。

保险期间内，被保险人或其允许的驾驶人在法定节假日期间使用被保险机动车发生车辆第三者责任险范围内的事故，并经公安部门或保险人查勘确认的，被保险机动车的车辆第三者责任险所适用的责任限额在保险单载明的基础上增加一倍。

【注意】

（1）法定节假日包括：中华人民共和国国务院规定的元旦、春节、清明节、劳动节、端午节、中秋节和国庆节放假调休日期，以及星期六、星期日，具体以中华人民共和国国务院公布的文件为准。

（2）法定节假日不包括：因中华人民共和国国务院安排调休形成的工作日，中华人民共和国国务院规定的一次性全国假日，地方性假日。

十、医保外医疗费用责任险

投保了车辆第三者责任险或车上人员责任险的机动车，可投保本附加险。

（一）保险责任

保险期间内，被保险人或其允许的驾驶人在使用被保险机动车的过程中，发生主险保险事故，对于被保险人依照中华人民共和国法律（不含港澳台地区法律）应对第三者或车上人员承担的医疗费用，保险人对超出《道路交通事故受伤人员临床诊疗指南》和国家基本医疗保险同类医疗费用标准的部分负责赔偿。

（二）责任免除

下列情况发生的损失和费用，保险人不负责赔偿：

（1）在相同保障的其他保险项下可获得赔偿的部分；

（2）所诊治伤情与主险保险事故无关联的医疗和医药费用；

（3）特需医疗类费用。

（三）责任限额

本保险的每次事故赔偿限额由投保人和保险人在投保时协商确定，并在保险单中载明。

（四）赔偿处理

被保险人索赔时，应提供由具备医疗机构执业许可的医院或药品经营许可的药店出具的、足以证明各项费用赔偿金额的相关单据。保险人根据被保险人实际承担的责任，在保险单载明的责任限额内计算赔偿。

十一、机动车增值服务特约条款

投保了机动车保险后，可投保本特约条款。

本特约条款包括道路救援服务特约条款、车辆安全检测特约条款、代为驾驶服务特约条款、代为送检服务特约条款共四个独立的特约条款。投保人可以选择投保全部特约条款，也可以选择投保部分特约条款。保险人依照保险合同的约定，按照承保特约条款分别提供增值服务。

（一）道路救援服务特约条款

1. 服务范围

保险期间内，被保险机动车在使用过程中发生故障而丧失行驶能力时，保险人或其受托人根据被保险人的请求，向被保险人提供如下道路救援服务：

(1) 单程50公里以内拖车；

(2) 送油、送水、送防冻液、搭电；

(3) 轮胎充气、更换轮胎；

(4) 车辆脱离困境所需的拖拽、吊车。

2. 责任免除

下列情况保险人不负责提供道路救援服务：

(1) 根据所在地法律法规、行政管理部门的规定，无法开展相关服务项目；

(2) 送油、更换轮胎等服务过程中产生的油料、防冻液、配件、辅料等材料费用；

(3) 被保险人或驾驶人的故意行为。

3. 责任限额

保险期间内，保险人提供2次免费服务，超出2次的，由投保人和保险人在签订保险合同时协商确定，分为5次、10次、15次、20次四档。

注意：道路救援服务特约条款不属于道路事故救援。附加险中的道路救援仅针对被保险机动车在使用过程中发生故障而丧失行驶能力的救援。道路事故救援是指发生道路交通事故导致机动车丧失行驶能力的救援。这是两种不同的概念。因此，道路事故救援不可用道路救援服务替代。

(二) 车辆安全检测特约条款

1. 服务范围

保险期间内，为保障机动车安全运行，保险人或其受托人根据被保险人的请求，为被保险机动车提供车辆安全检测服务。车辆安全检测项目包括：

(1) 发动机检测(机油、空滤、燃油、冷却等)；

(2) 变速器检测；

(3) 转向系统检测(含车轮定位测试、轮胎动平衡测试)；

(4) 底盘检测；

(5) 轮胎检测；

(6) 汽车玻璃检测；

(7) 汽车电子系统检测(全车电控电器系统检测)；

(8) 车内环境检测；

(9) 蓄电池检测；

(10) 车辆综合安全检测。

2. 责任免除

下列情况保险人不负责提供车辆安全检测服务：

(1) 检测中发现的问题部件的更换、维修费用；

(2) 洗车、打蜡等常规保养费用；

(3) 车辆运输费用。

3. 责任限额

保险期间内，本特约条款的检测项目及服务次数上限由投保人和保险人在签订保险合同时协商确定。

（三）代为驾驶服务特约条款

1. 服务范围

保险期间内，保险人或其受托人根据被保险人的请求，在被保险人或其允许的驾驶人因饮酒、服用药物等原因无法驾驶或存在重大安全驾驶隐患时提供单程 30 公里以内的短途代驾服务。

2. 责任免除

根据所在地法律法规、行政管理部门的要求，无法开展相关服务项目的情形。

3. 责任限额

保险期间内，本特约条款的服务次数上限由投保人和保险人在签订保险合同时协商确定。

（四）代为送检服务特约条款

1. 服务范围

保险期间内，按照《中华人民共和国道路交通安全法实施条例》，被保险机动车需由机动车安全技术检验机构实施安全技术检验时，根据被保险人请求，由保险人或其受托人代替机动车所有人进行车辆送检。

2. 责任免除

下列情况保险人不负责提供代为送检服务：

（1）根据所在地法律法规、行政管理部门的规定，无法开展相关服务项目；

（2）车辆检验费用及罚款；

（3）维修费用。

释 义

1.【使用被保险机动车过程】指被保险机动车作为一种工具被使用的整个过程，包括行驶、停放及作业，但不包括在营业场所被维修养护期间、被营业单位拖带或被吊装等施救期间。

2.【自然灾害】指对人类以及人类赖以生存的环境造成破坏性影响的自然现象，包括雷击、暴风、暴雨、洪水、龙卷风、冰雹、台风、热带风暴、地陷、崖崩、滑坡、泥石流、雪崩、冰陷、暴雪、冰凌、沙尘暴、地震及其次生灾害等。

3.【意外事故】指被保险人不可预料、无法控制的突发性事件，但不包括战争、军事冲突、恐怖活动、暴乱、污染（含放射性污染）、核反应、核辐射等。

4.【交通肇事逃逸】指发生道路交通事故后，当事人为逃避法律责任，驾驶或者遗弃车辆逃离道路交通事故现场以及潜逃藏匿的行为。

5.【车轮单独损失】指未发生被保险机动车其他部位的损失，因自然灾害、意外事故，仅发生轮胎、轮毂、轮毂罩的分别单独损失，或上述三者之中任意二者的共同损失，或三者的共同损失。

6.【车身划痕】仅发生被保险机动车车身表面油漆的损坏，且无明显碰撞痕迹。

7.【新增加设备】指被保险机动车出厂时原有设备以外的，另外加装的设备和设施。

8.【新车购置价】指本保险合同签订地购置与被保险机动车同类型新车的价格，无同类型新车市场销售价格的，由投保人与保险人协商确定。

9.【全部损失】指被保险机动车发生事故后灭失，或者受到严重损坏完全失去原有形体、效用，或者不能再归被保险人所拥有的，为实际全损；或被保险机动车发生事故后，认为实际全损已经不可避免，或者为避免发生实际全损所需支付的费用超过实际价值的，为推定全损。

10.【家庭成员】指配偶、父母、子女和其他共同生活的近亲属。

11.【市场公允价值】指熟悉市场情况的买卖双方在公平交易的条件下和自愿的情况下所确定的价格，或无关联的双方在公平交易的条件下一项资产可以被买卖或者一项负债可以被清偿的成交价格。

12.【饮酒】指驾驶人饮用含有酒精的饮料，驾驶机动车时血液中的酒精含量大于等于 20 mg/100 mL 的。

驾驶机动车时每 100 mL 血液中含有的酒精量大于等于 20 mg，小于 80 mg 的为酒后驾驶；每 100 mL 血液中含有的酒精量大于等于 80 mg 时则为醉酒驾驶。

13.【法定节假日】包括：中华人民共和国国务院规定的元旦、春节、清明节、劳动节、端午节、中秋节和国庆节放假调休日期，及星期六、星期日，具体以中华人民共和国国务院公布的文件为准。

法定节假日不包括：因中华人民共和国国务院安排调休形成的工作日，中华人民共和国国务院规定的一次性全国假日，地方性假日。

14.【污染(含放射性污染)】指被保险机动车正常使用过程中或发生事故时，由于油料、尾气、货物或其他污染物的泄漏、飞溅、排放、散落等造成的被保险机动车和第三方财产的污损、状况恶化或人身伤亡。

15.【特需医疗类费用】指医院的特需医疗部门/中心/病房，包括但不限于特需医疗部、外宾医疗部、VIP 部、国际医疗中心、联合医院、联合病房、干部病房、A 级病房、家庭病房、套房等不属于社会基本医疗保险范畴的高等级病房产生的费用，以及名医门诊、指定专家团队门诊、特需门诊、国际门诊等产生的费用。

任务实施

一、任务实施环境

(1) 汽车保险仿真模拟实训室。

（2）车险承保模拟教学系统投保平台。

（3）辅助办公设备（文具、打印机、复印机等）。

二、学生分组

将学生进行分组，每 6 人为一组，并选出小组负责人。利用本任务学到的知识，扮演保险业务人员角色的学生向扮演客户的学生推荐机动车商业附加险，结合“情景导入”中的案例进行小组讨论。

（1）介绍商业附加险的保险责任及责任免除。

（2）介绍商业附加险的保险金额。

（3）介绍商业附加险的索赔事项。

三、考核要点

（1）小组成员配合是否默契，对话逻辑是否清晰。

（2）小组成员是否熟悉商业附加险的作用及特征。

（3）小组成员是否能够清晰、准确地向客户介绍商业附加险的保险责任、责任免除以及索赔注意事项。

（4）是否能从对话中体现本任务的主要知识点。

四、总结讨论

（1）各小组对本组成员的讨论表述情况进行总结讨论，并对其他小组的讨论表述进行点评。

（2）教师对各小组出现的亮点与不足进行点评。

项目测评

一、判断题

1. 我国的交强险采用无过失责任原则。（　　）

2. 因保险事故损坏的受害人财产需修理的，被保险人应在修理前会同保险人检验，协商确定修理或者更换项目、方式和费用；否则，保险人在交强险责任限额内有权重新核定。（　　）

3. 上年度发生赔案但还未赔付的，本期交强险费率不浮动，直至赔付后的下一年度交强险费率向上浮动。（　　）

4. 车损险的合同为定值保险合同。（　　）

5. 陨石从天空坠落所致被保险机动车受损，不属于保险责任，保险公司不负责赔偿。（　　）

6. 被保险人给第三者造成损害，被保险人未向该第三者赔偿的，保险人不得向被保险人赔偿。（　）

7. 被保险机动车发生火灾时，使用他人非专业消防单位的消防设备施救被保险机动车所消耗的合理费用及设备，保险公司应予以赔偿。（　）

8. 被保险机动车在修理厂修理过程中造成的损失属于保险责任，保险公司应负责赔偿。（　）

9. 在发生交通事故时，交强险和车辆第三者责任险是同时赔付的。（　）

二、单项选择题

1. 交强险保单出单日距离保单起期最长不能超过（　）个月。

A. 1　B. 2　C. 3　D. 6

2. 下列属于车损险责任的是（　）。

A. 发生保险事故时被保险机动车行驶证、号牌被注销

B. 收到被保险机动车所载货物

C. 竞赛、测试期间，在营业性场所维修、保养、改装期间

D. 保险人或其允许的驾驶人故意或重大过失，导致被保险机动车被利用从事犯罪行为

3. 一辆6座以下家庭自用轿车，在一个保险年度出了5次有责任但未涉及死亡的交通事故，下一年度应交纳的保险费为（　）。

A. 950元　B. 760元　C. 1 045元　D. 1 235元

4. 被保险人给第三者造成损害，被保险人对第三者应负的赔偿责任确定的，根据被保险人的请求，保险人应当直接向该（　）赔偿。

A. 被保险人　B. 第三者　C. 受益人　D. 代理人

5. 全车盗抢险的保险责任是被保险机动车被盗窃、抢劫、抢夺，经出险当地县级以上公安刑侦部门立案证明，满（　）日未查明下落的全车损失。

A. 30　B. 60　C. 48　D. 90

6. 一辆被保险机动车在保险期内先后发生两次车辆第三者责任险事故，被保险人应对第三者的赔偿责任分别是8万元和15万元。由于被保险人在投保时选择了10万元档次的赔偿限额，保险人赔偿了第一次事故的8万元以后，对第二次事故的15万元，根据规定应（　）。

A. 赔偿15万元，车辆第三者责任险仍有效

B. 赔偿10万元，车辆第三者责任险仍有效

C. 赔偿10万元，车辆第三者责任险终止

D. 赔偿2万元，车辆第三者责任险终止

7. 某车辆投保了车损险，按保险价值投保，保险金额为100 000元。该车投保后发

生了重大交通事故，保险公司推定为全损。投保时该车已用了两年，出险时实际价值为80 000元，残值为3 000元。该车损失为(　　)。

A. 64 000元　　B. 80 000元　　C. 77 000元　　D. 100 000元

8. 下列属于新增加设备损失险责任范围的是(　　)。

A. 前风窗玻璃防爆膜　　B. 保险杠

C. 前照灯　　D. 中网

9. 一辆被保险机动车在保险期内先后发生两次车身划痕损失险事故，第一次修理费用3 500元。由于被保险人在投保时选择了5 000元档次的赔偿限额，第二次用了2 500元修理费，根据规定，被保险人还应获得(　　)。

A. 赔偿2 500元，车身划痕损失险仍有效　B. 赔偿1 500元，车身划痕损失险仍有效

C. 赔偿2 500元，车身划痕损失险终止　D. 赔偿1 500元，车身划痕损失险终止

三、填空题

1. 汽车保险的参与人包括________、投保人、________、保险中介、________等。

2. 交强险的特征表现在________、________、________、________和________五个方面。

3. 交强险的责任限额分为________赔偿限额、________赔偿限额、________赔偿限额以及被保险人在道路交通事故中________赔偿限额。

4. 36座公交车的交强险基础费率是________元，安全行驶一年的55座长途客车第二年的交强险费用是________元。

5. 附加车身划痕损失险的保险责任是________________，保险人负责赔偿。

6. 购买了修理期间费用补偿险，发生全车损失时，按________________计算赔偿；发生部分损失时，在保险金额内按________________计算赔偿。

7. 驾驶机动车时，每100 mL血液中含有的酒精量为________________的为酒后驾驶；每100 mL血液中含有的酒精量为________________为醉酒驾驶。

四、简答题

1. 交强险保险责任的成立应满足哪四个条件？

2. 交强险的责任限额分几类？数额分别为多少？

3. 车损险中保险金额有几种确定方式？

4. 必要的、合理的车辆施救费用包括哪些？

5. 车辆第三者责任险的责任限额是如何规定的？

五、问答题

结合自己在实训中的观察体会，回答以下问题：

1. A、B 两车在高速发生追尾事故，交警到场后判定 A 车全责，B 车无责。后经保险公司查勘确定事故造成 A 车车损 1 000 元，B 车车损 300 元。A、B 两车均已投保交强险、车损险、车辆第三者责任险。

试计算事故各方保险公司的赔款情况。

2. A、B 两车在某路段发生正面碰撞，不仅两车受损，还致使行人 C 受伤致死，道路护栏 D 受损。经裁定，A 车负主要责任，承担 70%责任；B 车负次要责任，承担 30%的责任。事故各方的损失分别为：A 车车损 4 000 元，B 车车损10 000元，车上人员重伤 1 名，造成残疾，花费医药费 10 000 元，残疾赔偿金 50 000 元，道路护栏 D 损失 2 000 元。A、B 两车均承保了交强险。

试计算 A、B 两车的交强险赔款？A、B 两车的交强险赔款应赔给相应受害人的赔偿金额各为多少？

项目四 汽车保险费率

项目目标

知识目标

1. 理解保险费的概念及意义。
2. 理解保险费率的概念及厘定的原则。
3. 掌握汽车保险费率的影响因素。
4. 掌握汽车保险保费的计算。

技能目标

1. 能考虑汽车保险费的影响因素。
2. 会进行汽车保险费的计算。

项目描述

保险费率是保险人按保险金额向投保人或被保险人收取保险费的比例，通常用“‰”或“%”表示，是计算保险费的依据。保险费率由纯费率和附加费率两部分构成。纯费率又称净费率，是保险费率的主要部分，依此计算的保险费用以弥补财产损失和给付保险金。

课时计划

任务一：保险金额与赔偿限额。
任务二：保险费率的确定。
任务三：汽车保险保费的计算。

任务一 保险金额与赔偿限额

情景导入

2011 年，小周花 14 万元购买了一辆新车，并连续 9 年在同一家保险公司投保。从

2011 年开始直到 2019 年，小周的车每年的保险费都是按新车购置价 14 万元全额计价缴付，其中车头部分是以新车价 88 920 元作为保险金额。

2019 年，该车发生车损事故。价格认定中心对车辆损失进行了评估，认定车头部分损失为 36 000 元。事故结案后，小周向保险公司提出索赔。但保险业务员却告知小周，车头部分要按扣除折旧后计算赔款，只能赔 20 896 元，这和实际修理费相差了 15 104 元。小周不解。

但保险业务员的解释是：根据《保险法》的相关规定，保险金额是指保险人承担赔偿或者给付保险金责任的最高限额。在保险公司的车险条款中，写明保险金额可以从三种方式中确定，其中第一种就是按投保时被保险机动车的新车购置价确定。而在赔偿处理条款中写明，按新车购置价投保的机动车发生全损时，计算赔偿不得超过车辆的实际价值。车辆的实际价值按新车购置价每月 0.6% 折旧计算。发生部分损失时，按实际修复费用计算赔偿，但不得超过事故发生时车辆的实际价值。

知识准备

一、保险费的定义及构成

保险费是指被保险人参加保险时，根据其投保时所确定的保险费率，向保险人支付的费用。当保险财产遭受灾害和意外事故造成全部或部分损失，或人身保险中人身发生意外时，保险人均要付给保险金。

保险费由保险金额、保险费率和保险期限构成。保险费的数额与保险金额的大小、保险费率的高低和保险期限的长短成正比。如被保险人不按期交纳保险费，在自愿保险中，则保险合同失效；在强制保险中，就要附加一定的滞纳金。

保险人依靠其所收取的保险费建立保险基金，对被保险人因保险事故所遭受的损失进行经济补偿。因此，支付保险费是被保险人的基本义务，只有在被保险人履行了约定支费义务的前提下，保险人才能承担保险合同载明的保险责任。

保险费由纯保费和附加保费构成。纯保费是保险人用于赔付给被保险人或受益人的保险金，它是保险费的最低界限；附加保费是由保险人所支配的费用，主要用于保险业务的各项营业支出，包括营业税、代理手续费、企业管理费、工资及工资附加费和固定资产折旧等。

二、保险费的支付方式

保险费的支付方式有：一次交纳、按年交纳、按季交纳、按月交纳四种。

三、保险费的本质

保险是社会再生产过程中独立的单位或个人为应付意外事件的货币资金，在它们之间通融使用的一种货币资金运动方式。毫无疑问，这种货币资金的运行方式是：社会上众多的被保险人将相对较少的保险费交于保险人，保险人即拥有了一笔数额巨大的货币资金。当被保险人发生了保险责任范围内的意外事件并导致经济损失时，保险人就用这部分货币支付给发生损失的被保险人。所以，从本质上说，保险费就是被保险人用于应付意外事件的那部分货币资金。

正因为保险费是被保险人用于应付意外事件的那部分货币资金，保险费的支出就成了被保险人一项必要的管理支出，列入生产经营成本或生活开支栏目。确定这一认识，对发展我国的保险事业十分必要。我国是一个经历了长期封建社会的国家，在对待意外事件突然袭击的问题上，对如何利用保险这一现代金融工具的认识还不足。由于受建立在自给自足的自然经济基础上的传统观念影响，往往有一种交了保险费后得不到赔款就是花了“冤枉钱”、吃亏上当的感觉，没有把保险费当作是生产经营和生活中必需的开支这一思维去认识，所以，人们的保险意识不高。只有当人们从市场经济活动中认识到保险费的支出是生产经营活动和生活安排的必要支出后，才能很好地提高人们的保险意识，才会主动地、自愿地向保险机构办理符合自身需要的保险。

只有社会向保险机构提出各种保险要求后，保险机构才能更好地开发适合社会需要的各种保险产品。这样，保险业才会更加健康、积极地成长起来，才会尽快消除把交纳保险费视为“乱收费”“乱摊派”的认识。当然，保险从业人员更应坚持做好符合实际的宣传，主动提供安全可靠和性价比高的保险服务。提高整个社会成员的保险意识才能为我国保险业的更快发展提供强有力的后劲。也只有确定这一认识，才会为中国财务法规建设提供理论依据。允许生产经营单位的保费开支列入成本中，允许个人保险费支出列入必需的生活开支中，从而为保险费的支出来源找到合法的地位。在一些发达国家，个人所得税实行收入累进税率和必要开支递减相结合的纳税制度，允许人们将自己的个人养老保险费支出列入生活开支中，从而降低纳税档次，其理论依据也基于此。而这种个人纳税制度的实行，又为人寿保险业提供了强有力的支持。

四、保险费的特性

（一）必须性

保险费所解决的是意外事件造成的经济损失。而意外事件又具有以下两个特点。

（1）必然存在性。在人们的生活中诸如洪水、地震等自然灾害或火灾、爆炸等意外事件是必然会发生的。如果没有意外事件的必然存在性，人们就不必采取诸多措施进行预防，如果意外事件不是必然存在的，那么保险也就失去了存在的基础。

（2）偶然发生性。尽管意外事件的存在是必然的，但意外事件发生的时间、地点、程度、是否造成经济损失或即使造成经济损失但造成的经济损失的大小程度，又是偶然的。这样，被保险人支出了保险费，就是把意外事件存在的必然性和意外事件发生的偶然性结合起来,把绝对变数变成相对常数,把不确定的东西确定化。

一个理性的被保险人会认识到,在支出了保险费后,如果没有发生意外事件,说明他的一切运行活动正常,并且由于运行正常而获得了相应的收益,因此他不会对因未遭遇意外事件发生经济损失而没有得到赔款产生吃亏的感觉。如果发生了意外事件,造成经济损失,得到了赔款,只是补偿了被保险人损失的部分,而因意外事件的发生影响了被保险人的正常运行,造成的收益损失却难以补回,所以尽管被保险人得到赔款,也不会产生赚到便宜的心理感受。而那些认为支付保险费后,未得到赔款是吃了亏,有了赔款,才是赚了的想法,是对保险是商品经济运行保护伞的一种误解。

(二)保障性

被保险人为了防止可能发生的意外事件交付了保险费,就可以放心地进行经营活动了。就像有的人讲的那样,没有保险谁也不敢保证哪次行程会安然无恙。所以,对于一个社会再生产过程中的经营者来说,购买保险就是为其经济运行提供了最佳的经济保障。

五、保险费的意义

首先,一个国家保费收入的多少,是一个国家社会成员用于抵御意外事件袭击的经济能力的货币标志。也就是说,当保险责任范围内的意外事件发生后,用社会成员自己的力量解决经济损失的能力的标志。数额越大,说明社会成员自己解决意外事件造成经济损失的能力越强,意外事件的袭击给社会生产、生活造成的冲击和创伤越少,社会成员的生产和生活就会更加顺利和安定,从而靠国家救济、资助的需求就减少了,国家可以将有限的资金用到更急需的地方,这对社会经济稳定和社会安定发挥着强有力的经济保障作用。

其次,一个国家保费收入的多少,是该国商品经济发展程度的标志。因为有了商品经济才能使被保险人手中持有货币,才能支付保险费。随着商品经济的发展,保费收入也会越来越多。所以保险业的发展,首先是从商品经济发达的行业和地区开始的,并保障和推动商品经济的迅速发展。

最后,中国社会主义市场经济的发展与中国保险业的成长是相辅相成的。中国社会主义市场经济的发展为中国保险业的发展提供了良好的土壤,而中国保险业要想发展,就要为中国社会主义市场经济提供良好的保险服务。市场经济需要什么保险,就要研究和开发新的险种,以满足市场需求。所以,中国保险业的健康成长与壮大,既为中国小康社会提供了可靠的经济保障,又是中国社会主义小康社会兴旺发达的标志之一。

六、保险金额与赔偿限额

保险金额,是指一个保险合同项下保险公司承担赔偿或给付保险金责任的最高限额，即投保人对保险标的的实际投保金额；同时，又是保险公司收取保险费的计算基础。

保险金额与赔偿限额都是表示理赔的金额总数，内涵上没什么区别。保险金额一般是指财产险、货运险。赔偿限额一般用在责任险上。交强险和车辆第三者责任险的保额称为赔偿限额，车损险的保额称为保险金额，但必须分清是累计赔偿限额还是每次赔偿限额。

车辆保险合同是不定值保险合同，车损险在保险合同上不约定被保险机动车的实际价值，只列明保险金额作为最高赔偿额度。保险金额不同的确定方式直接影响和决定了发生保险事故时保险赔偿的计算原则。

(一) 全部损失

按保险金额计算赔偿，但保险金额高于实际价值时，以不超过出险当时实际价值(即当时二手市场的市价)计算赔偿，目的是防止被保险人有不当获利。

(1) 按保险金额计算赔偿。保险金额是保险人对被保险人投保车辆的最高保障金额。例如，某新车按购买时 13.5 万元的购置价投保，出险时该车的新车购置价涨到 15 万元，该车全损，此时被保险人所遭受的实际经济损失是 15 万元，但保险单上所订明的保险金额是 13.5 万元，所以保险人只能按 13.5 万元计算赔偿。

(2) 保险金额高于实际价值的，以不超过出险当时实际价值计算赔偿。衡量实际损失首先要确定保险车辆的市价。例如，某新车按 13.5 万元投保，全损时的购置价跌至 11 万元，这时被保险人所遭受的损失是 11 万元而不是 13.5 万元，虽然保险单上的保险金额是 13.5 万元，但按照实际损失原则，保险人只能按 11 万元计算赔偿。

(二) 部分损失

以新年购置价确定保险金额的车辆，按照实际修理费用计算赔偿。保险金额低于新车购置价的车辆，按保险金额与新车购置价的比例计算赔偿。

(1) 按新车购置价投保的车辆视同足额投保，在保险金额限度内，且不考虑免赔的前提下，损失多少赔多少，被保险人可以得到全数赔偿。

(2) 按低于新年购置价确定保额的车辆视为不足额投保，此类车辆按比例赔偿方式计算赔偿，即按保险金额与出险时新车购置价的比例来计算赔偿金额。例如，某车的新车购置价为 100 万元，经使用几年后，被保险人按实际价值 50 万元投保，发生部分损失 10 万元，在不考虑免赔的前提下，保险人只赔付 5 万元(10×50/100)。

在部分损失理赔计算中，不论新车和旧车(指同一车型)，更换零部件和修理费都是一样的。旧车是按新车购置价投保还是按实际价值投保，会产生不同的理赔结果。前者属于足额投保，出险时将得到全额的赔偿(不考虑免赔因素)。但往往很多车主是按车辆的实际价值投保的，因此在实际理赔中，旧车因为部分损失得不到全额赔偿而产生的纠纷比较多。建议旧车的车主在投保时与保险人协商，部分损失部分按新车购置价投保，全部损失部分按实际价值投保，这样保险费虽略有增加，但可以避免发生部分损失时赔付不足的问题。

任务实施

一、任务实施环境

(1) 汽车保险仿真模拟实训室。

(2) 车险承保模拟教学系统投保平台。

(3) 辅助办公设备(文具、打印机、复印机等)。

二、学生分组

将学生进行分组，每 6 人为一组，并选出小组负责人。利用本任务学到的知识，结合“情景导入”中的案例进行小组讨论。

(1) 什么是车辆投保时的保险金额?

(2) 以小组为单位电话访问保险公司(至少两家)，了解车辆投保时是如何规定保险金额的，并与实际计算的赔偿限额进行比较。

三、考核要点

(1) 小组成员配合是否默契，对话逻辑是否清晰。

(2) 小组成员是否熟悉车辆保险的保险金额和赔偿限额。

(3) 小组成员是否能够清晰、准确地向客户解释说明相关的内容。

(4) 是否能从对话中体现本任务的主要知识点。

四、总结讨论

(1) 各小组对本组成员的讨论表述情况进行总结讨论，并对其他小组的讨论表述进行点评。

(2) 教师对各小组出现的亮点与不足进行点评。

任务二 保险费率的确定

保险费率又称保险价格，是保险费与保险金额的比率，是被保险人为取得保险保障向保险人支付的价金，通常以每百元或每千元保险金额的保险费来表示。

情景导入

王先生购买了一辆北京现代索纳塔 2.0 轿车，新车购置价为 15 万元。他为自己的新车投保了车损险、车辆第三者责任险（20 万元）和车上人员责任险（司机和乘客各 2 万元）。

知识准备

一、保险费率的概述

保险费率不同于其他商品的价格，保险人制定保险费率时主要依据过去的损失和费用统计记录，而不是已保保险标的损失的资料。

保险费率由纯费率和附加费率两部分组成。习惯上，将纯费率和附加费率相加得到的保险费率称为毛费率。

纯费率又称净费率，是纯保费与保险金额的比率，用于保险事故发生后进行赔偿和给付保险金的费率。财产保险纯费率的计算依据是保额损失率，人寿保险纯费率的计算依据是利率和死亡率。

附加费率是附加保费与保险金额的比率。它是以保险人的营业费用为基础计算的，用于保险人的业务费用支出、手续费支出以及提供部分保险利润等。通常以占纯费率的一定比例表示。附加费率由费用率、营业税率和利润率构成。

保险公司产品研发作业流程如图 4-1 所示。

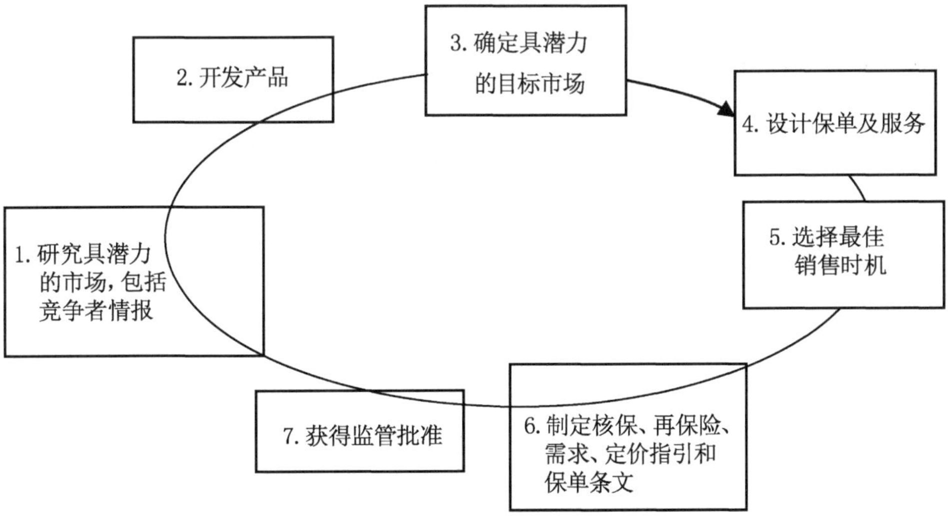

图 4-1　保险公司产品研发作业流程

二、厘定保险费率的原则

保险人在厘定保险费率时总体上要做到权利与义务对等,具体包括下列四个原则。

(一)充分性原则

充分性原则是指所收取的保险费在支付赔款、营业费用和税款之后,仍有一部分结余。可见,充分性原则的核心是保证保险人有足够的偿付能力。如果保险费率过低,就会降低保险人的偿付能力,使保险人的经营处于不稳定状态,不利于稳健发展。在竞争激烈的保险市场上,保险公司为了提高自己的竞争力,保险人常常不惜以降低保险费率来吸引顾客。为了贯彻充分性原则,避免恶性竞争,很多国家都对保险费率进行管制,以保证保险公司的偿付能力。

(二)公平合理原则

公平一方面对保险人来说,其收取的保险费应与其承担的风险相当;另一方面对被保险人来说,其负担的保险费应与其获得的保障相当。合理则是指保险费率应尽可能合理,保险费的多少应与保险种类、保险期限、保险金额相关联,保险人不能为追求超额利润而片面制定过高的保险费率。

(三)稳定灵活原则

稳定是指保险费率应当在一定时期内保持稳定,以保证保险公司的信誉。稳定的费率有利于保险公司的业务核算,也使被保险人的保费支出保持稳定。不稳定的保险费率会给保险公司的经营活动带来负面影响。同时,坚持稳定原则并不是要求保险费率保持一成不变,要随着风险的变化、保险责任的变化和市场需求等因素的变化而做出相应的调整,具有一定的灵活性。

(四)促进防灾防损原则

促进防灾防损原则要求保险费率的厘定应有利于促进防灾防损。具体来讲,对注重防灾防损工作的被保险人采取较低的费率。贯彻这一原则有两个好处:其一,可以减少保险人的赔款支出;其二,可以促进被保险人加强防灾防损,减少整个社会的财富损失。

三、汽车保险费率厘定模式

通常保险人在经营汽车保险的过程中将风险因子分为以下两类。

(1)与汽车相关的风险因子。主要包括汽车的种类、使用的情况和行驶的区域等。

(2)与驾驶人相关的风险因子。主要包括驾驶人的性格、年龄、婚姻状况、职业等。

由此各国汽车保险的费率模式基本上可以划分为两大类,即从车费率模式和从人费率模式。

(一)从车费率模式

从车费率模式是指在确定保险费率的过程中主要以被保险机动车的风险因子作为

影响费率确定因素的模式。目前,我国汽车保险的费率模式就属于从车费率模式。

现行的汽车保险费率体系中影响费率的主要变量为机动车的使用性质、机动车的生产地和机动车的种类:

(1) 根据机动车的使用性质分为营业性车辆与非营业性车辆。

(2) 根据机动车的生产地分为进口车辆与国产车辆。

(3) 根据机动车的种类分为机动车的种类与吨位。

除了上述三个主要的从车因素外,现行的汽车保险费率还将机动车行驶的区域作为汽车保险的风险因子,即按照机动车使用的不同地区适用不同的费率,如在深圳和大连采用专门的费率。

从车费率模式具有体系简单、易于操作的特点。同时,由于我国在一定的历史时期被保险的机动车绝大多数是"公车",驾驶人与机动车不存在必然的联系,也就不具备采用从人费率模式的条件。随着经济的发展和人民生活水平的提高,汽车进入家庭,2003年各保险公司制定并执行的汽车保险条款开始向从人费率模式过渡。

从车费率模式的缺陷是显而易见的,因为机动车在使用过程中对于风险的影响起到决定因素的是与机动车驾驶人有关的风险因子。尤其是将汽车保险特有的无赔偿优待与机动车联系,而不是与驾驶人联系,显然不利于调动驾驶人的主观能动性,其本身也与设立无赔偿优待制度的初衷相违背。

由驾驶人的违法行为造成的交通事故占总事故数的90%以上,尤其是醉酒驾驶、饮酒驾驶、无证驾驶、超速、客运车辆超员、闯红灯以及肇事后逃逸七种严重交通违法行为,不仅是道路交通伤亡事故的"元凶",而且还是"顽症"。

(二) 从人费率模式

从人费率模式是指在确定保险费率的过程中主要以被保险机动车驾驶人的风险因子作为影响费率确定因素的模式。目前,大多数国家采用的汽车保险的费率模式属于从人费率模式。各国采用的从人费率模式考虑的风险因子不尽相同,主要有驾驶人的年龄、性别、驾驶年限和安全行驶记录等。

(1) 根据驾驶人的年龄划分,分为三组。第一组是初学驾驶,通常是性格不稳定、缺乏责任感的年轻人;第二组是具有一定驾驶经验,生理和心理条件均较为成熟,有家庭和社会责任感的中年人;第三组是与第二组情况基本相同,但年龄较大,反应较迟钝的老年人。通常认为,第一组驾驶人为高风险人群,第三组驾驶人为次高风险人群,第二组驾驶人为低风险人群。三组人群的年龄段划分是根据各国的不同情况确定的。

(2) 根据驾驶人的性别划分,分为男性与女性。研究表明,女性驾驶车辆较为谨慎,相对于男性她们为低风险人群。

(3) 根据驾驶人的驾龄划分。驾龄的长短可以从一个侧面反映驾驶人的驾驶经验,通常认为初次领证后的1～3年为事故多发期。

(4) 根据行车安全记录划分。行车安全记录可以反映驾驶人的驾驶心理素质和对待风险的态度，经常发生交通事故的驾驶人可能存在某方面的缺陷。

从以上分析可以看出，从人费率相对于从车费率具有更科学、合理的特征。我国正在积极探索，逐步将从车费率的模式过渡到从人费率的模式。

四、汽车保险的风险因素

（一）车辆本身的风险因素

1. 厂牌因素

世界各国汽车制造厂众多，不同厂家生产的车辆特点不同，加之各国的技术和汽车产业政策不同，汽车的安全性能也不同。主要有以下区别：

（1）美国、西北欧的汽车更注重安全性。

（2）日本汽车的综合性价比高，安全性略差。

（3）韩国汽车的安全性能不如以上各国。

（4）我国国产、合资生产的汽车的安全性与韩国汽车相当。

（5）东欧汽车的安全性较差。

2. 车辆的种类

国内保险业将机动车主要分成五种，分别是：客车、货车、专用车、摩托车、拖拉机。

（1）客车。座位数是车辆拥有的可供乘客乘坐的标准座位的数量，反映了客车的运营能力。座位数越多，乘客责任风险大，且车体大，车辆在运行中的轨迹和方向不易掌握。

（2）货车。吨位数与座位数的特点较为相似，吨位数针对的是货物，座位数针对的是人，因此，保险人在承保车上货物责任险时，要充分考虑吨位数的因素。吨位数越大，车辆的价格越高，灵活性越差，对车辆的操纵性也有影响。

（3）其他车辆。包括：专用车、摩托车、拖拉机。

① 专用车。主要指具有专门用途的车辆，如油罐车、气罐车、液罐车、冷藏车、起重车、装卸车、工程车、监测车、邮电车、消防车、清洁车、医疗车、救护车等。专用车有着不同性质的风险，所以在承保此类车辆时应考虑其特殊性。

② 摩托车。包括二轮摩托车和三轮摩托车。摩托车的环境适应性和安全性较差，一般风险较大。

③ 拖拉机。包括手扶拖拉机、小型四轮拖拉机及大中型拖拉机。拖拉机的运行环境较差，驾驶人的技术对拖拉机的风险存在较大影响。

3. 排气量

这里所提及的排气量主要是针对 14 座以下的客车而言，对其他车辆则未细分。

排气量的大小与车辆的等级、动力性、价格有直接关系。对同一类汽车发生事故的损失不同，风险不同。一般排量越大，意味着损失程度越大，风险相对越高。

4. 车龄

车龄是指车辆购置的年限，即从购置新车之日起至投保之日止期间的年限。年限以12个月日历年限为标准。车龄与车况有直接关系，车况越差，由于系统失效造成的车辆事故增多，火灾的发生概率也增加。

5. 行驶区域

行驶区域是指车辆行驶的地域范围。根据我国地理情况，行驶区域分为省内（含直辖市、自治区）行驶、国内行驶、出入国境行驶。

（1）行驶区域的大小不同，路况熟悉程度不同，区域越大，风险越大。

（2）不同区域造成的损失承担的赔偿责任不同。

（3）国外的重视程度大于国内。

6. 使用性质

不同的车辆有不同的用途，不同的使用性质具有不同的风险。根据车辆的使用性质，我国将车辆分为营运车辆和非营运车辆。整体而言，因为营运车辆的使用时间较长，车辆磨损率及发生事故的概率比非营运车辆高。因此，营运车辆的风险比非营运车辆的风险高。

7. 所属性质

主要从潜在道德风险角度考虑。

（1）公车与私车不同

从性质因素角度，公车的风险高；从道德因素角度，私车的风险较高。

（2）个人营运车辆与车队营运车辆不同

车队营运车辆一般归国家或集体所有，损失所得用于补偿集体财产，道德风险较低，个人营运车辆则相反。

（二）地理环境风险因素

1. 气候

我国地域广阔，气候差异较大，东部与南部的气候温暖湿润，雨水较多，雨季较长；西部与北部的气候寒冷干燥，雨水较少，但降雪较多。由于气候的差异，对车辆造成的风险也有很大的区别。总体而言，由于东部与南部雨水多，导致车辆锈损较严重，同时在雨季因路面较滑，事故也会增多，车辆水浸的现象也较多。而西部与北部则因冬季气候寒冷，降雪较多导致路面较滑，冬季发生事故明显增多，个别地区还因异常寒冷，有车内生火取暖的情况，容易导致燃烧事故。

2. 地形、地貌

我国地域广阔，地形、地貌差异较大，有平原、丘陵、山地等复杂的地形、地貌，不同的地形、地貌对车辆有着不同的影响。平原地区的地势平缓、视野开阔，行车比较安全；山地则因地势高低不平、道路曲折、路面狭窄，容易导致恶性事故。

3. 路面状况

路面状况对行车安全及车辆损耗有直接影响。路面状况好的地段，车辆的事故率相对较低；路面状况差的地段，车辆的事故率则明显升高。

（三）社会环境风险因素

1. 法制环境

车辆保险是一种高事故率、高频度补偿的保险业务，且事故的原因、补偿的对象及补偿的依据均有较大的差异。在这种情况下，如果法制比较健全，事故发生后，责任的鉴定、补偿的处理就会有法可依，从而使保险人与被保险人的利益均受到比较全面的保障；否则就会发生很多法律纠纷，为社会带来诸多不良影响。

2. 治安情况

车辆保险与社会治安状况联系最为密切。我国地域辽阔，各地社会治安状况差别较大，社会治安状况好的地方，盗窃、抢劫或抢夺的发生率相对较低。整体而言，华东地区的社会治安状况较好，车辆的盗窃、抢劫或抢夺的发生率较低；华南地区由于社会治安状况较差，导致车辆的盗窃、抢劫或抢夺现象严重，车险的赔付率较高。

（四）驾驶人风险因素

1. 年龄

汽车保险的风险与驾驶人的年龄、性别有直接的关系。22 岁以下的青年人因年轻气盛，往往喜欢开快车，因而容易发生交通事故，且容易导致恶性交通事故；50 岁以上的人驾车速度相对较慢，但因为反应相对迟钝，也容易导致交通事故；22—50 岁年龄的人驾驶则相对安全些。保险公司针对这种情况，对不同年龄组的人设定不同的系数，并按不同的系数收取保险费。

2. 性别

交通肇事记录与性别也有密切关系。整体而言，男性驾驶人的交通事故率比女性驾驶人高，主要原因是男性驾车整体速度较快。国外保险公司因此根据驾驶人的性别设定不同的系数，并按不同的系数收取保险费。

3. 经验、职业、婚姻状况

国外保险公司还根据驾驶人的经验、职业及婚姻状况进行了详细的分析统计。统计结果显示，驾驶经验丰富、白领职业及已婚的驾驶人发生交通事故的记录较少，而驾驶经验少、非白领职业及未婚的驾驶人发生交通事故的记录则较多。因此，国外保险公司会根据驾驶人的经验、职业及婚姻状况，设定不同的系数，并按不同的系数收取保险费。

4. 肇事记录、品行

国外保险公司在核保时，还要对驾驶人的肇事记录及品行进行评估，对有肇事记录及品行不端者适当增加保险费，甚至拒绝承保，以便加强风险控制。

中国人民财产股份有限公司“直通车”机动车保险费率调整系数见表 4-1。中国人民财产股份有限公司“直通车”机动车保险费率见表 4-2。

表 4-1 中国人民财产保险股份有限公司“直通车”机动车保险费率调整系数

序号	项目	内容	系数
1	无赔款优待及上年赔款记录	连续 3 年没有发生赔款	0.7
		连续 2 年没有发生赔款	0.8
		上年没有发生赔款	0.9
		新保或上年赔款次数在 3 次以下	1.0
		上年发生 3 次赔款	1.1
		上年发生 4 次赔款	1.2
		上年发生 5 次及以上赔款	1.3
2	多险种同时投保	同时投保车损险、第三者责任险	0.95～1.00
3	客户忠诚度	首年投保	1.00
		续保	0.90
4	平均年行驶里程	平均年行驶里程＜30 000 公里	0.90
		平均年行驶里程≥50 000 公里	1.1～1.3
5	安全驾驶	上一保险年度无交通违法记录	0.90
6	约定行驶区域	省内	0.95
7	指定驾驶人	指定驾驶人员	0.90
8	性别	男	1.00
		女	0.95
9	驾龄	驾龄＜1 年	1.05
		1 年≤驾龄＜3 年	1.02
		驾龄≥3 年	1.00
10	年龄	年龄＜25 岁	1.05
		25 岁≤年龄＜30 岁	1.00
		30 岁≤年龄＜40 岁	0.95
		40 岁≤年龄＜60 岁	1.00
		年龄≥60 岁	1.05
11	车损险车型(客车)	一汽大众、上海大众、北京现代、上海通用、长安福特、东风日产、东风雪铁龙、丰田、本田、马自达	0.90
		红旗、金杯、金龙	1.05
		吉利、奇瑞、神龙、长安微客、依维柯、切诺基、奥拓、起亚、中华、夏利、菲亚特、松花江、英格尔、宝马、奔驰系列、沃尔沃、法拉利、宾利、劳斯莱斯、迈巴赫、凯迪拉克、保时捷、路虎、凯迪拉克	1.10
		特异车型、稀有车型、古老车型	1.3～2.0
		其他车型	1.00

表 4-2　中国人民财产保险股份有限公司"直通车"机动车保险费率

地区	座位数	车辆第三者责任险/元							车辆损失险								车上人员责任险	
									1 年以下		1～2 年		2～6 年		6 年以上			
		5 万	10 万	15 万	20 万	30 万	50 万	100 万	基础保费/元	费率	基础保费/元	费率	基础保费/元	费率	基础保费/元	费率	驾驶人	乘客
北京	6 座以下	516	746	850	924	1 043	1 252	1 630	459	1.088%	437	1.037%	432	1.029%	445	1.054%	0.349%	0.221%
	6～10 座	478	674	761	821	919	1 094	1 425	550	1.088%	524	1.037%	518	1.029%	534	1.054%	0.332%	0.213%
	10 座以上	478	674	761	821	919	1 094	1 425	550	1.088%	524	1.037%	518	1.029%	534	1.054%	0.332%	0.213%
天津	6 座以下	568	820	935	1 016	1 147	1 376	1 792	527	1.250%	502	1.190%	497	1.182%	512	1.216%	0.349%	0.221%
	6～10 座	657	925	1 046	1 128	1 263	1 504	1 958	632	1.250%	602	1.190%	596	1.182%	614	1.216%	0.340%	0.221%
	10 座以上	657	925	1 046	1 128	1 263	1 504	1 958	632	1.250%	602	1.190%	596	1.182%	614	1.216%	0.340%	0.221%
河北	6 座以下	561	811	925	1 005	1 135	1 362	1 774	505	1.199%	480	1.139%	476	1.131%	490	1.165%	0.340%	0.221%
	6～10 座	594	836	946	1 020	1 141	1 359	1 769	605	1.199%	576	1.139%	570	1.131%	588	1.165%	0.323%	0.213%
	10 座以上	594	836	946	1 020	1 141	1 359	1 769	605	1.199%	576	1.139%	570	1.131%	588	1.165%	0.323%	0.213%
山西	6 座以下	604	873	994	1,080	1,219	1,463	1,906	527	1.250%	502	1.190%	497	1.182%	512	1.216%	0.357%	0.230%
	6～10 座	561	789	891	962	1 077	1 281	1 669	632	1.250%	602	1.190%	596	1.182%	614	1.216%	0.340%	0.221%
	10 座以上	561	789	891	962	1 077	1 281	1 669	632	1.250%	602	1.190%	596	1.182%	614	1.216%	0.340%	0.221%
内蒙古	6 座以下	604	873	994	1 080	1 219	1 463	1 906	536	1.275%	510	1.216%	505	1.199%	521	1.241%	0.357%	0.230%
	6～10 座	561	789	891	962	1 077	1 281	1 669	643	1.275%	612	1.216%	607	1.199%	625	1.241%	0.340%	0.221%
	10 座以上	561	789	891	962	1 077	1 281	1 669	643	1.275%	612	1.216%	607	1.199%	625	1.241%	0.340%	0.221%
辽宁	6 座以下	625	902	1 029	1 117	1 262	1 514	1 972	536	1.275%	510	1.216%	505	1.199%	521	1.241%	0.357%	0.230%
	6～10 座	640	901	1 018	1 098	1 230	1 465	1 906	643	1.275%	612	1.216%	607	1.199%	625	1.241%	0.340%	0.221%
	10 座以上	640	901	1 018	1 098	1 230	1 465	1 906	643	1.275%	612	1.216%	607	1.199%	625	1.241%	0.340%	0.221%

（续表）

地区	座位数	车辆第三者责任险/元							车辆损失险								车上人员责任险	
		5万	10万	15万	20万	30万	50万	100万	1年以下		1～2年		2～6年		6年以上		驾驶人	乘客
									基础保费/元	费率	基础保费/元	费率	基础保费/元	费率	基础保费/元	费率		
大连	6座以下	596	862	982	1 067	1 205	1 445	1 882	536	1.275%	510	1.216%	505	1.199%	521	1.241%	0.349%	0.221%
	6～10座	657	925	1 046	1 128	1 263	1 504	1 958	643	1.275%	612	1.216%	607	1.199%	625	1.241%	0.332%	0.213%
	10座以上	657	925	1 046	1 128	1 263	1 504	1 958	643	1.275%	612	1.216%	607	1.199%	625	1.241%	0.332%	0.213%
吉林	6座以下	686	992	1 130	1 229	1 386	1 663	2 166	536	1.275%	510	1.216%	505	1.199%	521	1.241%	0.340%	0.221%
	6～10座	717	1 009	1 141	1 230	1 377	1 639	2 136	643	1.275%	612	1.216%	607	1.199%	625	1.241%	0.332%	0.213%
	10座以上	717	1 009	1 141	1 230	1 377	1 639	2 136	643	1.275%	612	1.216%	607	1.199%	625	1.241%	0.332%	0.213%
黑龙江	6座以下	686	992	1 130	1 229	1 386	1 663	2 166	536	1.275%	510	1.216%	505	1.199%	521	1.241%	0.357%	0.230%
	6～10座	828	1 166	1 317	1 420	1 591	1 894	2 465	643	1.275%	612	1.216%	607	1.199%	625	1.241%	0.340%	0.221%
	10座以上	828	1 166	1 317	1 420	1 591	1 894	2 465	643	1.275%	612	1.216%	607	1.199%	625	1.241%	0.340%	0.221%
上海	6座以下	533	768	877	952	1 075	1 289	1 680	505	1.199%	480	1.139%	476	1.131%	490	1.165%	0.357%	0.230%
	6～10座	522	734	829	894	1 002	1 192	1 552	605	1.199%	576	1.139%	570	1.131%	588	1.165%	0.340%	0.221%
	10座以上	522	734	829	894	1 002	1 192	1 552	605	1.199%	576	1.139%	570	1.131%	588	1.165%	0.340%	0.221%
江苏	6座以下	567	817	933	1 013	1 144	1 372	1 787	513	1.216%	489	1.165%	484	1.148%	499	1.182%	0.340%	0.221%
	6～10座	524	739	835	901	1 009	1 201	1 564	616	1.216%	586	1.165%	581	1.148%	598	1.182%	0.332%	0.213%
	10座以上	524	739	835	901	1 009	1 201	1 564	616	1.216%	586	1.165%	581	1.148%	598	1.182%	0.332%	0.213%
浙江	6座以下	573	827	942	1 024	1 156	1 387	1 806	482	1.148%	459	1.088%	454	1.080%	467	1.114%	0.349%	0.221%
	6～10座	717	1 009	1 141	1 230	1 377	1 639	2 136	578	1.148%	550	1.088%	544	1.080%	561	1.114%	0.340%	0.221%
	10座以上	717	1 009	1 141	1 230	1 377	1 639	2 136	578	1.148%	550	1.088%	544	1.080%	561	1.114%	0.340%	0.221%

（续表）

地区	座位数	车辆第三者责任险/元							车辆损失险								车上人员责任险	
		5万	10万	15万	20万	30万	50万	100万	1年以下		1～2年		2～6年		6年以上		驾驶人	乘客
									基础保费/元	费率	基础保费/元	费率	基础保费/元	费率	基础保费/元	费率		
宁波	6座以下	686	992	1 130	1 229	1 386	1 663	2 166	482	1.148%	459	1.088%	454	1.080%	467	1.114%	0.357%	0.230%
	6～10座	664	935	1 057	1 139	1 276	1 519	1 978	578	1.148%	550	1.088%	544	1.080%	561	1.114%	0.340%	0.221%
	10座以上	664	935	1 057	1 139	1 276	1 519	1 978	578	1.148%	550	1.088%	544	1.080%	561	1.114%	0.340%	0.221%
安徽	6座以下	687	992	1 131	1 230	1 388	1 665	2 169	536	1.275%	510	1.216%	505	1.199%	521	1.241%	0.349%	0.221%
	6～10座	672	947	1 071	1 153	1 292	1 538	2 003	643	1.275%	612	1.216%	607	1.199%	625	1.241%	0.323%	0.213%
	10座以上	672	947	1 071	1 153	1 292	1 538	2 003	643	1.275%	612	1.216%	607	1.199%	625	1.241%	0.323%	0.213%
福建	6座以下	561	811	925	1 005	1 135	1 362	1 774	482	1.148%	459	1.088%	454	1.080%	467	1.114%	0.349%	0.221%
	6～10座	524	739	835	901	1 009	1 201	1 564	578	1.148%	550	1.088%	544	1.080%	561	1.114%	0.340%	0.221%
	10座以上	524	739	835	901	1 009	1 201	1 564	578	1.148%	550	1.088%	544	1.080%	561	1.114%	0.340%	0.221%
厦门	6座以下	567	818	933	1 013	1 145	1 373	1 788	482	1.148%	459	1.088%	454	1.080%	467	1.114%	0.357%	0.230%
	6～10座	524	739	835	901	1 009	1 201	1 564	578	1.148%	550	1.088%	544	1.080%	561	1.114%	0.340%	0.221%
	10座以上	524	739	835	901	1 009	1 201	1 564	578	1.148%	550	1.088%	544	1.080%	561	1.114%	0.340%	0.221%
江西	6座以下	686	992	1 130	1 229	1 386	1 663	2 166	550	1.309%	524	1.241%	518	1.233%	534	1.267%	0.349%	0.221%
	6～10座	739	1 041	1 177	1 269	1 422	1 692	2 204	660	1.309%	629	1.241%	622	1.233%	641	1.267%	0.323%	0.213%
	10座以上	739	1 041	1 177	1 269	1 422	1 692	2 204	660	1.309%	629	1.241%	622	1.233%	641	1.267%	0.323%	0.213%
山东	6座以下	604	873	994	1 080	1 219	1 463	1 906	536	1.275%	510	1.216%	505	1.199%	521	1.241%	0.357%	0.230%
	6～10座	561	789	891	962	1 077	1 281	1 669	643	1.275%	612	1.216%	607	1.199%	625	1.241%	0.340%	0.221%
	10座以上	561	789	891	962	1 077	1 281	1 669	643	1.275%	612	1.216%	607	1.199%	625	1.241%	0.340%	0.221%

（续表）

地区	座位数	车辆第三者责任险/元							车辆损失险								车上人员责任险	
		5 万	10 万	15 万	20 万	30 万	50 万	100 万	1 年以下		1～2 年		2～6 年		6 年以上		驾驶人	乘客
									基础保费/元	费率	基础保费/元	费率	基础保费/元	费率	基础保费/元	费率		
青岛	6 座以下	596	862	982	1 067	1 205	1 445	1 882	536	1.275%	510	1.216%	505	1.199%	521	1.241%	0.349%	0.221%
	6～10 座	561	789	891	962	1 077	1 281	1 669	643	1.275%	612	1.216%	607	1.199%	625	1.241%	0.340%	0.221%
	10 座以上	561	789	891	962	1 077	1 281	1 669	643	1.275%	612	1.216%	607	1.199%	625	1.241%	0.340%	0.221%
河南	6 座以下	598	863	985	1 070	1 208	1 450	1 887	536	1.275%	510	1.216%	505	1.199%	521	1.241%	0.349%	0.221%
	6～10 座	555	781	882	952	1 066	1 268	1 652	643	1.275%	612	1.216%	607	1.199%	625	1.241%	0.332%	0.213%
	10 座以上	555	781	882	952	1 066	1 268	1 652	643	1.275%	612	1.216%	607	1.199%	625	1.241%	0.332%	0.213%
湖北	6 座以下	625	902	1 029	1 117	1 262	1 514	1 972	527	1.250%	502	1.190%	497	1.182%	512	1.216%	0.357%	0.230%
	6～10 座	717	1 009	1 141	1 230	1 377	1 639	2 136	632	1.250%	602	1.190%	596	1.182%	614	1.216%	0.332%	0.213%
	10 座以上	717	1 009	1 141	1 230	1 377	1 639	2 136	632	1.250%	602	1.190%	596	1.182%	614	1.216%	0.332%	0.213%
湖南	6 座以下	686	992	1 130	1 229	1 386	1 663	2 166	527	1.250%	502	1.190%	497	1.182%	512	1.216%	0.357%	0.230%
	6～10 座	717	1 009	1 141	1 230	1 377	1 639	2 136	632	1.250%	602	1.190%	596	1.182%	614	1.216%	0.340%	0.221%
	10 座以上	717	1 009	1 141	1 230	1 377	1 639	2 136	632	1.250%	602	1.190%	596	1.182%	614	1.216%	0.340%	0.221%
广东	6 座以下	543	782	892	970	1 095	1 315	1 711	459	1.088%	437	1.037%	432	1.029%	445	1.054%	0.357%	0.230%
	6～10 座	502	707	800	862	965	1 150	1 496	550	1.088%	524	1.037%	518	1.029%	534	1.054%	0.340%	0.221%
	10 座以上	502	707	800	862	965	1 150	1 496	550	1.088%	524	1.037%	518	1.029%	534	1.054%	0.340%	0.221%
深圳	6 座以下	651	939	1 071	1 165	1 315	1 576	2 052	527	1.250%	502	1.190%	497	1.182%	512	1.216%	0.179%	0.085%
	6～10 座	602	849	959	1 035	1 158	1 379	1 796	632	1.250%	602	1.190%	596	1.182%	614	1.216%	0.179%	0.085%
	10 座以上	602	849	959	1 035	1 158	1 379	1 796	632	1.250%	602	1.190%	596	1.182%	614	1.216%	0.179%	0.085%

（续表）

地区	座位数	车辆第三者责任险/元							车辆损失险								车上人员责任险	
		5万	10万	15万	20万	30万	50万	100万	1年以下		1～2年		2～6年		6年以上		驾驶人	乘客
									基础保费/元	费率	基础保费/元	费率	基础保费/元	费率	基础保费/元	费率		
广西	6座以下	561	811	925	1 005	1 135	1 362	1 774	472	1.122%	449	1.071%	445	1.054%	459	1.088%	0.349%	0.221%
	6～10座	616	868	981	1 057	1 185	1 410	1 836	567	1.122%	539	1.071%	534	1.054%	550	1.088%	0.332%	0.213%
	10座以上	616	868	981	1 057	1 185	1 410	1 836	567	1.122%	539	1.071%	534	1.054%	550	1.088%	0.332%	0.213%
海南	6座以下	567	818	933	1 013	1 145	1 373	1 788	459	1.088%	437	1.037%	432	1.029%	445	1.054%	0.349%	0.221%
	6～10座	524	739	835	901	1 009	1 201	1 564	550	1.088%	524	1.037%	518	1.029%	534	1.054%	0.340%	0.221%
	10座以上	524	739	835	901	1 009	1 201	1 564	550	1.088%	524	1.037%	518	1.029%	534	1.054%	0.340%	0.221%
重庆	6座以下	604	873	994	1 080	1 219	1 463	1 906	482	1.148%	459	1.088%	454	1.080%	467	1.114%	0.349%	0.221%
	6～10座	616	868	981	1 057	1 185	1 410	1 836	578	1.148%	550	1.088%	544	1.080%	561	1.114%	0.340%	0.221%
	10座以上	616	868	981	1 057	1 185	1 410	1 836	578	1.148%	550	1.088%	544	1.080%	561	1.114%	0.340%	0.221%
四川	6座以下	604	873	994	1 080	1 219	1 463	1 906	482	1.148%	459	1.088%	454	1.080%	467	1.114%	0.349%	0.221%
	6～10座	561	789	891	962	1 077	1 281	1 669	578	1.148%	550	1.088%	544	1.080%	561	1.114%	0.332%	0.213%
	10座以上	561	789	891	962	1 077	1 281	1 669	578	1.148%	550	1.088%	544	1.080%	561	1.114%	0.332%	0.213%
贵州	6座以下	604	873	994	1 080	1 219	1 463	1 906	527	1.250%	502	1.190%	497	1.182%	512	1.216%	0.349%	0.221%
	6～10座	561	789	891	962	1 077	1 281	1 669	632	1.250%	602	1.190%	596	1.182%	614	1.216%	0.332%	0.213%
	10座以上	561	789	891	962	1 077	1 281	1 669	632	1.250%	602	1.190%	596	1.182%	614	1.216%	0.332%	0.213%
云南	6座以下	594	856	976	1 061	1 197	1 437	1 871	527	1.250%	502	1.190%	497	1.182%	512	1.216%	0.349%	0.221%
	6～10座	611	861	973	1 049	1 175	1 399	1 821	632	1.250%	602	1.190%	596	1.182%	614	1.216%	0.323%	0.213%
	10座以上	611	861	973	1 049	1 175	1 399	1 821	632	1.250%	602	1.190%	596	1.182%	614	1.216%	0.323%	0.213%

（续表）

地区	座位数	车辆第三者责任险/元							车辆损失险								车上人员责任险	
									1年以下		1～2年		2～6年		6年以上			
		5万	10万	15万	20万	30万	50万	100万	基础保费/元	费率	基础保费/元	费率	基础保费/元	费率	基础保费/元	费率	驾驶人	乘客
陕西	6座以下	625	902	1 029	1 117	1 262	1 514	1 972	550	1.309%	524	1.241%	518	1.233%	534	1.267%	0.349%	0.221%
	6～10座	717	1 009	1 141	1 230	1 377	1 639	2 136	660	1.309%	629	1.241%	622	1.233%	641	1.267%	0.332%	0.213%
	10座以上	717	1 009	1 141	1 230	1 377	1 639	2 136	660	1.309%	629	1.241%	622	1.233%	641	1.267%	0.332%	0.213%
甘肃	6座以下	625	902	1 029	1 117	1 262	1 514	1 972	550	1.309%	524	1.241%	518	1.233%	534	1.267%	0.349%	0.221%
	6～10座	640	901	1 018	1 098	1 230	1 465	1 906	660	1.309%	629	1.241%	622	1.233%	641	1.267%	0.332%	0.213%
	10座以上	640	901	1 018	1 098	1 230	1 465	1 906	660	1.309%	629	1.241%	622	1.233%	641	1.267%	0.332%	0.213%
青海	6座以下	625	902	1 029	1 117	1 262	1 514	1 972	505	1.199%	480	1.139%	476	1.131%	490	1.165%	0.349%	0.221%
	6～10座	640	901	1 018	1 098	1 230	1 465	1 906	605	1.199%	576	1.139%	570	1.131%	588	1.165%	0.332%	0.213%
	10座以上	640	901	1 018	1 098	1 230	1 465	1 906	605	1.199%	576	1.139%	570	1.131%	588	1.165%	0.332%	0.213%
宁夏	6座以下	625	902	1 029	1 117	1 262	1 514	1 972	527	1.250%	502	1.190%	497	1.182%	512	1.216%	0.340%	0.221%
	6～10座	640	901	1 018	1 098	1 230	1 465	1 906	632	1.250%	602	1.190%	596	1.182%	614	1.216%	0.323%	0.213%
	10座以上	640	901	1 018	1 098	1 230	1 465	1 906	632	1.250%	602	1.190%	596	1.182%	614	1.216%	0.323%	0.213%
新疆	6座以下	596	862	982	1 067	1 205	1 445	1 882	459	1.088%	437	1.037%	432	1.029%	445	1.054%	0.357%	0.230%
	6～10座	616	868	981	1 057	1 185	1 410	1 836	550	1.088%	524	1.037%	518	1.029%	534	1.054%	0.340%	0.221%
	10座以上	616	868	981	1 057	1 185	1 410	1 836	550	1.088%	524	1.037%	518	1.029%	534	1.054%	0.340%	0.221%

备注：如果责任限额为100万元以上，则保险费$=A+0.9\times N\times(A-B)$，式中，$A$指同档次限额为100万元时的保险费，$B$指同档次限额为50万元时的保险费，$N=$（限额$-$100万元）/50万元，限额必须是50万元的整数倍。

（五）其他因素

1. 监管情况

保险公司主管机关的监管对保险的风险管理有相当大的影响。车险经营的效果是一个不断上下浮动的走向。在开始阶段，如果整体经营效果好，随着竞争加剧，费率不断下降，成本会不断上升，持续发展会使经营恶化，导致对承保条件重新调整，费率也会调整。如果监管得较好，则这种趋势便会比较缓慢，市场相对比较平稳；如果监管不严，市场波动会比较剧烈，导致市场混乱，保险公司的经营风险将会增大。

2. 行业自律情况

在保险市场的发育、发展时期，保险公司的数量会不断增多，在有限市场必然加剧竞争。个别保险公司尤其是市场挑战者会采取一些激励措施以促进业务的跨越发展，如果措施不当，必然引起恶性竞争，影响整个市场秩序，增加保险公司的经营风险。

3. 人文情况

人文环境主要涉及人的文化素质、法律意识、安全意识等。相对而言，受教育程度高的人，对法律法规及安全意识较强；反之则较弱。

任务实施

一、任务实施环境

（1）汽车保险仿真模拟实训室。

（2）车险承保模拟教学系统投保平台。

（3）辅助办公设备（文具、打印机、复印机等）。

二、学生分组

将学生进行分组，每 6 人为一组，并选出小组负责人，利用本任务学到的知识，结合“情景导入”中的案例进行小组讨论。

（1）根据本书的保险费率表给出的保险费率计算王先生应支付保费。

（2）以小组为单位电话访问保险公司（至少两家），了解投保车险的优惠情况，与理论计算的保费进行比较。

三、考核要点

（1）小组成员配合是否默契，对话逻辑是否清晰。

（2）小组成员是否熟悉各项车辆保险的保险费率。

（3）小组成员是否能够清晰、准确地向客户解释说明相关的内容。

（4）是否能从对话中体现本任务的主要知识点。

四、总结讨论

(1) 各小组对本组成员的讨论表述情况进行总结讨论，并对其他小组的讨论表述进行点评。

(2) 教师对各小组出现的亮点与不足进行点评。

任务三　汽车保险保费的计算

汽车保险合同生效的时间是保险人开始履行保险责任的时间。《保险法》第十三条规定："保险合同成立后，投保人按照约定交付保险费；保险人按照约定的时间开始承担保险责任。"

一、主险保费的计算

(一) 车辆损失险的保费计算

按照地区、座位数、车辆使用年限所属档次查找基础保费和费率(表 4-3)。计算公式如下：

$$保费=基础保费+保险金额\times费率$$

表 4-3　车损险的基础保费及费率

座位数	使用年限 1 年以下		使用年限 1～2 年	
	基础保费/元	费率	基础保费/元	费率
6 座以下	539	1.281%	513	1.220%
6～10 座	646	1.281%	616	1.220%

【案例 1】

假定某 5 座客车投保车损险，使用年限为 1 年以下，保险金额 10 万元。在费率表上查得对应的基础保费为 539 元，费率为 1.281%。(1)试计算该客车的保费；(2)如保险金额变为 15 万元，则该客车的保费为多少？

案例分析：(1) 保费＝539＋10 万元×1.281%＝1 820(元)。

(2) 保费＝539＋15 万元×1.281%＝2 460.5(元)。

(二) 车辆第三者责任险的保费计算

(1) 按照投保人类别、车辆用途、座位数/吨位数、车辆使用年限、责任限额直接查找保费。

(2) 挂车的保险费按 2 吨以下货车计收(责任限额统一为 5 万元)。

车辆第三者责任险保费见表 4-4。

表 4-4　车辆第三者责任险保费　　单位：元

责任限额		5 万元	10 万元	15 万元	20 万元	30 万元	50 万元	100 万元
家庭自用汽车	6 座以下客车	785	1 099	1 240	1 335	1 492	1 772	2 308
	6～9 座客车	672	941	1 062	1 142	1 277	1 517	1 976
	10 座以上客车	672	941	1 062	1 142	1 277	1 517	1 976

(三) 车上人员责任险

按照投保人类别、车辆用途、座位数、投保方式查找费率。计算公式如下：

驾驶人保费＝每次事故责任限额×费率

乘客保费＝每次事故每人责任限额×费率×投保乘客座位数

车上人员责任险费率见表 4-5。

表 4-5　车上人员责任险费率

性质	座位数	驾驶人费率	乘客费率
家庭自用汽车	6 座以下客车	0.42	0.27
	6～9 座客车	0.40	0.26
	10 座以上客车	0.40	0.26

二、附加险的保费计算

以下主要介绍车上货物责任险、不计免赔特约条款和车身划痕损失险。

(一) 车上货物责任险

按照责任限额，分营业用、非营业用查找费率。车上货物责任险的最低责任限额为人民币 20 000 元。计算公式如下：

保费＝基础保费＋(责任限额－20 000)×费率

(二) 不计免赔特约条款

计算公式如下：

保费＝适用本条款的所有险种应收保费之和(不含无赔款优待及风险修正)×20%

基本险不计免赔特约条款费率见表 4-6。

表 4-6　基本险不计免赔特约条款费率

适用险种	费率	适用险种	费率
车辆第三者责任险	15%	车身划痕损失险	15%
车辆损失险	15%	新增加设备损失险	15%

(三) 车身划痕损失险

按新车购置价所属档次直接查找保费。

车身划痕损失险保费见表 4-7。

表 4-7 车身划痕损失险保费 单位:元

新车购置价	车龄保额	车龄<2 年	车龄≥2 年
<30 万元	2 000 元	400	610
	5 000 元	570	850
	10 000 元	760	1 300
	20 000 元	1 140	1 900
[30, 50)万元	2 000 元	585	900
	5 000 元	900	1 350
	10 000 元	1 170	1 800
	20 000 元	1 780	2 600
≥50 万元	2 000 元	850	1 100
	5 000 元	1 100	1 500
	10 000 元	1 500	2 000
	20 000 元	2 250	3 000

技能拓展

投保举例:

1. 驾车人 1:季先生,25 岁,实习驾照。

投保车辆:家庭自用车,10 万元购置的富康轿车,无电子防盗系统,无固定车库。

行驶区域:上海市。

投保方式:电话首次投保。

险种清单:

车损险(保额 10 万元):[10 万元×1.2%+10 万元×0.2%+240(基本保费)]×0.75(折扣)=1 230(元)。

车辆第三者责任险(保额 5 万元):1 000(保费)×0.75(折扣)=750(元)。

车上人员责任险(5 人,保额 5 万元):5×1 万元×0.27%×0.75(折扣)=101(元)。

合计保费:2 081 元(优惠比例约为 25%=电话投保 20%+上海行驶 5%)。

2. 驾车人 2:周女士,33 岁,3 年驾龄。

投保车辆:1998 年购置的桑塔纳 2 000 轿车,购置价 16 万元,安装有电子防盗系统,有固定车库,上年无事故。

行驶区域:上海市。

投保方式:电话续保。

险种清单:

车损险(保额 16 万元):[16 万元×1.2%+106 667(车辆折旧后价值)×0.2%+500(基本保费)]×0.62(折扣)=1 632(元)。

车辆第三者责任险(保额 10 万元)：1 400(保费)×0.62(折扣)=868(元)。

合计保费：2 500 元(优惠比例约为 38%=电话投保 20%+上年无事故 10%+上海行驶 5%+女性 3%)。

任务实施

一、任务实施环境

(1) 汽车保险仿真模拟实训室。

(2) 车险承保模拟教学系统投保平台。

(3) 辅助办公设备(文具、打印机、复印机等)。

二、学生分组

将学生进行分组，每 6 人为一组，并选出小组负责人，扮演保险业务员角色的学生向扮演客户的学生介绍机动车商业主险和附加险各项保险费用的计算方法。

(1) 介绍车辆损失险保费的计算方法。

(2) 介绍车辆第三者责任险的保费的计算方法。

(3) 介绍机动车商业附加险保费的计算方法。

三、考核要点

(1) 小组成员配合是否默契，对话逻辑性是否清晰。

(2) 小组成员是否熟悉机动车商业主险和附加险保费的计算。

(3) 小组成员是否能够清晰、准确地向客户介绍机动车商业主险和附加险的保费计算的相关内容。

(4) 是否能从对话中体现本任务的主要知识点。

四、总结讨论

(1) 各小组对本组成员的讨论表述情况进行总结讨论，并对其他小组的讨论表述进行点评。

(2) 教师对各小组出现的亮点与不足进行点评。

项目测评

一、单项选择题

1. 下列属于车损险责任免除的是(　　)。

A. 自然磨损　　B. 被他车撞坏　　C. 被冰雹砸坏　　D. 施救、保护费用

2. 下列情况中，保险公司可以给予施救费赔付的是(　　)。

A. 被保险人使用路边商店的灭火器的费用

B. 抢救车辆时，抢救人员的手机丢失

C. 雇用排障车托运受损车辆，途中排障车发生意外事故导致车损

D. 护送受损车辆的人员的工资

3. 车损险承保的风险包括(　　)等。

A. 敌对行为、斗殴　B. 暴风、暴雨　C. 罢工、暴动　D. 地震、海啸

4. 对于车损险，下列情况中保险公司可以不予赔付的是(　　)。

A. 进、排气管进水后发动车辆　B. 因意外事故导致整车腾空

C. 爆炸　D. 地陷

5. 下列不能投保机动车辆保险标的是(　　)。

A. 长途客车　B. 摩托车　C. 自行车　D. 洒水车

6. 下列情况或人员中，属于车辆第三者责任险保险责任范围的是(　　)。

A. 被保险人分居外地的妻子　B. 车上所载货物致使第三者受伤

C. 被保险人允许的驾驶人代管的财物　D. 对方车辆的损失

7. 车辆第三者责任险在符合赔偿规定的金额内实行免赔率，在交通事故中负同等责任的，免赔率为(　　)。

A. 5%　B. 10%　C. 15%　D. 20%

8. 车损险在符合赔偿规定的金额内实行免赔率，在交通事故中负同等责任的，免赔率为(　　)。

A. 5%　B. 8%　C. 10%　D. 15%

9. 在车损险中，对下列情况保险公司不负赔偿责任的是(　　)。

A. 外界物体倒塌造成的本车损失

B. 受本车所载货物撞击的损失

C. 所装货物与外界物体的意外撞击造成的本车损失

D. 保险车辆与外界物体的意外撞击造成的本车损失

10. 下列情况中，在车损险保险合同责任免除范围内的是(　　)。

A. 火灾、爆炸　B. 自燃　C. 空中运行物坠落　D. 碰撞

二、填空题

1. 新增加设备损失险属于________险的附加险。

2. 车上货物责任险属于________险的附加险。

3. 在车损险中，还规定了提高免赔率的情况，其中投保时指定驾驶人，保险事故发生时为非指定驾驶人使用被保险机动车的，增加________的免赔率。

4. 在车辆第三者责任险中，还规定了提高免赔率的情况，其中投保时约定行驶区域，

保险事故发生在约定行驶区域以外的，增加________的免赔率。

5. 车损险中，车辆的折旧按月计算，不足一个月的部分按________计算。

6. 被保险机动车方负主要事故责任的，事故责任比例为________。

7. 保险事故发生时，被保险机动车的实际价值等于保险事故发生时的________减去折旧金额。

8. 车辆第三者责任险中的第三者不包括被保险机动车本车车上人员、________、被保险人和保险人。

三、简答题

1. 结合本章内容，讨论保险费率对保险公司经营的影响。

2. 简答影响汽车保险费率的影响因素。

四、案例分析

赵某为其奥迪车向某保险公司投保了汽车保险。保险金额34万元。因为是新车，投保单上没有填写车牌号码。保险公司在保险单正本“特别约定”一栏中盖上了红色长方形图章，其内容是“领取牌照三日内通知保险公司，过去不负保险责任”。赵某从交警部门领取牌照后一直没有通知保险公司。该车在保险期限内发生保险事故，损失金额为20万元，赵某向保险公司提出索赔。保险公司则认为：赵某违反了“特别约定”中的义务，作出了拒绝赔偿的决定。赵某不服，向法院起诉。

请对该案例进行分析并得出结论。

项目五 汽车保险投保与核保

项目目标

知识目标

1. 了解投保单填写的基本原则和要求。
2. 了解核保的主要内容和具体方式。
3. 熟悉购买汽车保险时的一般流程。
4. 掌握汽车保险的承保与核保制度。
5. 掌握投保的原则。

技能目标

1. 会签发和清分单证。
2. 会填写投保单。

任务描述

随着保险市场的对外开放,既带来了机遇,也带来了挑战。如果保险公司通过加强核保,控制业务质量,使承保的总体业务实际损失低于预期平均损失率,赔款支出不超过保费收入,即可获得稳定的承保利润。

汽车保险核保是保险公司对投保人的投保申请进行审查、核定和选择风险的过程。保险核保是保险承保的前提,是保险公司处理业务的第一步,是保障保险公司稳定经营的条件。

课时计划

任务一:投保实务。

任务二:核保实务。

任务三:缮制与签发保险单证。

任务四:续保与批改。

任务一 投保实务

情景导入

29岁的李先生，驾龄2年，经济状况中等，自用一辆使用1年的丰田卡罗拉，新车的购置价14万元，有安全气囊，该车一般停在露天停车位，李先生经常驾车出游。

讨论：李先生应如何选择险种？又如何进行投保？

知识准备

一、汽车保险投保概述

投保是指投保人向保险人表达缔结保险合同的意愿。汽车保险合同采取要约与承诺的方式订立，即保险应包括投保和承保两个过程。因保险合同的要约一般要求为书面形式，所以投保汽车保险需要填写投保单。投保单是投保人向保险人表示要约意思的书面文件，也是投保人要求投保的书面凭证，为保险合同的要件之一。保险人接受了投保单，投保单就成为保险合同的要件之一。

二、汽车保险的选择

如今，购买汽车保险已成为许多购车人的共识。购买汽车保险时，如何选择合适的保险至关重要，这会影响日后的个人保险权益。

（一）根据车辆的使用性质选择保险

1. 家庭自用汽车的投保

（1）险种选择

对家庭自用的新车来说，新车新手上路出险率相对较高，容易刮擦，且新车丢失的概率大，因此在投保交强险的基础上，最好首选投保车损险、车辆第三者责任险、车身划痕损失险和不计免赔特约条款。

（2）责任限额选择

如果车主喜欢开快车、夜车，或出车率较高，则建议车辆第三者责任险的责任限额选择20万元作为交强险的补充。

（3）保险公司选择

如果车主经常跑长途，或经常到所在地以外的地区，则建议选择服务周到、信誉优良的保险公司。因为这样的公司营业网点多，且在全国范围内推行“异地出险，就地理赔”服务网络，对客户来说，投保、索赔都很方便。

2. 非营业汽车的投保

（1）险种选择

作为党政机关和企、事业单位，除投保交强险外，首选的险种是车损险、车辆第三者责任险、车上人员责任险和不计免赔特约条款，以保证基本风险的转嫁。

（2）责任限额选择

作为单位用车，车辆第三者责任险的责任限额最好选择 50 万元，以获得更多的保障。

（3）保险公司选择

对于非营业汽车，购买保险不能只看重价格，保障与服务才是最重要的。如有的保险公司报价低，但是它的保障可能也随之降低，理赔等服务也会相对较慢，某些险种条款甚至存在漏洞，真正出了险，很有可能遭到拒赔。除保险费价格、险种条款外，保险公司推出的个性化服务也是选择保险公司的依据。

3. 营业汽车的投保

（1）险种选择

营业汽车的使用频率较高，且会经常跑长途，出险率比家庭自用汽车要高得多。因此，在投保交强险的基础上，建议首选车损险、车辆第三者责任险、车上人员责任保险、车上货物责任险、修理期间费用补偿险和不计免赔特约条款。一旦车辆发生保险事故，就可转嫁由此导致的风险。

（2）责任限额选择

一般情况下，36 座以下的客车或 10 吨以下的货车，其车辆第三者责任险的责任限额最好选择 20 万元或 50 万元；36 座以上的客车或 10 吨以上的货车，其车辆第三者责任险的责任限额最好选择 50 万元或 100 万元。

（3）保险公司选择

各保险公司都对营业汽车的保险费做了调整，适度提高了保险费。建议选择服务网点较多的保险公司投保，这样就能满足跑长途的客车或货车的特殊要求。

4. 特种车辆的投保

（1）险种选择

特种车辆的行驶区域比较固定，且一般用于工程施工，出险率相对较低。特种车辆的使用频率不高，但车内装有特殊仪器，且价值较高，一旦发生保险事故，损失巨大。因此，建议投保特种车辆损失险、特种车辆第三者责任险，以及附加险和不计免赔特约条款。

（2）责任限额选择

应根据特种车辆的实际价值进行投保。

（3）保险公司选择

对于特种车来说，最大的风险就是操作过程中造成的损失和车内仪器的损失，此时就要注意投保的保险公司是否有特种车辆保险条款和扩展条款，是否能涵盖特种车可能发生的各种风险。

（二）根据需求选择投保方案

通过对客户群体的需求分析，对汽车保险险种进行组合，形成不同方案，见表 5-1。

表 5-1 汽车投保方案

方案	险种组合	适用对象	保障范围及特点	优点	缺点
最低保障方案	交强险＋车辆第三者责任险	只是想通过年检的车主	只对被保险机动车造成的第三者损害和第三者的损失负赔偿责任；只有最低保障，费用低	保险费最低，可以应付上牌照或车检	保障最低，自己的损失无保障
基本保障方案	交强险＋车损险＋车辆第三者责任险＋车上人员责任险	有一定经济压力的车主	只投保基本险，不含任何附加险；费用适度，能够提供基本的保障	保险费较低	对于自燃、玻璃单独破碎、车身划痕、新增设备损失等无法获得赔偿
经济保障方案	交强险＋车损险＋车辆第三者责任险＋车上人员责任险＋不计免赔特约条款	个人精打细算的最佳选择	投保几个最必要、最有价值的险种	性价比高，保费适中	保障不全面
最佳保障方案	交强险＋车损险＋车辆第三者责任险＋车上人员责任险＋车身划痕损失险＋不计免赔特约条款＋车上货物责任险	一般公司或个人	在经济保障方案的基础上附加附加险，使乘客、车辆及货物都得到一定的保障	保障范围较广	保障不全面
完美保障方案	交强险＋车损险＋车辆第三者责任险＋车上人员责任险＋不计免赔特约条款＋新增加设备损失险＋车身划痕损失险＋精神损害抚慰金责任险	机关、事业单位和大公司等	能保的险种全部投保	几乎所有事故损失都能得到赔偿	保险费较高，性价比低

（三）根据车身价格不同选择合适的投保方案

1. 车价在 20 万元以下的经济型轿车

一般来说这类车主应该选择投保四个最基本的险种：车辆第三者责任险、车损险、车上人员责任保险和不计免赔特约条款。

2. 车价在 20 万～50 万元的中高档车

这类车如果没有固定的停车位或者小区治安较差，则在购买以上四个基本险种外，建议增加车身划痕损失险。

3. 车价在 50 万元以上的高档车

这类车的车价较高，一般情况下车主对保险费支出的多少不那么敏感，同时这类车的配件都比较贵，所以建议车主选择全保。全保一般包括：车辆第三者责任险、车损险、车上人员责任保险、不计免赔特约条款、车身划痕损失险。

（四）根据车龄选择合适的保险方案

1. 新车的投保

新车最好购买车辆第三者责任险和车损险。由于汽车保险的费率是固定的，因而保险费取决于汽车自身保险金额的高低。对于家庭自用汽车来说，目前车辆第三者责任险的保险金额一般分为 5 万元、10 万元和 20 万元三个档次。最好投保 10 万元的，条件允许的话可以投保 20 万元，甚至更高的保险金额。

车损险分足额投保和不足额投保。在不足额投保情况下出险时，保险公司是按实际投保金额与车自身价值比例赔偿的，所以尽量选择足额投保。

2. 二手车的投保

购买二手车要注意及时办理汽车保险过户。如果该二手车是在旧车交易市场上购买的，此车上一年已购买了汽车保险，且保险随车转让给新车主，则应要求原车主转交保险单正本、保险证，同时应要求原车主到保险公司变更被保险人（即过户）。

3. 旧车的投保

旧车的实际价值很低，投保金额太高显然不经济。因为保险公司是根据被保险机动车的实际价值确定赔偿金额的，所以根据该车的实际价值投保最经济。

三、投保单

（一）投保单的性质

投保单是投保人为订立保险合同向保险人进行要约的书面证明，是确定保险合同内容的依据。投保单本身并非正式合同的文本，但一经保险人接受后，即成为保险合同的一部分。投保单中，一般应写明订立保险合同所必需的项目，投保人应如实填写，保险人据此决定是否承保或以什么条件承保。在保险合同履行时，投保人在投保单上填写的内容将作为投保人是否履行如实告知义务和保证义务，这是遵守诚实信用原则的重要凭证。如果投保单上填写的内容不实或存在故意隐瞒、欺诈行为，将影响保险合同的法律效力。投保人填写投保单后，须经保险人签章同意，保险合同才告成立。

（二）填写投保单的基本要求

（1）在填写投保单之前，保险业务员须提醒投保人认真阅读投保提示书和保险条款，特别关注投保须知的内容。

（2）投保单全部填写完毕后，应由投保人、被保险人在签名处亲笔签字确认。

（3）投保单填写应一律用中文简体字，不使用繁体字，字迹清晰，字体工整，不得漏填。

（4）投保单须使用蓝黑色、黑色钢笔（墨水笔）或黑色签字笔填写，不得使用其他类型的笔。

(5) 应如实填写各项内容，若有不实而被保险公司承保，保险公司也可依告知情况不实而解除保险合同。

(6) 应详细填写各项内容，包括通信地址、邮编及其他通信方式，不准空项，以便保险公司随时与投保人联系。

(三) 投保单的填写内容

投保单涉及的内容较多(表 5-2)，为能快捷方便地进行填写，投保人一般应在保险业务员的指导下逐项规范填写。

表 5-2　××财产保险股份有限公司机动车保险/机动车交通事故责任强制保险投保单

<table>
<tr><td rowspan="3">投保人</td><td colspan="2">投保人名称/姓名</td><td colspan="2"></td><td>投保车辆数</td><td>辆</td></tr>
<tr><td>联系人姓名</td><td></td><td>固定电话</td><td></td><td>移动电话</td><td></td></tr>
<tr><td>投保人住所</td><td colspan="3"></td><td>邮政编码</td><td></td></tr>
<tr><td rowspan="5">被保险人</td><td colspan="2">□自然人姓名</td><td>身份证号码</td><td colspan="3"></td></tr>
<tr><td colspan="2">□法人或其他组织名称</td><td>组织机构代码</td><td colspan="3"></td></tr>
<tr><td>被保险人单位性质</td><td colspan="5">□党政机关、团体　□事业单位　□军队(武警)　□使(领)馆
□个体、私营企业　□其他企业　□其他</td></tr>
<tr><td>联系人姓名</td><td></td><td>固定电话</td><td></td><td>移动电话</td><td></td></tr>
<tr><td>被保险人住所</td><td></td><td>邮政编码</td><td colspan="3"></td></tr>
<tr><td rowspan="6">投保车辆情况</td><td>被保险人与车辆的关系</td><td>□所有　□使用　□管理</td><td>车主</td><td colspan="3"></td></tr>
<tr><td>号牌号码</td><td></td><td>号牌底色</td><td colspan="3">□蓝　□黑　□黄　□白　□白蓝　□其他颜色</td></tr>
<tr><td>厂牌型号</td><td></td><td>发动机号</td><td colspan="3"></td></tr>
<tr><td>VIN 码</td><td></td><td>车架号</td><td colspan="3"></td></tr>
<tr><td>核定载客</td><td>人</td><td>核定载重量</td><td>kg</td><td>排量/功率</td><td>L/kW</td></tr>
<tr><td>初次登记</td><td>年　月</td><td>已使用年限</td><td>年</td><td>已行驶里程</td><td>公里</td></tr>
<tr><td colspan="2">投保主险条款名称</td><td colspan="5"></td></tr>
<tr><td colspan="2">指定驾驶人</td><td>姓名</td><td colspan="2">驾驶证号码</td><td colspan="2">初次领证日期</td></tr>
<tr><td colspan="2">驾驶人 1</td><td></td><td colspan="2"></td><td colspan="2">____年____月____日</td></tr>
<tr><td colspan="2">驾驶人 2</td><td></td><td colspan="2"></td><td colspan="2">____年____月____日</td></tr>
</table>

（续表）

<table>
<tr><td colspan="2">保险期间</td><td colspan="3">年　月　日零时起至　　年　月　日 24 时止</td></tr>
<tr><td colspan="2">投保险种</td><td>保险金额/责任限额/元</td><td>保险费/元</td><td>备注</td></tr>
<tr><td colspan="2">□机动车交通事故责任强制保险</td><td>死残，医疗费，财产损失</td><td></td><td></td></tr>
<tr><td colspan="2">□机动车损失保险：新车购置价________元</td><td></td><td></td><td></td></tr>
<tr><td colspan="2">□机动车第三者责任保险</td><td></td><td></td><td></td></tr>
<tr><td rowspan="2">□机动车车上人员责任保险</td><td>投保人数：__人</td><td></td><td></td><td></td></tr>
<tr><td>投保人数：__人</td><td></td><td></td><td></td></tr>
<tr><td colspan="2">□附加新增加设备损失险</td><td></td><td></td><td></td></tr>
<tr><td colspan="2">□附加车身划痕损失险</td><td></td><td></td><td></td></tr>
<tr><td rowspan="2">□附加不计免赔险</td><td>□机动车损失保险</td><td rowspan="2"></td><td></td><td></td></tr>
<tr><td>□机动车第三者责任保险</td><td></td><td></td></tr>
<tr><td colspan="5">保险费合计(人民币大写)：(　　¥　　　　　　　　元)</td></tr>
<tr><td>特别约定</td><td colspan="4"></td></tr>
</table>

（续表）

<table>
<tr><td>保险合同争议
解决方式选择</td><td colspan="3">诉讼　　提交________仲裁委员会仲裁</td></tr>
<tr><td colspan="4">本保险合同由保险条款、投保单、保险单、批单和特别约定组成。
投保人声明：保险人已将投保险种对应的保险条款（包括责任免除部分）向本人作了明确说明，本人已充分理解；上述所填写的内容均属实，同意以此投保单作为订立保险合同的依据。
投保人签名/签章：
年　月　日</td></tr>
<tr><td>验车验证情况</td><td colspan="3">□已验车　□已验证　查验员签名：
____年____月____月____时____分</td></tr>
<tr><td>初审情况</td><td>业务来源：□直接业务　□个人代理
□专业代理　□兼业代理
□经纪人　□网上/电话业务
代理（经纪）人名称：
上年度是否在本公司承保：□是　□否
业务员签字：　　年　月　日</td><td>复核意见：</td><td>复核人签字：
____年____月____日</td></tr>
</table>

投保单的主要填写内容及要求如下。

1. 投保人

（1）投保人的名称/姓名。当投保人为法人或其他组织时，应填写全称（与公章名称一致）；当投保人为自然人时，应填写个人姓名（与投保人有效身份证明一致）。

（2）投保车辆数。填写投保单及附表所列投保车辆的总数，用阿拉伯数字填写。

2. 被保险人

（1）“法人或其他组织名称”和“自然人姓名”选项只可选择一项，被保险人是个人时选择“自然人姓名”，被保险人是单位时选择“法人或其他组织名称”。被保险人是个人的，填写个人姓名（与被保险人有效身份证明一致）；被保险人是单位的，填写全称（与公章名称一致）。填写一律用全称，且完整、准确。

（2）“组织机构代码”和“身份证号码”栏。被保险人为法人或其他组织的，填写被保险人的组织机构代码；被保险人为自然人的，填写被保险人的身份证号码。被保险人无身份证的，如被保险人为军官、外籍人员时，应在投保单“特别约定”栏内注明被保险人的有效身份证明名称、证件号码、性别、年龄。

3. 投保车辆情况

（1）车主。填写机动车行驶证上载明的车主名称或姓名。

（2）号牌号码、号牌底色。填写机动车的号牌号码及号牌底色。

（3）厂牌型号。填写机动车行驶证上注明的厂牌名称和车辆类型。若机动车行驶证上注明的厂牌型号不详细，则应在“厂牌型号”栏后注明具体型号。进口车按商品检验单上的内容填写，国产车按合格证上的型号填写。

(4) 发动机号。是生产厂家在车辆发动机缸体上打印的号码，是车辆的重要身份证明之一。该号码必须与投保车辆的机动车行驶证上的发动机号保持一致。

(5) VIN 码。即车辆识别代号，是表明车辆身份的代码，由 17 位字符(包括英文字母和数字)组成，俗称 17 位码。有 VIN 码的车辆必须正确填写 VIN 码。

(6) 车架号。又称底盘号，是生产厂家在车架上打印的号码。它表明了车辆身份的另一个证明，该号码必须与投保车辆的机动车行驶证上的车架号保持一致。无 VIN 码的车辆必须填写车架号。

(7) 核定载客、核定载重量。该项只需按投保车辆的机动车行驶证上的内容正确填写。

(8) 已使用年限。是指车辆自新车上牌行驶到投保之日止已使用的年数。不足年的不计算。例如，某车的初次登记日期为 2005 年 8 月 18 日，如果投保日期为 2011 年 7 月 18 日，则使用年限按 5 年计算；若投保日期为 2011 年 8 月 18 日，则使用年限按 6 年计算。

(9) 已行驶里程。填写投保车辆自出厂下线到投保之日的实际行驶总里程。该数值一般能从里程表上直接读出，但有时可能会遇到里程表有损坏或进行过调整、更换的情况，那么其里程表上显示的总里程数与实际已行驶里程数是不符的。此时填写的应是车辆实际已行驶的里程数，但需将里程表上显示的里程数在特别约定中进行注明。

4. 投保主险条款名称

由投保人根据投保险种填写所适用的主险条款名称，如机动车损失保险等。

5. 保险期间

保险期间通常为 1 年，它意味着保险合同的生效时段。有时也可经保险人同意后投保短期保险，由保险双方协商确定合同起止时间，一般自约定起保日零时开始，至保险期满日 24 时止。投保当日不得作为起保日，起保日最早应为投保次日。例如，某投保人 2011 年 2 月 25 日办理投保手续，保险期间为 1 年，要求起保日为次日，保险期间应填写为 2011 年 2 月 26 日零时至 2012 年 2 月 25 日 24 时止。

6. 投保险种

按照投保人选定的险种正确填写。

7. 保险金额/责任限额

(1) 保险金额主要是针对车损险及其附加险而言的。

保险金额由投保人和保险人在投保时被保险机动车的实际价值内协商确定。

(2) 责任限额主要是针对车辆第三者责任险、车上人员责任险及其附加险而言的。车辆第三者责任险的责任限额，由投保人和保险人在签订保险合同时按 5 万元、10 万元、15 万元、20 万元、30 万元、50 万元、100 万元和 100 万元以上不超过5 000万元的档次协商确定。主车与挂车连接时发生保险事故的，保险人在主车责任限额内承担赔偿责任。

投保车上人员责任保险，应填写投保人数和每人责任限额。由投保人和保险人在投保时协商确定。投保人数可以由投保人自行确定，但投保人数总和不能超过投保车辆的核定载客人数。每车最多可以选择两种不同的责任限额档次投保。

8. 特别约定

对于保险合同中的未尽事宜，经投保人和保险人协商一致后，可以在"特别约定"栏中注明。约定的事项应清楚、明确、简练，并写明违约责任。但特别约定内容不得与法律相抵触，否则无效。

9. 保险合同争议解决方式

争议解决方式由投保人和保险人在诉讼和仲裁两种方式中协商约定一种方式。如果选择"提交____仲裁委员会仲裁"，则必须在投保单上约定仲裁委员会的名称。

10. 投保人签名/签章

在投保人仔细了解了投保单各项内容，并明确了各自的责任和义务后，在"投保人签名/签章"处签名或签章。当投保人是自然人时，须由投保人亲笔签名；当投保人为法人或其他组织时，须加盖公章，投保人签章必须与投保人名称一致。投保人委托他人代理投保手续时，应出具办理投保委托书，在"投保人签名/签章"处填写代办人的姓名和"代办"字样，代办人的姓名要与办理投保委托书上载明的代办人姓名一致。

至此，投保人要做的工作基本完成，接着由保险业务员办理其他手续。

四、选择汽车保险的原则

（一）国内投保原则

《保险法》第七条规定："在中华人民共和国境内的法人和其他组织需要办理境内保险的，应当向中华人民共和国境内的保险公司投保。"这里的保险公司，包括国内的保险公司以及经中国银保监会批准的以独资或合资方式在中华人民共和国境内开办的保险公司。

（二）信誉第一、服务便捷原则

保险公司作为经营风险转移业务、提供损失补偿的信誉企业，其自身的诚信和服务质量对投保人或被保险人来说是至关重要的。因为投保人交付保险费后，得到的仅是损失补偿的承诺，由于风险的客观性和不确定性，一旦不幸的事件发生，这种承诺能否兑现就取决于保险公司的偿付能力和信誉度。因此，要想得到可靠的经济补偿和完善的保险服务，就要坚持信誉第一、服务便捷的原则，到资产雄厚、经营稳健、信誉好、服务体系完善的保险公司投保。

（三）高性价比原则

目前，各保险公司开办的汽车保险险种较多，投保人选择的空间很大，投保时要精心挑选具有高性价比的产品。所谓高性价比，是指所选的产品交费较少而保障范围较大，既能充分满足风险保障的需求，又不造成经济上的浪费，即根据自身风险保障的需求及同类产品在价格上的差异，合理地挑选产品，进行投保。

技能拓展

目前，我国汽车保险的投保方式主要有到保险公司投保、通过保险代理人投保、电话投保和网上投保，各有优缺点（表5-3）。

表5-3　汽车投保方式的比较

投保方式	做法	优点	缺点
到保险公司投保	车主携带相关资料去保险公司营业网点，当场填写投保单、缴费投保	投保稳妥	价格比电话投保高；理赔烦琐
通过保险代理人投保	汽车经销商、汽车维修商代理投保等单位与保险公司签订协议，成为保险公司的代理。通过推销的形式向消费者销售保险	直接的专业性服务；可能会获得一定的折扣	代理商高度推荐的保险，可能是给代理商佣金最高的保险，不一定是最合适的保险
电话投保	以电话为主要沟通手段，借助网络、传真、短信、邮寄、递送等辅助方式，通过保险公司专用营销电话，完成保险产品的推介、咨询、报价、保单条件确认等业务	价格最低；方便快捷；直接的专业性服务	理赔效率低；需要预防假保单和骗保
网上投保	直接通过网络平台，实现在线支付、在线查询、在线续保	投保人具有主动权；折扣价格比较便宜	要求投保人具有较强的保险常识；安全性令人担忧

五、汽车保险投保的流程

汽车保险投保的流程如图5-1所示。

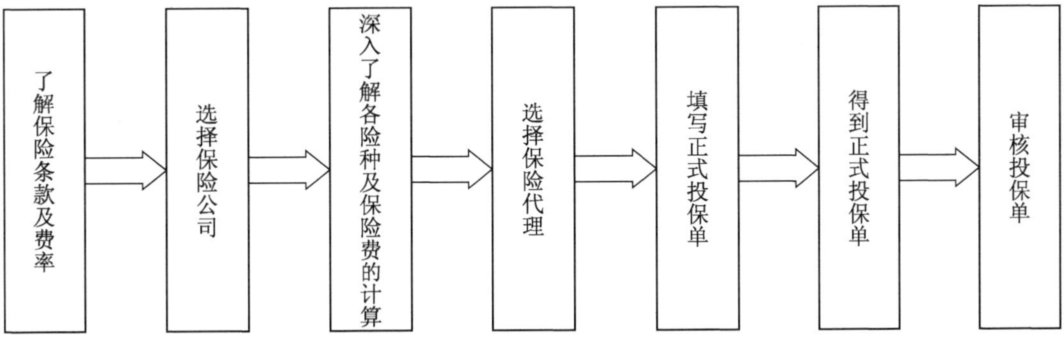

图5-1　汽车保险投保的流程

任务实施

一、任务实施环境

(1) 汽车保险仿真模拟实训室。

(2) 车险承保模拟教学系统投保平台。

(3) 辅助办公设备(文具、打印机、复印机等)。

二、学生分组

将学生进行分组,每6人为一组,并选出小组负责人。利用本任务学到的知识,结合"情景导入"中的案例进行小组讨论。

(1) 何为汽车保险投保?如何选择适合自身车辆的保险险种?

(2) 填写投保单时需要注意哪些事项?

(3) 投保单需要填写哪些具体内容?

三、考核要点

(1) 小组成员配合是否默契,对话逻辑是否清晰。

(2) 小组成员是否熟悉汽车保险投保的流程及各项要求,是否能够对各种情况的车辆分析其投保方案的设计。

(3) 小组成员是否能够清晰、准确地向客户介绍其车辆的具体投保方案及注意事项。

(4) 是否能从对话中体现本任务的主要知识点。

四、总结讨论

(1) 各小组对本组成员的讨论表述情况进行总结讨论,并对其他小组的讨论表述进行点评。

(2) 教师对各小组出现的亮点与不足进行点评。

任务二 核保实务

情景导入

不同的车辆在保险公司投保时可能会受到不同的待遇。一些车主经常抱怨:"为什么我的车在保险公司上保险时总是会被百般刁难?或者要求加装防盗设备,或者提出增加保费,有的甚至干脆对某些险种拒保……"

讨论：汽车保险核保时很严格吗？

知识准备

一、汽车保险核保的概念

汽车保险核保是指保险人对投保申请进行审核，决定是否接受承保这一风险，并在接受承保风险的情况下，确定保险费率的过程。

汽车保险核保工作的目的在于辨别投保风险的优劣，并使可接受承保的风险品质趋于一致，即对不同风险程度的风险单位进行分类，按不同标准进行承保、制定费率，从而保证承保业务质量及保险经营的稳定性。

二、核保的原则

（一）保证长期的承保利润

核保时应避免片面追求承保数量的短期行为，这将影响保险公司的经营目的和方向，不利于保险公司的长期发展。核保应做到全面、细致、严格，争取最好的承保条件，保证保险公司实现长期的承保利润。

（二）提供优质的保险服务

核保时应尽力为客户设计优化的保险方案，充分满足客户的需要，并不断完善以适应客户新的保险要求。通过核保为客户提供全方位、多层次的保险服务，保持客户的数量及长期的客户关系。同时公平对待每一个客户，承保条件和承保费率对所有的客户要一视同仁。

（三）争取市场的领先地位

通过不断提高承保技术来拓展新的业务领域，努力保持市场的领先优势，争取市场的领先地位。核保时应能够根据市场的变化，及时调整保险公司业务规章，保持市场的竞争力。

（四）谨慎运用保险公司的承保能力

任何时候都不要在条件不成熟或能力不足的条件下，盲目承保高风险项目或巨额风险。应认真做好风险的控制工作，累积各类风险的经验，为以后的承保和理赔工作打下基础。

（五）坚持规范化管理

核保过程中要遵守国家法律、地方法规，遵守行业规章、公司制度和市场准则。

（六）有效利用再保险支持

以确保保险公司利润为原则，最大限度地利用再保险，而不是片面依赖于再保险支持。

应严格核保，确定自留额以便合理分散风险，争取实现最大的利润及最小的风险代价。

三、核保的意义

（一）防止逆选择，排除经营中的道德风险

在保险公司的经营过程中始终存在信息的不完整、不精确和不对称的问题。这种信息的不对称是指投保人或被保险人比较了解或能较精确评估其自身风险，而保险人却较难做到。尽管诚实信用原则要求投保人在投保时应履行充分告知的义务，但事实上始终存在信息不完美和不精确的问题。保险市场信息的不对称性，可能导致投保人或被保险人的道德风险和逆向选择，而道德风险与逆向选择将给保险公司的经营带来巨大的潜在风险。

保险公司通过建立核保制度，由资深人员运用专业技术和经验对投保标的进行风险评估，可以最大限度解决信息不对称的问题，排除道德风险，防止逆向选择。

保险欺诈案件的共同特点是在投保时虚构保险利益。在汽车保险业务中反映为高估车辆的实际价值，这种现象是可以通过认真和专业的核保排除的。

（二）确保业务质量，实现经营的稳定性

保险公司是经营风险的特殊行业。它经营的是社会的风险，所以保险公司经营情况良好与否不仅是保险公司自身的问题，同时也是整个社会的稳定问题。

保险公司要实现经营的稳定性，关键的一个环节是控制承保业务的质量。但是在实际工作中，发展与管理始终是一对矛盾。随着国内保险市场的发展，保险市场的竞争日趋激烈，保险公司在扩大业务的同时，经营风险也在不断增大。其主要表现为以下三点。

(1) 为了拓展业务而急剧扩充业务人员，但这些新员工的业务能力有限，无法认识和控制承保的质量。

(2) 保险公司为了扩大保险市场占有份额，稳定与投保人的业务关系，放松了对拓展业务方面的管理。

(3) 保险公司为了拓展新的业务领域，开发一些不成熟的新险种，签署了一些未经详细论证的保险协议，增加了风险因素。

核保制度是保险公司防范、避免和解决以上种种现象的发生，强化经营风险控制的重要手段。通过建立核保制度，将展业和承保分离，实行专业化管理，严格把好承保关，确保保险公司实现经营的稳定性。

（三）扩大市场规模，与国际惯例接轨

我国传统的市场运作模式大都由保险公司的业务员通过市场营销工作进行的，这种模式在一个特定的历史时期曾经发挥了重要的作用。但是，随着我国市场经济体制改革的深入和加入国际经济一体化的进程，随着保险市场主体的增加和完善，社会专业分工将成为必然的发展趋势，其在保险领域表现为保险中介市场的发育和完善。

由于保险中介组织经营目的和价值取向的差异性以及人员的良莠不齐，保险公司在充分利用保险中介组织进行业务发展的同时，对于保险中介组织的业务管理更需要加强。核保制度是对中介业务质量控制的重要手段。因此，保险公司核保制度的建立和完善是配合保险中介市场建立和完善的必要前提条件。

（四）实现经营目标，确保持续发展

在市场经济条件下，企业发展的重要条件是对市场进行分析，并在此基础上确定企业的经营方针和策略，包括企业的市场定位及特定业务和客户群的选择。同样，在我国保险市场的发展过程中，保险公司要在市场上赢得主动，就必须确定自己的市场营销方针和政策。包括选择特定的业务和客户作为自己发展的主要对象，确定对于各类风险承保的态度，制定承保业务的原则、条款、费率等条件。实现这些市场营销方针和政策的主要手段是核保制度。通过核保制度实现对风险选择和控制的功能，保险公司能够有效地实现其既定的经营目标，并保持业务的持续发展。

四、核保的程序

汽车保险核保的程序包括审核投保单、查验车辆、核定保险费率、计算保险费、核保等。保险业务员在接到投保单后，先根据保险公司内部制定的承保办法决定是否接受此业务。如果不属于拒保业务，则应立即加盖公章，载明收件日期。但是在盖章签字之前，要对投保单进行审核。

（1）审查投保单所填写的各项内容是否完整、清楚、准确。

（2）验证投保车辆的有关证明，如行驶证、介绍信等，对其进行详细审核。

首先检查投保人姓名与其签章是否一致。如果投保人姓名与投保车辆行驶证不符，则投保人需要提供其对投保车辆拥有保险利益的书面证明。其次，检验投保车辆的行驶证是否与保险标的相符，投保车辆是否年检合格。核实投保车辆的合法性，确定其使用性质。检验投保车辆的牌照号码、发动机号码是否与行驶证上的一致等。

（3）查验投保车辆。根据投保单、投保单附表和行驶证，对投保车辆进行实际查验。查验的内容主要包括如下四项。

① 确定投保车辆是否存在和有无受损，是否有消防和防盗设备等。

② 投保车辆本身的实际牌照号码、车型及发动机号、车身颜色等是否与行驶证上的一致。

③ 投保车辆的操纵安全性与可靠性是否符合行车要求，重点检查转向、制动、灯光、扬声器、刮水器等涉及操纵安全性的因素。

④ 检查发动机、车身、底盘、电气等部分的技术状况。

根据检验结果，确定整车的新旧成数。对于私有车辆一般需要填写验车单，附于保险单副本上。

五、核定保险费率

应根据投保单上所列的车辆情况和保险公司的汽车保险费率标准，确定投保车辆的保险费率。

六、计算保险费

（一）一年期保险费的计算

根据费率表查定的费率及相应的固定保险费。计算公式如下：

车损险保险费＝基本保险费＋保险金额×费率

车辆第三者责任险保险费＝按车辆种类、使用性质及选择不同的赔偿限额档次收取固定保险费

车上人员责任险保险费＝每座赔偿限额×投保座位数×费率

车上货物责任险保险费＝货物损失赔偿限额×费率

修理期间费用补偿险保险费＝日赔偿金额×约定的最高赔偿天数×费率

新增加设备损失险保险费＝保险金额×机动车损失保险费率

不计免赔特约条款保险费＝（车损险保险费＋车辆第三者责任险保险费）×费率

车身划痕损失险保险费＝限额×费率

（二）短期保险的保险费

客户投保的保险期间不足 1 年的，按短期费率计算。短期费率分以下两类。

1. 按日计算保险费

适用于已参加保险的被保险人新增车辆投保或同一被保险机动车增加其他险种，为统一终止日期而签订的短期保险合同。计算公式如下：

$$短期保险费=年保险费\times\frac{保险天数}{365}$$

2. 按月计算保险费

适用于根据被保险人要求签订的短期保险合同，短期保险的费率根据短期费率表确定，保险期间不足整月的按整月计算。

（三）合同解除时的保险费计算

根据《保险法》的有关规定，保险人可解除合同但需退还保险费的，保险人按日计算退还保险费。

(1) 保险合同生效后，未发生保险事故的情况下，被保险人要求解除保险合同的，保险人应按照下述方式计算日费率，收取自保险合同生效日起至保险合同解除日止期间的保险费，并退还剩余保险费。

① 保险合同有效期不足或等于 8 个月的，按年费率的 1/300 计算日费率。

② 保险合同有效期超过 8 个月且不足 1 年的，按年费率的 1/365 计算日费率。

（2）除法律另有规定或合同另有特别约定外，被保险机动车发生车损险事故，被保险人获取部分保险赔偿后 1 个月内提出解除合同的，保险人应当根据保险合同有效期的长短，按第（1）项所列方法计算日费率，并将保险金额扣除保险赔款和免赔金额后的未了责任部分的剩余保险费退还被保险人。

（3）被保险人在单独投保车辆第三者责任险时，在保险标的发生灭失，且保险人未支付任何保险赔款情况下，保险人应按年费率的 1/365 计算日费率，并退还未了保险责任部分的保险。

（4）因保险赔偿致使保险合同终止时，保险人不退还保险费。

七、核保的内容

保险公司除了要大量承揽业务外，还要保证每笔业务的质量。如果承保了大量不符合要求或风险较大的业务，将使保险公司的赔付率上升，影响其经营效益。核保是保险人对每笔业务的风险进行辨认、评估、定价，并确认保险单条件，以选择优质业务进行承保的一种行为。所以，核保对于控制经营风险，确保保险业务的健康发展有十分重要的作用，它是保险承保过程中的重要环节之一。

核保的主要内容有以下七个部分。

（一）投保人资格

对于投保人资格进行审核的核心是认定投保人对保险标的拥有的保险利益，汽车保险业务中主要是通过核对行驶证来完成的。

（二）投保人或被保险人的基本情况

投保人或被保险人的基本情况主要是针对团体车辆业务而言的。保险公司通过了解企业的性质，是否设有安保部门、经营方式、运行主要线路等，分析投保人或被保险人对车辆管理的技术管理状况，及时发现可能存在的经营风险，并采取必要的措施降低和控制风险。

（三）投保人与被保险人的信誉

投保人与被保险人的信誉是核保工作的重点之一。对于投保人与被保险人信誉的调查和评估，逐步成为汽车保险核保工作的重要内容。评估投保人与被保险人信誉的一个重要手段是对其以往损失和赔付情况进行了解。那些没有合理原因，却经常“跳槽”的被保险人往往存在道德风险。

（四）保险标的

对被保险机动车应尽可能采用验车承保的方式，即对机动车进行实际的检验，包括了解机动车的使用和管理情况，复印行驶证、购置车辆的完税凭证，拓印发动机与车架号码，对于一些高档车辆还应建立车辆档案。

（五）保险金额

保险金额的确定涉及保险公司及被保险人的利益，往往是双方争议的焦点，因此保险金额的确定是汽车保险核保中的一个重要内容。在具体的核保工作中应当根据保险公司制定的汽车市场指导价格确定保险金额。对于投保人要求按照低于这一价格投保的，应当尽量劝说并将理赔时可能出现的问题进行说明和解释。对于投保人坚持己见的，应当向投保人说明后果并要求其对于自己的要求进行确认，同时在保险单的批注栏上明确记载。

（六）保险费

核保人员对于保险费的审核主要分为费率适用的审核和计算的审核。

（七）附加条款

主险和标准条款提供的是适应汽车风险共性的保障，但是作为风险的个体是有其特性的。一个完善的保险方案不仅解决共性问题，更重要的是解决个性问题。附加条款适用于风险的个性问题。特殊性往往意味着高风险，所以在对附加条款的适用问题上，更应注意对风险的特别评估和分析，谨慎接受和制定条件。

任务实施

一、任务实施环境

（1）汽车保险仿真模拟实训室。

（2）车险承保模拟教学系统投保平台。

（3）辅助办公设备（文具、打印机、复印机等）。

二、学生分组

将学生进行分组，每6人为一组，并选出小组负责人。利用本任务学到的知识，结合“情境导入”中的案例进行小组讨论。

（1）什么是核保？核保的主要内容及其基本过程是什么？

（2）小组负责人进行总结，将本组讨论结果上传至教学平台。

三、考核要点

（1）小组成员配合是否默契，对话逻辑是否清晰。

（2）小组成员是否熟悉核保定义和具体内容，以及核保的基本过程。

（3）小组成员是否能够清晰、准确地说明什么是核保，是否掌握了核保的基本过程。

（4）是否能从对话中体现本任务的主要知识点。

四、总结讨论

（1）各小组对本组成员的讨论表述情况进行总结讨论，并对其他小组的讨论表述进行点评。

（2）教师对各小组出现的亮点与不足进行点评。

任务三　缮制与签发保险单证

情景导入

某保险公司2013年6月承保了张某的出租汽车，在其尚未交付保险费的前提下，保险业务员将保单正本和保险费发票一并交给了被保险人，此后多次催张某支付保险费，张某均以资金不足为由拖延。同年10月10日，张某的车辆肇事，发生损毁；11日，张某向保险公司以现金方式补交了全年保险费。为了核销挂账的该笔应收保险费，保险公司接收了此保险费。随后张某向保险公司报案，保险公司以其在发生事故前未及时交付保险费为由拒绝赔付。张某不服，以保险公司已接收了其保险费而未履行赔偿义务为由，向法院提起诉讼。

讨论：保险公司在尚未收到保险费的情况下，就将保单正本连同保险费发票一并交给了被保险人，这一做法是否合理？

知识准备

一、缮制保险单

保险公司业务员接到投保单及其附表以后，根据核保人员签署的意见，即可开展缮制保险单的工作。

保险单原则上应由计算机出具，暂无计算机设备而只能由手工出具的营业单位，必须得到上级公司的书面同意。

（1）计算机制单的，将投保单有关内容输入保险单对应栏目内，在保险单“被保险人”和“厂牌型号”栏内录入统一规定的代码，录入完毕检查无误后，打印保险单。

（2）手工填写的保险单，必须是中国银保监会统一监制的保险单。保险单上印制的流水号码即为保险单号码。将投保单的有关内容填写在保险单对应栏内，要求字迹清晰、单面整洁。如有涂改，涂改处必须有制单人签章，且涂改不能超过3处。制单完毕后，制单人应在“制单”处签章。

缮制保险单的注意事项：

（1）双方协商并在投保单上填写的特别约定内容，应完整地载明到保险单对应栏目内。如果核保有新的意见，应该根据核保意见修改或增加。

（2）无论是主车和挂车一起投保，还是挂车单独投保，挂车都必须单独出具具有独立保险单号码的保险单。在填制挂车的保险单时，“发动机号码”栏填写“无”。当主车和挂车一起投保时，可以按照多车承保方式处理，给予一个合同号，以方便调阅。

（3）特约条款和附加条款应印在或加贴在保险单正本背面，加贴的条款应加盖骑缝章。应注意，责任免除、被保险人义务和免赔等规定的印刷字体，应该与其他内容的字体不同，以提醒被保险人注意阅读。

保险单缮制完毕后，制单人应将保险单、投保单及其附表一起送复核人员复核。

二、复核保险单

复核人员接到保险单、投保单及其附表后，应认真对照复核。复核无误后，复核人员在保险单“复核”处签章。

三、收取保险费

保险单经复核无误后，收费人员向投保人核收保险费，并在保险单“会计”处和保险费收据的“收款人”处签章，在保险费收据上加盖财务专用章。此时保险单才能产生效力。

四、签发保险单证

汽车保险合同实行一车一单（保险单）和一车一证（保险证）制度。投保人交纳保险费后，保险业务员必须在保险单上注明公司名称、详细地址、邮政编码及联系电话，加盖保险公司业务专用章。根据保险单填写“汽车保险证”，并加盖业务专用章，所填内容应与保险单有关内容一致，险种一栏填写总颁险种代码，电话一栏填写保险公司报案电话，所填内容不得涂改。

签发保险单证时，交由被保险人收执保存的单证有保险单正本、保险费收据（保户留存联）、汽车保险证。

对已经同时投保车损险、车辆第三者责任险、车上人员责任险、不计免赔特别条款的投保人，还应签发事故伤员抢救费用担保卡，并作好登记。

五、保险单证的补录

手工出具的汽车保险单、提车暂保单和其他定额保单，必须按照所填内容录入保险公司的汽车保险业务数据库中，补录内容必须完整准确。补录时间不能超过出单后的第10个工作日。

六、保险单证的清分与归档

投保单及其附表、保险单及其附表、保险费收据、保险证等，应由业务人员清理归类。

投保单的附表要加贴在投保单的背面，保险单及其附表需要加盖骑缝章。

清分时，应按照以下送达的部门清分：

(1) 财务部门留存的单证：保险费收据(会计留存联)、保险单副本。

(2) 业务部门留存的单证：保险单副本、投保单及其附表、保险费收据(业务留存联)。

业务部门留存的单证，应由专人保管并及时整理、装订并归档。每套承保单证应按照保险费收据、保险单副本、投保单及其附表、其他材料的顺序整理，按照保险单(包括作废的保险单)流水号码顺序装订成册，并在规定时间内移交档案部门归档。

任务实施

一、任务实施环境

(1) 汽车保险仿真模拟实训室。

(2) 车险承保模拟教学系统投保平台。

(3) 辅助办公设备(文具、打印机、复印机等)。

二、学生分组

将学生进行分组，每 6 人为一组，并选出小组负责人。利用本任务学到的知识，结合“情景导入”中的案例，进行小组讨论。

(1) 什么是汽车保险单证？怎样缮制和签发汽车保险单证？汽车保险单证有哪些重要性？

(2) 小组负责人进行总结，将本组讨论结果上传至教学平台。

三、考核要点

(1) 小组成员配合是否默契，对话逻辑性是否清晰。

(2) 小组成员是否熟悉汽车保险单证的定义和具体内容，以及汽车保险单证的重要性。

(3) 小组成员是否能够清晰、准确地说明什么是汽车保险单证，是否掌握了缮制和签发汽车保险单证的基本过程。

(4) 是否能从对话中体现本任务的主要知识点。

四、总结讨论

(1) 各小组对本组成员的讨论表述情况进行总结讨论，并对其他小组的讨论表述进行点评。

(2) 教师对各小组出现的亮点与不足进行点评。

任务四 续保与批改

情景导入

为了省保险费，车子脱保后也敢开上路，结果不仅钱没省下来，反倒赔了一大笔。台州高速交警告诉记者，一场事故，一次肉痛，让一个一直不肯交保险费的车主终于开窍了。

这场事故让司机李某赔了 2 万元，又罚了 6 900 元。交警告诉记者，当时李某驾驶其本人所有的重型普通货车，因未与前车保持足够的行车间距而与前方货车发生追尾事故，造成两车损失 2 万余元。

事发后，现场交警要求李某出示车辆保险凭证，进行快速处理。李某支支吾吾，不知所措，最后称保险手续在老家，请求方便处理。由于李某不能当场提供保险凭证，交警办理了扣留车辆手续，并要求李某尽快提供保险手续。李某想到要扣留车辆，无奈之下只好道出隐情。据李某交代，该车是在 2017 年 8 月向他人购买的，当时车辆保险的终止日期是 2017 年 10 月 29 日，车辆检验有效期是到 2018 年 4 月 30 日，当车辆过了保险终止期和检验有效期后，李某一直未到保险公司和车辆管理所办理续保和车辆年检手续。李某自认为车辆保险只要买车损险就可以了，其他的险种都没有必要，可是国家规定了要先交纳车辆第三者责任险之后才能保其他险种。李某觉得这样太亏了，而且运输效益又不好，索性不交，所以一直都迟迟未去交纳保险费。

讨论：汽车保险及时续保有哪些重要性？续保有哪些要求？

知识准备

一、汽车保险续保

（一）续保的准备内容

续保是指投保人在原保险合同期满前或期满时与保险人重新约定保险权利义务关系，签订协议并交纳保险费的行为，一般理解为继续投保或续签合同。

汽车保险接近合同所载的终止日期时，投保人就要考虑续保的事宜了。汽车保险续保可以在上一年度汽车保险投保的保险公司投保，也可以换其他保险公司进行投保。续保时需要提供上一年度的保险单、被保险机动车经交通管理部门核发并检验合格的行驶证和车牌号。不管是在原保险公司还是在其他保险公司购买保险，投保人都要携带上一年度的保险单，否则不能算为续保。

续保时，投保人一定要了解续保公司的投保方案、保险费及费率等问题，以免在理赔过程中产生争议。

（二）续保要点

无赔款优待制度是汽车保险特有的制度，是为了鼓励被保险人或驾驶人严格遵守交通规则、安全行车而实行的一种制度。如果被保险人车辆的保险期间满 1 年，保险期间未发生保险赔款且车辆所有权未发生转移，则在续保时可享受无赔款减收保险费的优待。上一保险年度未享受无赔款保险费优待的，续保时优待比例为 10%；上一保险年度已享受保险费优待的，续保时优待比例在上一保险年度优待比例的基础上增加 10%；保险费优待比例最高不得超过 30%。

（三）续保技巧

(1) 汽车保险续保要及时。车辆没有出险就不续保，这不是明智的选择。事故不是自己小心就能防范的，而且汽车修理费用昂贵，或许只是小擦小碰、损坏车灯底盘的小事故，都可能产生一大笔维修费，所以不要存有侥幸心理而不去续保。

(2) 忘记续保要小心。有些车主给车上完保险后，不仔细阅读条款，也不留意汽车保险到期的日子，忘记了续保的时间，如果这期间没有续保，保险公司是可以拒绝赔款的。所以一定要留意汽车保险的续保，以免车辆发生事故造成损失。

(3) 交强险更要及时续保。交强险不同于汽车商业保险，具有强制性。如果不及时购买交强险，会带来很多问题甚至会受到处罚。

如果车辆已经快到报废的年限了，那么汽车保险续保就不是很经济的事情。如果车辆价值不高，投保人的经济也不富裕，则可以选择车损险、车辆第三者责任险、不计免赔特约条款和交强险，这样比较经济实惠。而对于技术不佳、经常小擦小碰的车主，可以选择增加投保一些附加险种，如车身划痕损失险、发动机进水损坏除外特约条款等，来挽回一些损失。

技能拓展

车险提前多久续保

车险是每辆汽车必须要有的，它是给所有车主以及他人的一份保障。如果车辆发生事故造成人员伤亡，车主就可以获得保险公司的赔偿，而如果发生事故的车辆没有投保过任何车险，发生事故的责任和损失就要全部由车主自己来承担，这对很多人来说不但伤害了他人，而且自己还没有能力进行赔偿，如果该车辆购买了保险，就可以要求保险公司负责赔偿。

而车险续保需要注意的就是时间，很多车主往往会忘记续保，导致重新办理保险，这样就会多承担一些费用，因为保险缴费基数在上涨，所以要交纳的保险金也就更多，如果是续保就不用多交纳保险金，所以要时刻关注续保时间。

关于车险续保时间的选择，一般情况下最好提前 1 个月，当然也有 2 个月、3 个月的，大多数都是 1 个月。续保过期后应该怎么解决？其实现在很多保险公司还是比较人性化的，就算续保时间过期 1 个月也是可以续保的。很多时候是由于车主忘记或者没有时间而无法及时续保，无论是何种原因导致不能续保对车主都会有很大的影响，但是现在随着车险续保时间范围的加大，车主可以更好、更灵活地安排续保时间。

二、汽车保险批改

被保险机动车在保险期限内发生转卖、转让、赠送他人、变更使用性质、调整保险金额或每次事故最高赔偿额、增加或减少投保车辆、终止保险责任等，都须申请办理批改单证，所签发的书面证明称为批单，汽车保险批改的结果通常用这种批单表示。

如果投保人或被保险人申请批改，则应填具批改申请书送交保险公司，保险公司审核同意后，出具批改单给投保人存执，存执粘贴于保险单正本背面。保险凭证上的有关内容也将同时批改异动，并在异动处加盖保险人业务专用章，原汽车保险合同继续有效。如果投保人或被保险人没有申请批改，则汽车保险不能随着被保险机动车的转让而自动转让，汽车保险合同也不能继续生效。

（一）需要办理批改的情况

（1）被保险机动车转卖、转让、赠送他人。在保险合同有效期内，被保险机动车合法转卖、转让、赠送他人，应当事先通知保险公司。在向公安交通管理部门办理异动手续后，应向保险公司申请办理批改被保险人称谓。

（2）变更用途。在保险合同有效期内，被保险机动车改变使用性质或改装变形，应事先通知保险公司，并申请批改车辆使用性质或车型。如果将以非营业性质投保机动车出租的，视为该机动车已变更用途。

（3）增加危险程度。是指订立合同时，由于未曾预见或未予估计可能增加的危险程度，直接影响到保险公司在承保当时决定是否增加保险费和接受承保。在保险合同有效期内，被保险机动车危险程度增加，应事先书面通知保险公司，并申请办理批改，按规定补交保险费。

（二）不及时进行保单批改的后果

如不及时进行保单批改，会对报案、理赔和续保带来不便。车辆保险单上的机动车牌照号码信息，是保险公司对机动车业务进行信息化管理的重要基础指标之一，如未及时办理保险批改手续，会给客户带来一系列的不便。因为无牌照机动车在发生保险事故后进行报案，保险公司不能及时、准确地查询到被保险人的信息。在理赔过程中，被保险人也不能快捷、准确地查询案件的理赔进度，甚至理赔工作还可能因此而大大延缓。这是因为机动车牌照具有唯一性，可以快速查询和落实客户信息。

保险公司客服人员表示，新车上牌后若未及时办理保单牌号批改，在此期间机动车遭受失窃，盗抢险理赔工作将增加许多不必要的环节。此外，如果在一个保单年度内没有将机动车号牌及时告知保险公司进行批改，那么该机动车在第二年进行续保时，客户只能用新保或者转保程序进行承保，使得客户特别是未出险客户不能够享受更多的续保优惠。

技能拓展

车辆转让后遇事故遭拒赔

年初,殷先生购买了一辆新车,并在保险公司购买了车损险、车辆第三者责任险,并及时向保险公司交付了保费。两个月前,殷先生觉得汽车开起来不顺手,便将汽车转让给了李某,同时在车辆管理所办理了过户手续。不料刚过一个月,李某驾驶该车与另一货车相撞,经修理厂维修评估,两辆事故车的修理费分别为 8 000 元和 5 000 元。交警部门经对事故现场查勘后,认定李某应负事故全部责任。

为此,殷先生与李某一起向保险公司提出索赔申请,并出具了该车在车管所办理转移登记的证明。但保险公司以被保险机动车已经转让但未申请办理保险批改手续为由,向被保险人发出拒赔通知书。保险公司给出的理由是:由于机动车转让后被保险人未向保险公司申请办理保险批改手续,该车保险合同从被保险机动车过户转让之日起无效。

讨论:保单未批改能不能成为保险公司拒赔的理由?

任务实施

一、任务实施环境

(1) 汽车保险仿真模拟实训室。

(2) 车险承保模拟教学系统投保平台。

(3) 辅助办公设备(文具、打印机、复印机等)。

二、学生分组

将学生进行分组,每 6 人为一组,并选出小组负责人。利用本任务学到的知识,结合"情景导入"中的案例进行小组讨论。

(1) 车主及时续保的重要性有哪些?

(2) 续保需要注意哪些问题?

(3) 对车险保单批改的相关内容有什么认识?

三、考核要点

(1) 小组成员配合是否默契,对话逻辑是否清晰。

(2) 小组成员是否熟悉续保的定义和具体内容、批改的主要内容,以及续保的要点和技巧。

(3) 小组成员是否能够清晰、准确地说明什么是续保,是否掌握了车险保单在什么情况下需要办理批改。

(4) 是否能从对话中体现本任务的主要知识点。

四、总结讨论

(1) 各小组对本组成员的讨论表述情况进行总结讨论，并对其他小组的讨论表述进行点评。

(2) 教师对各小组出现的亮点与不足进行点评。

项目测评

一、选择题

1. 汽车保险包括(　　)含义。

A. 商业保险行为

B. 法律合同行为

C. 权利义务

D. 以合同约定的保险事故发生为条件的损失补偿或保险金给付的保险行为

E. 补偿行为

F. 损失补偿行为

2. 保险单的主要内容一般包括(　　)。

A. 保险单格式　　B. 保险　　C. 除外责任　　D. 附加条件

3. 投保人有(　　)。

A. 如实告知的义务　　B. 交纳保险费的义务

C. 及时签单的义务　　D. 申请批改的义务

E. 出险的施救与通知的义务

二、简答题

1. 核保的概念是什么？核保的目的是什么？

2. 在核保工作中应遵循哪些原则？

3. 核保有何重要意义？

4. 核保工作有哪些具体方式？

5. 核保的主要内容包括哪些方面？对每个方面审核的要求是什么？

6. 投保单的性质是什么？

7. 投保单中应该填写的项目有哪些？

8. 在查验车辆过程中，查验的主要内容是什么？

项目六 汽车保险事故报案

项目目标

知识目标

1. 知道交通事故现场勘察的程序。
2. 了解报案受理的工作内容。
3. 了解客服电话礼仪规范。
4. 熟悉发生交通事故的应对措施及确定交通事故的方法。
5. 熟悉交通事故现场勘察的工作内容。
6. 掌握公安机关处理交通事故的程序。

技能目标

1. 能进行报案受理与调度派工。
2. 能认定交通事故责任。
3. 能进行交通事故现场勘察。

项目描述

车辆发生各类保险事故的比例相对于其他类型的保险要高得多。随着我国法制环境的改善，各类立法特别是针对道路交通安全立法的不断深入，国内保险业的持续高速发展，车辆保险在各财产保险公司的业务份额中所占的比重越来越大，车辆保险业务已经成为国内各财产保险公司的骨干险种，车辆保险经营和管理的好坏直接影响保险公司的效益，甚至关乎保险公司的生死存亡。由于被保险机动车属于动态保险标的，经常处于运动状态，它的安全与否，除了受机动车本身状态及驾驶人生理状态影响外，更多的是受天气、道路状况、行人和其他车辆等客观因素的影响。所以机动车管理更趋向法制化，道路交通安全案件在保险公司的后期理赔中更注重现场勘察的证据，做好机动车保险事故现场勘察工作，准确查明事故原因，对保险公司的后期理赔工作具有十分重要的意义。

课时计划

任务一：报案受理与调度派工。

任务二：交通事故责任认定。

任务三：交通事故现场勘察。

任务一 报案受理与调度派工

情景导入

王先生在某保险公司购买了车险，投保险种有车损险、车辆第三者责任险、车身划痕损失险和不计免赔特约条款，保险期限为2011年2月5日零时至2012年2月4日二十四时。2011年6月5日，王先生驾车下班途中，行驶到市区的一个十字路口时，与一辆摩托车发生碰撞，两车均有损坏，摩托车司机受伤，两车均在事故现场，尚未报警处理。

讨论：王先生向保险公司报案，保险公司人员应如何开展接报案与调度派工工作？

知识准备

一、报案受理

（一）报案的概念

报案是指保险标的出险后，被保险人以各种方式通知保险人处理事故的行为。出险后，被保险人要及时报案，这是被保险人履行保险合同义务的一个重要内容。

【知识链接】

一般情况下，保险合同中规定，保险车辆发生保险事故后，被保险人故意或者因重大过失未及时通知保险人，致使保险事故的性质、原因、损失程度等难以确定的，保险人对无法确定的部分，不承担赔偿责任，但保险人通过其他途径已经及时知道或者应当及时知道保险事故发生的除外。保险公司一般会要求被保险人在发生保险事故后48小时内报案。各保险公司的服务专线是接受报案的中心，所有报案由服务专线受理。保险人要及时受理被保险人的报案，尽快进行现场勘察。如果接到报案后48小时内，保险人没有进行现场勘察且没有给予受理意见，造成财产损失无法确定的，以被保险人提供的财产损毁照片、损失清单、事故证明和修理发票作为赔付理算的依据。

（二）报案方式

发生保险事故后，被保险人可采取以下方式报案。

（1）上门报案。被保险人直接到保险公司报案。

（2）电话（传真）报案。被保险人无法直接到保险公司报案的，可以通过电话、传真等通信工具向保险公司报案，并索取报案号。

（3）网络报案。被保险人可以登录保险公司的官网，进行报案处理。

（4）其他报案方式。如业务员转达报案，一般情况下，保险公司业务员会经常联系客户，跟踪被保险人的保单情况，在被保险人发生保险事故后，被保险人可以向业务员说明出险情况，由业务员向保险公司转达报案。

被保险人在报案时，须填写出险通知书，出险通知书的内容一般包括被保险人的姓名、地址、保险单号码、出险的时间、地点、原因、人员受伤的部位以及联系地址和联系方式等。

（三）接报案工作流程

接报案工作流程如图 6-1 所示。

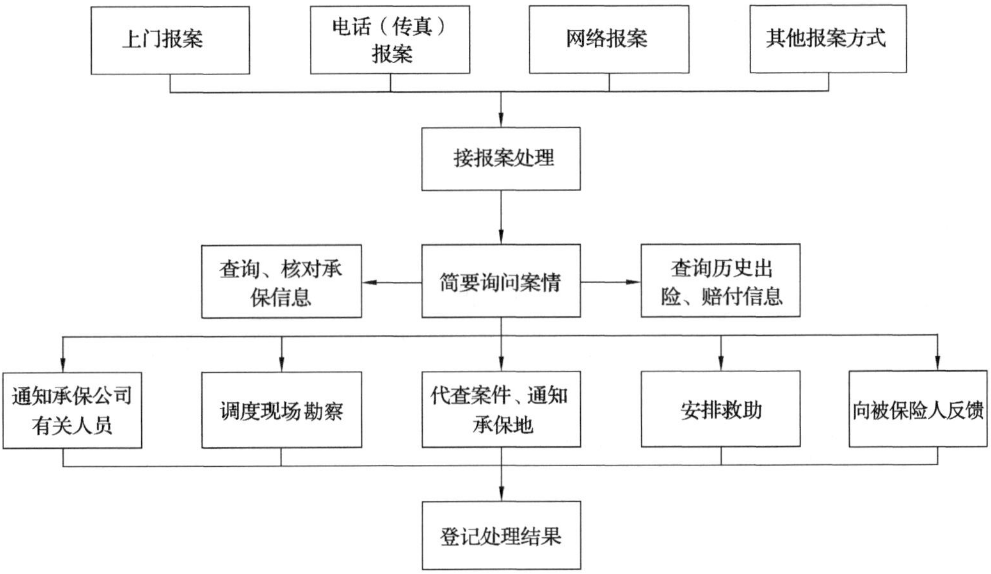

图 6-1　接报案工作流程

（四）接报案工作内容

接报案员主要受理客户的来电咨询、报案及投诉，对所报案情及时作出立案记录、拖车转接并进行相应处理，以及对客户进行电话回访等。

1. 询问案情

对报案人进行询问，主要询问信息见表 6-1。

表 6-1 询问的案情信息

信息类别	内容描述
被保险机动车信息	保单号码、被保险人名称、号牌号码、牌照底色和厂牌型号等
出险信息	出险时间、出险地点、出险原因、驾驶人姓名、事故经过、事故涉及的损失等。其中，事故涉及的损失按“本车车损”“本车车上财产损失”“本车车上人员伤亡”“第三者车辆损失”“第三者人员伤亡”“第三者车上财产损失”“第三者其他财产损失”和“其他”的分类方式进行询问
报案人信息	报案人姓名、联系电话等
第三方车辆信息	当涉及第三方车辆时，应询问第三方车辆的车型、号牌号码、牌照底色以及保险情况（提醒报案人查看第三方车辆是否投保了交强险）等信息。如果第三方车辆也是本公司承保且在事故中负有一定责任，则要一并登记，并进行报案处理

2. 查询承保信息

根据报案人提供的保单号码、号牌号码、牌照底色、车型、发动机号等关键信息，查询出险车辆的承保情况和批改情况。在查询出险车辆系统记录信息时，要注意车辆投保的险种、保险期间以及是否约定了免赔额。无承保记录的，按无保单报案处理。

3. 查询历史出险、赔付信息

查询出险车辆的历史出险、报案信息（包括作为第三方车辆的出险信息），核实是否存在重复报案。

如果出险车辆在短时间内连续出险，工作人员应仔细核查，并将有关情况通知查勘人员进一步调查。

4. 生成报案记录

根据出险车辆的承保情况生成报案记录，报案记录须与保单号相对应。

（1）如果出险车辆的交强险和商业机动车辆保险是同一个保单号，只需生成一条报案记录。

（2）如果出险车辆的交强险和商业机动车辆保险不是同一个保单号，应在各保单项下生成对应的报案记录，并在各报案记录之间建立关联关系。

5. 告知客户索赔程序及相关注意事项

（1）当保险标的出险时，工作人员应告知客户先通过交强险进行赔偿处理；超过交强险责任限额的部分，由商业险进行赔偿。

（2）如果事故双方处理事故时采取自行协商的方式，工作人员应告知双方在事故现场或附近等待查勘人员，或在规定时间内共同将车开至指定地点定损。

（3）当事故出险人员伤亡或损失超过交强险责任限额时，工作人员应提示报案人立即通知公安交通管理部门。

（4）对于通过可选不计免赔特约条款约定了免赔额的，如果客户估计的损失金额低于约定的绝对免赔额，应对客户进行提示：损失金额低于绝对免赔额的，保险人不负责赔偿。索赔会引起下一保险期间费率的上涨。

（5）对于客户同意放弃索赔的情况，应在报案处理界面上“处理结果”一栏中注明放弃索赔的原因，并在报案系统中将报案记录注销，不进行查勘调度。

（6）对于超出保险期限，明显不属于保险责任的情况，应向客户明确说明，在报案处理界面“处理结果”一栏中注明拒赔或不予受理的理由，并在报案系统中将报案记录注销，不进行查勘调度。

中国人民财产保险股份有限公司机动车辆保险报案记录（代抄单）如图 6-3 所示。

被保险人：	号牌号码：	牌照底色：	
厂牌型号：	报案方式：□95518　□传真　□上门　□其他		
报案人：	报案时间：	联系人：	联系电话：
出险时间：	出险原因：	是否第一现场报案：□是　□否	
出险地点：		驾驶员姓名：	准驾驶型：
驾驶证初次领证日期：		驾驶证号：□□□□□□□□□□□□□□□□□□	
处理部门：□交警　□其他事故处理部门 □保险公司□自行处理		承保公司：	客户类别：
VIN 码：		发动机号：	车架号：
被保险人单位性质：		车辆初次登记日期：	已使用年限：
新车购置价：		车辆使用性质：	核定载客：　人 核定载质量：　千克
保险期限：		车辆行驶区域：	车辆种类：
基本条款类别	争议解决方式：	保险费：	
约定驾驶人员	主驾驶员姓名：	驾驶证号码：	初次领证日期：
	从驾驶员姓名：	驾驶证号码：	初次领证日期：

序号	承保险别(代码)	保险金额/责任限额/元	序号	承保险别(代码)	保险金额/责任限额/元
1			7		
2			8		
3			9		
4			10		
5			11		
6			12		

（续表）

特别约定			
事故经过			
保险单批改信息			
保险单出险信息			
涉及损失类别	□本车损失　□本车车上财产损失 □本车车上人员伤亡　□第三者其他财产损失 □第三者车辆损失　□第三者人员伤亡 □第三者车上财产损失　□其他		
本单批改次数：	车辆出险次数：	赔款次数：	赔款总计：
被保险人住址：		邮政编码：	
联系人：	固定电话：	移动电话：	

签单人：　　经办人：　　核保人：

抄单人：　　抄单日期：　年　月　日

图 6-2　中国人民财产保险股份有限公司机动车辆保险报案记录（代抄单）

课堂讨论

小陆和小曹均为某车险公司工作人员，小陆工作勤勤恳恳，着装整洁，得到了客户的一致好评。小曹同样也很敬业，但业绩总是落后于小陆，为此他很困惑。经过与客户以及同事的沟通发现，他的着装较为随意，并且比较不注重细节。由此可以看出，作为工作人员，个人形象以及自身的方方面面都会对客户带来一定的影响。那么，汽车保险公司工作人员在受理电话接报案时有哪些礼仪规范呢？

（五）接报案礼仪规范

1. 电话接报案的礼仪规范

（1）及时接听。不要让电话铃响超过 3 次。

（2）根据客户需求提供相关服务，如果遇到不能及时解答的问题，可以引导客户向有关部门咨询。

（3）重复客户的姓名，询问对方的电话号码，并在系统中备注。

（4）记录报案信息，并将事故按不同情况进行记录，如单方事故，按商业险受理，记录报案信息；如双方事故，按商业险和交强险受理报案。

（5）对于客户没有向交警报案（包括客户不想报案）的情况，接报案员要通知客户报案。

（6）记录报案信息时，须认真仔细，对于不确认的字词要向客户确认。

（7）如果报案人不是被保险人，则要问清其与被保险人的关系与联系方式。接听电话时，要亲切热情，音量适中，文明礼貌。

（8）左手接听。便于随时记录时间、地点、事由和数字等重要词语。

2. 柜台接报案的礼仪规范

(1) 服务态度标准

① 迎接客户，主动热情。

a. 迎接客户时，要精神饱满，举止自然，热情主动，微笑相迎，并主动问候“××先生/女士您好！”

b. 当客户在柜台前徘徊犹豫时，要主动引导客户，耐心询问客户案件情况，并留意客户手中的凭证。

c. 如果柜台工作人员忙于手中的内部工作，未及时发现客户，需向客户道歉，并本着“先外后内”的原则，立即停下手中的工作，为客户办理业务。

d. 当熟悉的客户来到柜台前时，要主动向户问好，以姓氏称呼客户。

e. 如果没有配备叫号机，有多名客户同时来到营业窗口时，先跟所有的客户打招呼，并对后来的客户做解释，再办理先来的客户的业务，之后，按先后顺序办理业务。

f. 当柜台前有客户正在办理业务，同时又有新的客户进入视线，应用目光或点头示意客户，并主动用“您好，请稍等一下”等语言安抚客户。

g. 对临下班前来办理业务的客户，要不拒、不躁，认真受理。

② 仔细聆听，弄清意图。

a. 当不清楚客户的意图时，应委婉地请求客户重复表达意图。重复客户的意图，直到得到客户的确认。

b. 客户犹豫不决时，应主动介绍业务品种和办理程序。

c. 准确了解客户的意图后，应迅速处理业务。

③ 解答咨询，耐心细致。

a. 当客户咨询时，解答要耐心，态度要诚恳，语言要通俗易懂，表达要清晰、准确。

b. 当无法准确回答客户的问题时，要主动请教同事，或立即咨询相关部门后答复客户。

④ 业务办完，礼貌道别。

a. 办完业务，递交客户现金或单证时，动作要轻，并提醒客户认真核对是否正确，嘱咐客户收好。

b. 客户临走时，提醒客户不要落下物品。礼貌道别，目送客户离开。

⑤ 客户失误，委婉提醒。

a. 发现客户走错柜台时，应礼貌地为客户指明正确办理的柜台；客户要求办理本机构尚未开办的业务时，应先向客户致歉，并介绍客户到开办此项业务的机构办理。

b. 看到有客户插队时，应委婉地规劝客户按顺序排队。当看到前面的客户已办理完业务离开，而客户仍站在等候处时，应热情地引导客户上前办理。

(2) 服务形象标准

① 柜台人员要衣着统一，佩戴工作牌，业务咨询员需佩戴明显标志。

② 统一着装，符合仪容仪表、仪态、服务接待等礼仪要求。

（3）服务纪律标准

① 遵守法纪，保守秘密。不准违反国家法律、法规及有关保险金融规章制度；保守客户秘密，维护客户权益。

② 对外服务，准时准点。严格按照对外公示的时间营业，未经批准不得中途或提前停止营业；对停止营业后前来办理业务的客户，应做好解释工作。

③ 中断服务，及时明示。营业期间，柜员因故离柜，中断服务，必须摆放“暂停服务”桌牌，向客户明示，并引导客户到其他柜台办理业务，以防客户在无人柜台前等待。

④ 听取意见，虚心谦和。接受客户批评和听取意见时，要表示感谢，不要争辩；自己解决不了的，应请示领导；工作中受到委屈时，要顾全大局，谦和礼让，求得理解，不准与客户争吵。

⑤ 主动归还客户遗失的物品。发现客户遗失物品，应主动当面归还；若不能当面归还的，应保管好，并积极与客户联系，将物品归还客户。办理业务，客户优先。窗口服务应坚持“先外后内、先急后缓”的原则。办理业务时如有电话打来，必须办完业务后再接电话，缩短客户的等候时间；如果有特殊情况必须先接电话的，须征得客户的同意。

二、调度派工

（一）调度派工的类型

调度派工按派工对象的不同可以分为不同的类型。

1. 按调查级别分类

根据调查级别不同，可分为一级调度和二级调度。

一级调度是指调度人员将案件直接派工给本公司查勘人员处理。一般情况下，保险公司的查勘工作是由公司内的查勘人员进行处理的。

二级调度是调度人员将案件派给委托的公估公司，由公估公司派工给其查勘人员处理。

2. 按损失的类型分类

调度人员根据保险事故的损失情况派工给不同专业背景的查勘人员处理不同损失类型的案件。例如，车损查勘员仅对车损进行查勘；物损查勘员仅对事故相关的财产损失进行查勘；人伤查勘员仅对事故造成的人员伤亡情况进行查勘跟踪。

3. 按查勘地点分类

根据查勘地点不同，可分为定点定损点和一般查勘人员查勘。

定点定损点是指保险公司在快速服务中心内安排驻点查勘定损人员。当保险事故符合快速处理要求时，保险公司的报案受理人员会推荐被保险机动车到离事故地点最近的快速处理中心进行查勘定损，调度人员需将案件调度给定点定损点的查勘人员。

一般查勘人员查勘是指案件需要现场勘察，或者案件不符合快速处理要求，调度人员将案件调度给现场查勘人员或定损人员。

(二) 调度派工的工作内容

(1) 查找待调度案件。

(2) 联系查勘人员。

① 调度中心将系统中的保险案件查勘信息分发至查勘员。

② 当查勘信息通过系统发送给查勘员后，调度中心与查勘员联系，确认其是否与当事人取得联系。

③ 将案件抄单在第一时间传给案件负责人。

(3) 系统派工。

调度人员在联系查勘人员、派发出查勘任务之后，调度员将该案件派工到理赔系统中查勘人员的工号内，便于查勘人员对案件进行处理。

(三) 调度派工的工作流程

调度派工的工作流程如图 6-3 所示。

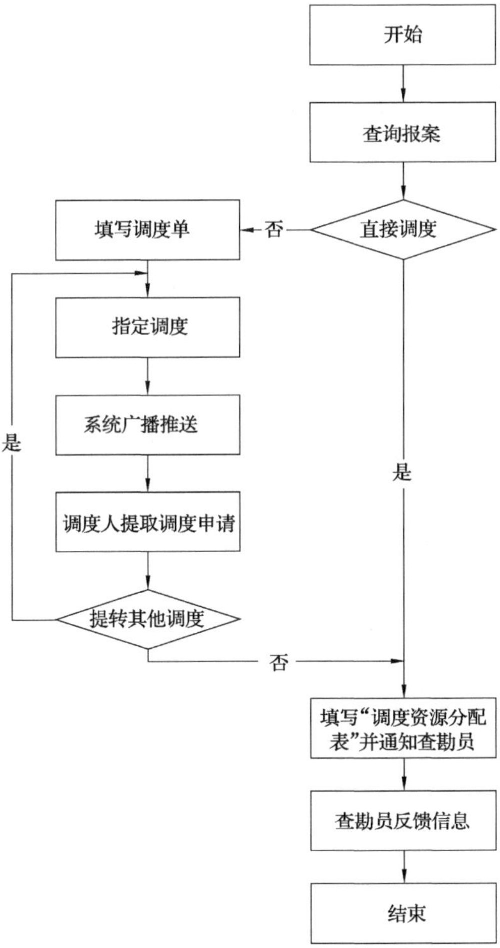

图 6-3　调度派工的工作流程

任务实施

一、任务实施环境

(1) 汽车保险仿真模拟实训室。

(2) 车险承保模拟教学系统投保平台。

(3) 辅助办公设备(文具、打印机、复印机等)。

二、学生分组

将学生进行分组,每6人为一组,并选出小组负责人。利用本任务学到的知识,结合"情境导入"中的案例进行小组讨论。

三、考核要点

(1) 小组成员配合是否默契,对话逻辑是否清晰。

(2) 小组成员是否熟悉汽车保险事故报案以及受理案件查勘的具体流程。

(3) 小组成员是否能够正确处理客户报案,是否能通过保单信息核实并准确记录案件信息,是否能判断保险责任,是否能告知客户有关事项,是否能进行查勘调度派工并且符合沟通电话礼仪规范。

(4) 是否能从对话中体现本任务的主要知识点。

四、总结讨论

(1) 各小组对本组成员的讨论表述情况进行总结讨论,并对其他小组的讨论表述进行点评。

(2) 教师对各小组出现的亮点与不足进行点评。

任务二　交通事故责任认定

情景导入

保险公司接到报案,报案人称15分钟前,其驾驶一辆丰田轿车行驶到市区的一个十字路口时,与另外一辆大众小轿车发生碰撞,两车均有损坏,无人受伤,两车均在事故现场,尚未经处理。保险公司派出查勘员小王进行处理。

讨论:小王应如何开展工作?

知识准备

交通事故责任认定事关事故双方是否承担民事赔偿责任，甚至是刑事责任的关键，也是公安交通管理部门根据交通事故现场勘验、检查、调查情况和有关检验、鉴定结论，对交通事故的基本事实、成因和当事人的责任作出的具体认定。公安交通管理部门的责任认定实际上是对交通事故因果关系的分析，是对造成交通事故原因的确认，要避免将公安交通管理部门的责任认定简单等同于民事责任的分担，应将其作为认定当事人承担责任或者确定受害人一方也有过失的重要证据材料。

一、交通事故的概念

（一）交通事故界定

我国《道路交通安全法》第一百一十九条对交通事故作出了界定。交通事故是指车辆在道路上因过错或者意外造成的人身伤亡或者财产损失的事件。

（二）其他与事故有关的概念

《道路交通安全法》对于与交通事故有关的几个名词作出了解释。

（1）道路。是指公路、城市道路和虽在单位管辖范围但允许社会机动车通行的地方，包括广场、公共停车场等用于公众通行的场所。

（2）车辆。是指机动车和非机动车。

（3）机动车。是指以动力装置驱动或者牵引，上道路行驶的供人员乘用或者用于运送物品以及进行工程专项作业的轮式车辆。

（4）非机动车。是指以人力或者畜力驱动，上道路行驶的交通工具，以及虽有动力装置驱动但设计最高时速、空车质量、外形尺寸符合有关国家标准的残疾人机动轮椅车、电动自行车等交通工具。

（三）不属于交通事故的情形

有下列情况之一的，不列入道路交通事故统计范围。

（1）不在公众通行的道路上发生的事故。

① 厂矿、油田、农场、林场自建的专用道路。

② 农村耕道、机关、学校、单位大院以及宅区核群之间的道路上发生的事故。

③ 渡口、车站、机场、货场内。

（2）在道路上举行军事演习、体育竞赛、施工作业路段中发生的事故。

（3）军车、武装警察发生未涉及地方车辆或人员的交通事故。

（4）在铁道口与火车相撞和道路渡口发生的事故。

（5）蓄意驾车杀人的案件和自杀案件，精神病患者自己碰撞车辆发生的事故。

（6）车辆尚未起动发生的人员挤、摔伤亡事故。

(7) 因地震、台风、山洪、雷击造成的事故等。

二、交通事故的类型

根据人身伤亡和财产损失的程度和数额,分为轻微交通事故、一般交通事故、重大交通事故和特大交通事故。

(一) 轻微交通事故

凡一次事故造成轻伤 1～2 人,或直接经济损失折款非机动车不超过 200 元,机动车不超过 1 000 元的事故。

(二) 一般交通事故

凡一次事故造成重伤 1～2 人,或者轻伤 3 人以上,或直接经济损失折款 3 000 元以下的事故。

(三) 重大交通事故

凡一次事故造成死亡 1～2 人,或重伤 3～10 人,或直接经济损失折款 3 000 元以上的事故。

(四) 特大交通事故

凡一次事故造成死亡 3 人以上,或重伤 11 人以上,或死亡 1 人同时重伤 8 人以上,或死亡 2 人同时重伤 5 人以上,或直接经济损失折款 6 000 元以上的事故。

三、交通事故责任认定的原则

《道路交通安全法实施条例》规定,公安交通管理部门应当根据交通事故当事人的行为对发生交通事故所起的作用以及过错的严重程度,确定当事人的责任。认定交通事故责任,必须依法确认事故中各方当事人的法定义务;依法确认各方当事人法定义务的优先原则;确认各方当事人的行为在交通事故中的作用和过错的严重程度;根据各方当事人的行为在交通事故中的作用和过错的严重程度确认不同的交通事故责任。交通事故认定应掌握行为责任原则、因果关系原则、路权原则、安全原则和结果责任原则。

(一) 行为责任原则

如果当事人对某一起交通事故负有责任,则必定是因其行为引起的,没有实施行为的当事人不负事故责任。

交通事故认定是确定当事人行为在事故中所起作用程度的技术认定,在认定交通事故责任时,应实事求是地表述当事人行为在事故中所起作用的程度,不需考虑法律责任问题。交通事故责任认定遵循过错认定原则,即当事人的行为对发生交通事故所起的作用,有因果关系的行为在事故中的所起的作用,以及过错的严重程度。其中"过错的严重程度"是以"当事人的行为"为前提的。在认定交通事故责任时,先看"当事人的行为对发生交通事故所起的作用”，然后确定该行为“过错的严重程度”。

（二）因果关系原则

根据《交通事故处理程序规定》第四十五条第一款的规定：“认定交通事故责任时，必须认定哪些行为在事故中起作用及作用的大小。”关于哪些行为在事故中起作用，是与事故有直接因果关系的行为。

1. 因果关系

要确定交通事故当事人的责任，其行为必须与事故有因果关系。交通事故认定是技术认定，在确定行为与事故因果关系时，只需要确定行为人的行为是否事实上属于事故的原因即可。原因的检验方法，可以借鉴《侵权责任法》中的因果关系理论，采取必要条件规则。按照必要条件规则，凡构成后果发生之必要条件的情况，均为事实上的原因。

2. 直接原因

行为人的行为如果是实实在在的足以引起交通事故及损害后果发生的因素，就构成事实上原因，即直接原因。交通事故认定作为技术认定，应载明事故发生的直接原因，交通事故认定只是证据之一，在认定交通事故责任时，应从技术的角度出发，认定直接行为人的责任，而不需要考虑应承担相关法律责任人的事故责任。

（三）路权原则

路权原则，即各行其道原则。《道路交通安全法》第三十八条规定：“车辆、行人应当按照交通信号通行；遇有交通警察现场指挥时，应当按照交通警察的指挥通行；在没有交通信号的道路上，应当在确保安全、畅通的原则下通行。”路权原则是交通安全的重要保证，是交通参与者参与交通的基本原则。现代化交通设施给所有的交通参与者规定了各自的通行路线，行人、不同类型的车辆都有各自规定的通行路线。然而，在当前的交通环境中，极少有绝对的“专用道路”，“借道通行”必然存在。在强调交通参与者各行其道的同时，也要规范交通参与者使用非其法定优先使用道路的行为，即“借道通行”的行为。在科学的管理制度下，交通参与者在使用非其法定优先使用的道路时，必须遵守一定的原则，这样才能确保安全。

（四）安全原则

1. 合理避让原则

交通事故的形态千变万化，事故原因多种多样，交通参与者在享受通行权利的同时，如遇他人侵犯己方的合法通行权，必须做到合理避让，主动承担维护安全的义务。如果发生了交通事故，应怎样分析双方的行为在事故中所起的作用呢？事故责任的划分，应先确定一方已违反了通行规定，后分析另一方如何处置，再以事故发生时双方是否尽到了安全义务来衡量双方行为的作用并划分责任。

（1）一方存在过错，其行为影响了另一方的交通安全，这是运用合理避让原则的基本条件，如果一方没有过错，或即使有过错但行为没有影响另一方的交通安全，则不适用此原则。

（2）被妨碍安全一方应当发现危险的存在却未发现。未尽到符合其交通参与者身份的一般注意义务为标准，在尽到了一般注意义务，能够发现危险存在的，视为应当发现；反之，视为不应当发现。

（3）被妨碍一方尽到了符合其身份的义务能够采取有效的避让措施，但没有采取或没有采取正确的措施。如果被妨碍方尽到了符合其身份的一般义务要求，能够采取正确的措施而没有采取的，适用本原则；反之则不适用。

（4）被妨碍方虽有条件采取措施避让妨碍方，但其所采取的措施不妨碍第三方的交通安全，如果会对正常参与交通的第三方产生危险的，不适用本原则。一般来说，以路权原则划分事故责任相对比较简单，因为此类事故的路面痕迹及车辆停放位置通常能够相对客观地反映当事人的行为。而根据合理避让原则，直接取证比较困难。虽然大多数交通事故都是民事侵权案件，但与其他民事侵权案件不同，交通事故多在动态运行中发生，交通事故中各方当事人的相互作用性较其他民事侵权案件强，为使每一个交通参与者都建立维护交通安全的意识，用合理避让原则划分交通事故责任有其合理性。

2. 合理操作原则

交通参与者在参与交通运行时，为了保证交通安全，应主动杜绝一些法律法规未禁止、但有可能存在危险隐患的行为。如果实施了上述行为且造成了交通事故，应负事故责任。

《道路交通安全法》第二十二条第一款规定："机动车驾驶人应当遵守道路交通法律、法规的规定，按照操作规范安全驾驶、文明驾驶。"首先，每个交通参与者在参与交通运行时，都有自己的操作习惯，一些习惯存在着危害交通安全的隐患，而法律不可能列举参与交通时可能出现的所有行为。其次，再完善的法律也难以对全部交通行为作出无遗漏的规定。在法律实施后，社会上会出现新的事物参与到道路交通运行中，这些新事物也许存在危害交通安全的隐患。适用合理操作原则认定交通事故责任，应着重考虑"虽未违法，但存在交通过错"的行为。

（五）结果责任原则

行为人的行为虽未造成交通事故的发生，但加重了事故后果，应负事故责任，即结果责任原则。

由于事故认定过程是一项专业性较强的工作，涉及运动力学、刑事侦查学等多方面的知识。对认定书的审查应坚持以下原则：

1. 全面审查原则

（1）审查事故认定的程序是否合法。作出责任认定的主体资格是否合适、是否向当事人送达等。

（2）审查事故认定的事实与其他证据间是否存在矛盾。责任的认定应当建立在公安机关依法调查收集的证据基础之上，也就是事故认定的事实应当与证据证明的事实是同一的。如果存在矛盾，则必须对事故的责任作出重新判定。

（3）审查事故认定的责任是否得当。

2. 质证原则

“证明案件事实的证据必须经过庭审质证”。事故认定书作为一种证据也不例外，只有事故认定赖以成立的证据经过庭审质证无误，才能评判责任认定的合法性、合理性。

3. 不对等原则

控辩双方在对事故认定书的证明责任上是不对等的，事故认定书一旦被检察机关作为证明被告人有罪的依据，在庭审过程中控方比辩方将承担更大的举证责任。因为检察机关作为控诉机关，不仅具有控诉职责，更具有查清案件事实的法定职责，其取得的证据也是证明案件的主要证据。因此，控方在法庭上必须提供支持责任认定成立的证据。

四、交通事故责任认定的方法

北京市公安交通管理部门为了便于当事人“私了”交通事故，于2005年9月1日公布实施了《北京市道路交通事故简易程序处理规定》。其中，在交通事故责任认定方面对全部责任、主次责任和同等责任分别作出了简单明了、易于操作的四种方法。

（1）一方当事人有下列情形的，为全部责任。

① 当事人驾驶车辆在有交通信号灯控制的交叉路口，遇红灯继续通行的；

② 当事人驾驶机动车越过施划有禁止穿越的道路中心线或者隔离设施，与道路上的其他车辆或行人发生交通事故的；

③ 当事人驾驶机动车进入非机动车道或非机动车通行范围内，刮撞同向行驶非机动车的；

④ 当事人驾驶车辆在人行道或行人通行范围内刮撞行人的；

⑤ 当事人驾驶车辆刮撞依法在人行横道内通行的行人的；

⑥ 当事人驾驶车辆未避让执行紧急任务的警车、消防车、救护车、工程救险车的；

⑦ 当事人所驾驶车辆的装载物发生遗洒、飘散，导致发生交通事故的；

⑧ 当事人驾驶机动车倒车时，与车后其他车辆、行人发生交通事故的；

⑨ 当事人驾驶非机动车在非机动车道逆行，与顺向行驶的非机动车发生交通事故的；

⑩ 当事人驾驶非机动车在非机动车道超越同向行驶的非机动车发生交通事故的；

⑪ 车辆单方发生交通事故的。

（2）一方当事人有下列情形，另一方当事人无下列情形的，有下列情形的一方为全部责任；双方当事人均有下列情形的，为同等责任：

① 机动车追撞前方同车道行驶的机动车尾部的；

② 机动车变更车道时，影响相关车道内行驶的机动车正常行驶的；

③ 机动车在没有中心隔离设施或者没有中心线的道路上会车时，有障碍的一方未让无障碍的一方先行的；但有障碍的一方已驶入障碍路段，无障碍一方未驶入时，无障碍一方未让有障碍的一方先行的；

④ 机动车在没有中心隔离设施或者没有中心线的道路上会车时，下坡车未让上坡车先行的；但下坡车已行至中途而上坡车未上坡时，上坡车未让下坡车先行的；

⑤ 机动车在没有中心隔离设施或者没有中心线的狭窄山路上会车时，靠山体的一方未让不靠山体的一方先行的；

⑥ 机动车超越前方正在左转弯的机动车的；

⑦ 机动车超越前方正在掉头的机动车的；

⑧ 机动车超越前方正在超车的机动车的；

⑨ 机动车与对面驶来的机动车有会车可能时超车的；

⑩ 机动车行经交叉路口、窄桥、弯道、陡坡、隧道时超车的；

⑪ 机动车在没有中心线或者同方向只有一条机动车道的道路上，从前车右侧超越的；

⑫ 机动车在没有禁止掉头标志、标线的地方掉头时，未让正常行驶车辆先行的；

⑬ 机动车在有禁止掉头标志、标线的地方以及在人行横道、桥梁、陡坡、隧道掉头的；

⑭ 机动车溜车的；

⑮ 机动车违反规定在专用车道内行驶的；

⑯ 机动车违反装载规定，致使货物超长、超宽、超高部分造成交通事故的；

⑰ 机动车违反交通信号指示方向行驶的；

⑱ 机动车开关车门时造成交通事故的；

⑲ 机动车在设有主、辅路的道路上，进主路时未按规定让行的；

⑳ 机动车在设有主、辅路的道路上，辅路上行驶的机动车未按规定让行出主路的机动车的；

㉑ 机动车进出或者穿越道路，未按规定让行的；

㉒ 机动车借道进出停车场或者道路停车泊位，妨碍其他车辆正常通行的；

㉓ 机动车在道路上进行维修、养护等作业时，未按规定使用黄色标志灯、危险报警闪光灯、箭头指示灯的；

㉔ 机动车违反牵引规定的；

㉕ 机动车驶入禁止通行的道路的；

㉖ 机动车未避让遇障碍无法通行借用相邻机动车道通行的非机动车的；

㉗ 准备进入环行路口的机动车未让已在路口内的机动车先行的；

㉘ 车辆违反规定进入高速公路、城市快速路或者封闭道路的；

㉙ 车辆在没有施划禁止穿越的道路中心线或者没有隔离设施的道路上驶入逆行，与相对行驶的车辆或行人发生交通事故的；

㉚ 车辆通过有交通信号灯控制的交叉路口，遇放行信号时，未让先于本放行信号放行的车辆先行的；

㉛ 车辆通过没有交通信号灯控制或者交通警察指挥的交叉路口时，未让交通标志、交通标线规定优先通行的车辆先行的；

㉜ 车辆通过没有交通信号灯控制或者交通警察指挥且交通标志、标线未规定优先通行的交叉路口时，未让右方道路的来车先行的；

㉝ 车辆通过没有交通信号灯控制或者交通警察指挥的交叉路口时，转弯的车辆未让直行的车辆先行的；

㉞ 车辆通过没有交通信号灯控制或者交通警察指挥的交叉路口，遇相对方向来车，左转弯车未让直行车先行的；

㉟ 车辆通过没有交通信号灯控制或者交通警察指挥的交叉路口时，相对方向行驶的右转弯车未让左转弯车先行的；

㊱ 车辆碰撞依法暂停、停放的车辆的；

㊲ 车辆未注意避让正在作业的道路养护车辆、工程作业车的；

㊳ 车辆遇红灯亮时，右转弯车辆未让被放行的车辆先行的；

㊴ 车辆遇绿灯亮时，转弯车辆未让被放行的直行车辆先行的；

㊵ 车辆未按照交通警察指挥通行的。

（3）在确定当事人责任时，优先适用第一规定；不属于适用第一规定的情形，适用第二规定。

双方当事人均有第一规定所列情形，其中一方还有下列过错行为的，有下列过错行为方为主要责任，另一方为次要责任；双方当事人均有第一规定所列情形，并均有下列过错行为的，双方为同等责任：

① 饮酒后驾驶机动车的；

② 无机动车驾驶证驾驶机动车的。

（4）一方当事人有第一规定所列情形，另一方当事人只有第四规定所列过错行为的，有第一规定所列情形方为主要责任，另一方为次要责任。

五、交通事故的处理程序

（一）变通事故的处理方法

当道路交通事故发生后，根据交通事故的实际情况，事故当事人及交警可选择合适的处理方法。

1. 私了

在下面两种道路交通事故中，当事人应当先撤离现场，再协商处理损害赔偿事宜。

（1）未造成人身伤亡，当事人对事实及成因无争议的（不自行撤离现场的，应当迅速报告执勤的交通警察或公安交通管理部门）。

（2）仅造成轻微财产损失，并且基本事实清楚的交通事故。当事人自行协商达成协议的，填写"道路交通事故损害赔偿协议书"，并共同签名。协议书的内容包括事故发生的时间、地点、天气、当事人姓名、机动车驾驶证号、联系方式、机动车种类和号牌、保险凭证号、事故形态、碰撞部位、赔偿责任等。

2. 报警

不符合自行撤离现场进行私了条件的，当事人应当及时报警处理。

3. 受理

公安机关及其交通管理部门接到道路交通事故报警，应当记录下列内容：

（1）报警方式、报警时间、报警人姓名、联系方式，通过电话报警的，还应记录报警的电话号码。

（2）发生道路交通事故的时间、地点。

（3）人员伤亡情况。

（4）车辆类型、车辆牌号，是否载有危险物品、危险物品的种类等。

（5）涉嫌交通肇事逃逸的，应当询问并记录肇事车辆的车型、颜色、特征、逃逸方向，以及逃逸驾驶人的体貌特征等有关情况。

报警人不报姓名的，应当记录在案。报警人不愿意公开姓名的，应当为其保密。

4. 出警

公安交通管理部门接到报案后，应当根据交通事故的类型、损害情况等及时出警。

对于适用简易处理程序的交通事故，可派一名交通警察处理，对于适用一般程序处理的交通事故，应当派两名以上交通警察处理。

（二）交通事故处理的简易条件

公安交通管理部门对于下列情形可以按照简易程序处理。

（1）发生道路交通事故，仅造成财产损失事故，无论当事人对事实或者成因有无争议，只要不立即撤离现场，以及虽然对事实或者成因无争议，撤离现场后，协商损害赔偿未达成协议的。

（2）发生道路交通事故，仅造成人员轻微伤害，当事人对事实及成因无争议，但是对赔偿有争议的。

（三）交通事故处理的一般程序

交通事故处理的一般程序如图 6-4 所示。

1. 划定警戒区域，抢救伤者

发生交通事故后，交警到达现场，划定警戒区域，并组织抢救伤者。

2. 初步了解案情

交警在现场向报案人初步了解事故的发生时间、过程、现场受伤人员、受损财产的情况。判断接下来的处理程序。

3. 立案

立案是交通事故处理的前提。公安交通管理部门对于造成人员死亡、重伤、轻伤的；造成人员轻微受伤，但当事人对事实或成因有争议的；造成财产损失，但当事人对事实及成因有争议不立即撤离现场或自行离现场后未达成赔偿协议的，应填写“交通事故立案登记表”。

4. 现场调查

交警在立案后，应当对事故现场进行调查，主要做好下列工作：

(1) 调查事故现场，查明事故车辆的安全技术及装载情况、当事人的基本情况、道路情况及其空间关系和事故发生时的天气情况。

(2) 固定、提取或者保全现场证据材料。

(3) 查找当事人、证人并进行询问，同时进行询问笔录。

5. 现场勘察

交警应根据道路交通事故现场，按照有关法规和标准的规定，拍摄现场照片，绘制现场图，提取痕迹，物证，制作现场查笔录。发生一次死亡 3 人以上道路交通事故的，应当进行现场录制图片，现场物查笔录应当由参加物查的交警、当事人或者见证人签名。当事人、见证人拒绝签名或者无法签名以及无见证人的，应记录在案。

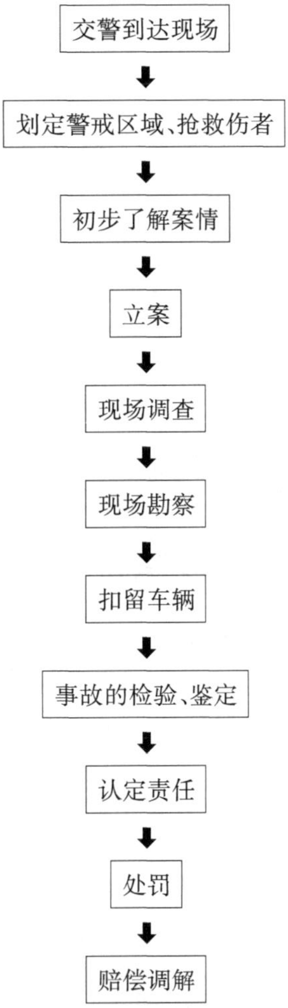

图 6-4　交通事故处理的一般程序

6. 扣留车辆

公安交通管理部门因收集证据的需要，可以扣留事故车辆及机动车行驶证，并开具行政强制措施凭证。

7. 事故的检验、鉴定

如果交通事故需要进行检验、鉴定的，公安交通管理部门应当自事故现场调查结束日起 3 日内委托鉴定机构进行检验、鉴定。

8. 认定责任

所谓交通事故责任是指公安机关在查明交通事故情况后，依据道路交通管理法律、法规和部门规章，对当事人的违章行为与事故之间的因果关系以及违章行为在交通事故中所起的作用作出的结论。

公安交通管理部门应当根据当事人的行为对发生道路交通事故所起的作用以及过错的严重程度，确定当事人的责任。

9. 处罚

公安交通管理部门应当在作出道路交通事故认定之日起5日内，对当事人的道路交通安全违法行为依法作出处罚。

10. 赔偿调解

对交通事故损害赔偿有争议，各方当事人一致请求公安交通管理部门调解的，应当在收到道路交通事故认定书或公安交通管理部门维持原道路交通事故认定的复核结论之日起10日内，向公安交通管理部门提出书面申请。

任务实施

一、任务实施环境

(1) 汽车保险仿真模拟实训室。

(2) 车险承保模拟教学系统投保平台。

(3) 辅助办公设备(文具、打印机、复印机等)。

二、学生分组

将学生进行分组，每6人为一组，并选出小组负责人。利用本任务学到的知识，结合"情景导入"中的案例进行小组讨论。

三、考核要点

(1) 小组成员配合是否默契，对话逻辑性是否清晰。

(2) 小组成员是否熟悉交通事故责任认定任务实施流程。

(3) 小组成员是否能制订事故责任认定计划，是否能指引当事人处理现场，是否能进行现场调查，是否能确定事故处理方法，是否能认定交通事故责任，是否能制作事故责任认定书，是否能正确使用工具。

(4) 是否能从对话中体现本任务的主要知识点。

四、总结讨论

(1) 各小组对本组成员的讨论表述情况进行讨论总结，并对其他小组的讨论表述进行点评。

(2) 教师对各小组出现的亮点与不足进行点评。

任务三 交通事故现场勘察

情景导入

查勘员在工作时，接到紧急任务：大概 10 分钟前，某十字路口发生一起交通事故，两车相撞，导致双方车辆受损，人员受伤，其他情况不明。

讨论：查勘员应如何对此次交通事故进行处理？

知识准备

一、概述

（一）定义

保险事故现场，简称现场，是指发生交通事故或意外的车辆以及其他车、人、物遗留的交通事故或意外事故有关的痕迹证物所占有的空间。

现场勘察是指公安交通管理机关的事故处理人员，应用科学的方法和技术手段，依法对交通事故发生的时间、地点、道路、车辆、物、人、畜进行实地勘验，以及对当事人和有关人员的调查访问，并将所得结果客观、完整、准确地记录下来的工作。

（二）事故现场分类

1. 原始现场

发生事故后，车辆、人、畜和一切与交通事故有关的仍保持事故发生后的最初状态。

2. 变动现场

保险事故发生后，由于某些原因，该事故的原始状态发生部分或大部分更改。

发生变动现场的一般原因：保护伤者，为抢救事故受伤者而移动有关物体的位置或变更死者原来的倒卧位置；保护不当，由于未及时封锁现场，有关痕迹被来往车辆和行人碾踏，使痕迹不清或消失；允许变动，有特殊任务的车辆，如消防、警备、抢险等车辆肇事后经允许驶离现场，或为了为避免交通堵塞经允许移动车辆或有关物体；自然破坏，由于雨雪等自然因素，使事故痕迹不清或消失；车辆驶离，发生事故后，驾驶人无意（未发觉）或有意（逃避责任）将车辆驶离现场。

3. 恢复现场

（1）对于变动现场，根据现场分析、证人指认，将变动现场恢复到原始现场状态。

（2）原始现场撤除后，因案情需要，根据现场记录图、照片和勘察记录等材料重新布置，恢复现场。

4. 伪造现场

伪造现场是指与事故有关或被唆使的人员有意改变现场的车辆、物体、痕迹或其他物品的原始状态，甚至对某个部位进行拆卸和破坏，企图达到逃脱罪责或嫁祸于人的目的的行为。

发生伪造原因及逃逸时，保险公司不承担保险责任，并追究其刑事责任。

（三）现场勘察的分类

（1）第一现场勘察。车险查勘中通常将原始现场勘察和恢复原始现场勘察统称为第一现场勘察。

（2）非第一现场勘察。除第一现场勘察外的现场勘察称为非第一现场勘察。

二、车险现场勘察的重点

（一）道路、地形地貌的勘察

道路、地形地貌及路面状况往往与事故的发生有一定的关系。例如，路面结冰、积水和泥泞直接影响车辆的制动效果；路面的质量、弯曲度、坡度、路面的井盖、堆积物、占用路面施工以及路两侧树木和建筑物等均对车辆的安全行驶产生一定影响。

因此在现场勘察时，应认真记录道路状况、天气状况以及路面的自然损坏情况。

（二）路面上的痕迹、物证

勘察路面上遗落的肇事车辆的机件、油污、玻璃碎片、油漆片、伤亡人员穿戴物和携带物；制动拖印和轮胎挫划痕迹是判断车辆在肇事过程中双方接触点的位置及车辆行驶路线、速度和驾驶人采取措施情况的依据。

（三）对肇事车辆和伤亡人员身体的勘察

运行中的车辆发生交通肇事，必定会在双方车辆和人员身体上留下接触痕迹。确定这些痕迹的准确位置，就能判断车辆之间或与行人碰撞的第一接触点，有助于分析事故当时车辆和行人的方向、速度、接触状态，为最终判断事故原因和保险责任提供重要依据。

三、车险现场勘察的基本方法

车险现场勘察的顺序和范围，应根据不同类型的事故现场确定。因此，查勘员到达现场后，首先要向事故当事人和目击者了解事故发生的情况和现场是否有变动。如有变动，应先弄清变动的原因和过程，必要时可根据当事人和证人提供的事故发生时的情景恢复现场原状，以利实地勘察。勘察前，应巡视现场周围的情况，对现场全貌有个概括的了解后，再确定现场勘察的范围和勘察的顺序。

1. 常用方法

车险意外事故现场勘察的常用方法分为直接观察法、现场摄影法、现场测绘法、现场痕迹物证采集法、技术检验法、现场询问和访问法。

（1）直接观察法

直接观察法，即用感官直接对事故现场进行观看和体察，以便形成一个全面的初步印象后，能有条不紊地展开其他项目的调查和工作。

（2）现场摄影法

现场摄影法是一种应用照相和摄、录像等现代拍摄技术手段，将事故现场的全貌、主要部分和重要痕迹物证及其提取过程拍摄下来，形成有说服力的、形象的现场调查记录材料的方法。这种影像资料，在分析鉴定车险意外事故和处理交通肇事案件中，有时起着十分关键的作用。

（3）现场测绘法

现场测绘法是一种将事故现场中的有关车辆、人畜尸体、相关物体以及痕迹、物证的所在位置与相互的空间关系，通过观测和丈量，用抽象的图形和线条加上必要的数字描绘在现场图纸上的一种方法。

车险意外事故现场图是车险理赔案卷中的重要材料，在保险责任判断和处理过程中占有十分重要的地位。

（4）现场痕迹物证采集法

现场痕迹物证采集法实际上是一种现场取证的方法。它是应用直接提取和间接提取的方式，将存在于事故现场的各种有关痕迹和物证采集下来，一方面用于事故分析的直接依据，另一方面必要时可用于技术检验的检材。

（5）技术检验法

技术检验包括现场检验和送专门技术部门检验两种方式。现场检验主要包括对事故当事人的酒精检测和生理、心理检测，对车险意外事故伤亡人员的尸检和伤检，对道路附着系数的现场实验测量和事故车辆检验等。送技术部门检验的主要是痕迹物证和法医物证检材等。

（6）现场询问和访问法

通过对事故当事人、目击见证人以及有关单位的询问和访问，获取其陈述笔录材料，为分析意外事故过程和成因、认定保险责任、正确处理保险理赔提供依据。

2. 根据事故范围采取不同的方法

（1）范围较小的现场，肇事车辆和痕迹相对集中，可以肇事车辆和痕迹集中的地点为中心，采取由内向外勘察的方法。

（2）范围较大的现场，肇事车辆和痕迹物证相对分散，为防止远处的痕迹被破坏，可以从现场外围向中心，即由外向内勘察。

（3）对车辆、痕迹比较分散的重大事故现场，可以从事故发生的起点向终点分段推进查勘或从痕迹、物证容易受到破坏的路段开始勘察。

四、对肇事车辆痕迹的勘验

肇事机动车前部痕迹一般反映在前保险杠、前大灯、水箱、挡风玻璃和翼子板等处；

侧面痕迹重点是在翼子板外侧、后视镜、车门、轮胎侧面、挡泥板等处；底盘痕迹重点是在转向横竖拉杆、前后轴、曲轴箱外壳、排气管等处。

对肇事车辆进行查勘时，应重点查勘上述部位有无新鲜擦蹭痕迹，查勘中应进行细目拍照，并详细记录痕迹的部位、形态、面积、距地面的高度。对于条状痕迹，应记录其长度和宽度、起始部位、痕迹方向，以便认定肇事瞬间，双方的接触位置和运动方向。

对车辆驾驶室内的查勘，应重点记录车辆挡位、车钥匙位置、灯光开关挡位及是否有效、刹车气压表的刻度、安全带和安全气囊的状态，必要时应对肇事车辆进行全面的检测，检验其安全性能是否合格。

机动车保险事故种类繁多，形式各样，除两车相撞最为常见以外，因操作不当、路况不好、机件失灵引发的独立撞损事故或者线路故障引起的自燃烧毁事故也经常发生。对此类事故，查勘人员应该加倍认真研究分析现场及车辆的有关痕迹、物证，同时注意听取、分析驾驶人、目击者的陈述和证言。通过认真地查勘、检验鉴定，查清事故真相。查勘此类事故现场，除应详细记录现场及车辆的有关痕迹、物证，还要同时与现场环境、被撞击物上的痕迹相互对应，对车辆有关机件的安全性也应同时进行检查、记录。

查勘被烧毁的车辆时，应重点查勘车辆底盘油管、油箱有无被撞击痕迹；行车路线上有无石块等妨碍安全行车的凸起物；车辆上的起火点和火势蔓延方向；同时注意检查记录事故车辆发动机号码、车架号码，以便确定是否属于保险责任车辆。

五、对事故现场提取物的检验

（一）在现场勘察中需要提取的检验物

（1）现场路面刹车印痕上遗留的橡胶炭黑物质和车辆轮胎橡胶样本。

（2）现场路面上散落的油漆片、金属片、木屑、玻璃碎片、衣服纤维、油垢等。

（3）肇事车辆附着的来自外界的油漆片、油垢、血迹、纤维、泥土、木屑、铁锈等。

（4）非机动车和伤亡人员衣着上的痕迹以及附着物质。

在提取上述物证以前，应先加比例尺拍照固定，并详细记录其遗留的部位、高度、长度、方向。对油漆片、金属片、油垢等易污染的物质，应用竹质和木质物品（筷子、木夹）提取，然后装入一个干净的纸袋或塑料袋内保存，并做好标记。绝对禁止使用金属镊子等铁器提取或盛放，以免被污染，影响分析检验的可信度。

（二）现场提取物的常见检验方法

机动车事故现场可提取的检验物有很多种，既有金属物，也有木质、塑料、玻璃、橡胶；既有固体实物，也有液体物，有时甚至有气态物质，如气味等。对上述提取物的检验鉴定方法也就有所区别。

常用的检验方法主要有以下三种。

1. 化学试剂检测法

化学试剂检测法系定性检验方法，主要用于检测机动车驾驶人血液中是否含有乙醇,以确定驾驶人是否酒后驾车,也可用于检验可疑部位是否粘附有血迹。

2. 形态特征比对法

形态特征比对法主要用于现场轮胎压痕与肇事和嫌疑车辆的轮胎花纹进行同一检验鉴定,以确定现场轮胎压痕是否被检验车辆所留;或用于现场物体上被撞痕迹与肇事车辆损坏部位进行比对;也可用于现场遗留的灯罩、玻璃碎片、车体碎片与肇事车辆相应部位进行整体分离痕迹鉴定。

3. 化学分析检测法

化学分析检测法主要用于定量检验现场提取的血迹、油漆片、油污、塑料碎片等内部成分,以认定肇事车辆。该法是一种精确的检验方法,认定准确率很高,证明力也最强。

六、车险查勘的内容

根据事故的性质和特点,事故现场勘察包括以下六个方面。

(一) 时间调查

时间调查,即确定车险事故的时间坐标,并利用这个坐标推断与事故有关的时间关系,为分析事故发生原因和解释有关现象提供依据。例如,通过对肇事车辆出车时间、途中停车时间和到达出事地点时间的调查,根据其行驶路程,可推算出该车在出事前的运行速度;通过对酒后驾车肇事人员在出事前的用餐时间调查,对照肇事者的呼气和血液中的酒精含量,又根据血醇含量随时间的递减规律,可推算出该驾驶人的饮酒量。另外,通过对车险事故死亡人员的尸温、尸僵和尸斑的检验来推断交通肇事逃逸案件的发案时间,也是时间调查的一种形式。

(二) 空间调查

空间调查,即对车险事故诸元素的空间关系的调查。在弄清车险事故发生地点与场合的基础上,查明肇事各方车辆、各种相关物体、人体(包括尸体)、牲畜、痕迹、物证和道路设施等所处位置及相互的空间关系,用以确定事故各方的运动方向和速度、相互作用的冲突点与接触部位等。例如,通过事故客体的痕迹部位的对应关系和形态特征,可以确定事故双方的接触过程和方式等。

(三) 生理和心理调查

生理和心理调查是对当事人的生理和心理状态进行观察和检验。通过直接观察和必要的测试,对车险事故当事人的神态、言行举止及反应能力等生理和心理状态进行综合检查和评价。如发现问题,还可进一步查清是因身体患病还是精神受刺激,是因过度疲劳还是因饮酒、服药,是本人故意行为还是他人恶意行为等造成的。查出事故当事人的生理和心理上的不正常现象及程度,以及和意外事故的联系,对分析事故成因和判定保险责任极为有用。

（四）肇事车辆车况调查

肇事车辆车况调查主要是通过人工或检测线的检测，对车辆的技术状况，特别是与行车安全关系密切的零部件及某些总成进行检查和评价。检查的重点是肇事之前是否就存在着某些技术故障和缺陷，以此印证事故现场中某些痕迹及现象的形成原因，并确认车辆技术故障在事故成因中所占的比重。

（五）环境条件调查

调查车内环境好坏及对驾驶人的影响程度；调查道路景观，各种交通设施的质量及对驾驶人的影响；调查自然气象及道路照明情况对驾驶人安全行车的影响。除物质性交通环境外，对肇事车辆驾驶人所处的社会性环境，如家庭、单位、亲友等社会关系也应进行调查了解。

（六）事故后果调查

调查人员伤亡、车物损毁所造成的直接和间接损失，调查因车险事故造成的不良社会影响。车险事故后果调查的结果，可为划定事故等级类别提供依据。

七、事故现场勘察的基本步骤

由于车险意外事故现场勘察的时间性很强，许多在事故发生后留下的人证和物证以及某些状态和现象都会随时发生变化，事故现场勘察的有利时机稍纵即逝。因此，一些勘察项目需要在极短时间内完成。但是，也应该根据具体情况，按事情的轻重缓急，适时地安排和调整，不拘泥于一个固定模式。事故现场勘察大致可分为以下五个步骤。

（一）进行事故现场处置

车险意外事故现场处置，包括车险意外事故发生后，在正式全面开展现场勘察之前的前期处置，勘察过程中的现场维护和勘察完毕后的现场清理撤除等三个方面。其中，最重要的是前期处置，如现场保护、现场救险和现场救护等，这是减轻事故损失、保证事故现场调查顺利进行和提高调查质量的重要前提。

（二）适时进行现场询问

车险意外事故现场询问的对象，主要是事故当事人和现场目击证人。现场询问必须适时进行，既不要在询问对象惊魂未定、神志不清的情况下匆忙进行，又不能给当事人编造虚假口供的时间，也不能因时间过久，让目击证人过多地受周围环境气氛的影响而不能据实反映情况。同时，也应防止目击证人自行离去而失去询问机会和目标。

（三）展开现场实地勘察

现场实地勘察，即在事故现场内进行的踏勘、丈量、记录和取证等活动。具体包括现场摄影、现场测绘和现场痕迹、物证提取等工作。

车险意外事故现场实地勘察，是车险意外事故现场勘察中时间性、技术性很强的中心环节，也是现场勘察成败的关键。因此，必须投入主要的技术力量，分工合作，高质量、高速度地完成。

（四）现场试验和测试

现场试验和测试，主要是对与事故及事故现场有关的事故当事人、有关事故车辆和现场及附近的道路、环境情况等进行的观察、检验和测试。例如，通过实地刹车试验，利用减速仪或根据车速及刹车拖印测算出事故现场道路的附着系数；通过对肇事者进行的生理、心理检验，特别是反应能力和酒精检测，推断造成车险事故原因中人的因素；通过对肇事车辆进行有关项目的技术检验，确定造成事故原因中车的因素；通过对事故现场及附近路段的道路线型、安全视距、道路设施、路旁景观及道路照明条件、气象等情况的观察和测量，弄清道路及环境因素对事故发生的影响程度。

（五）制作现场勘察笔录与收尾复核

现场勘察笔录，是现场勘察工作的纪实和其他具体勘察材料不足部分的补充说明材料，也是事故处理和诉讼活动中的证据材料。

车险意外事故现场勘察，不能过久地阻断交通，必须尽快完成各项勘察工作，及早撤除现场，恢复交通。但是，也不能草草收场，应当在保证勘察质量的前提下尽早完成。因此，在勘察项目基本结束的同时，进行必要的复核，做好收尾工作，防止出现误差和遗漏。复核工作应由现场勘察负责人召集现场勘察人员共同进行。

任务实施

一、任务实施环境

（1）汽车保险仿真模拟实训室。

（2）车险承保模拟教学系统投保平台。

（3）辅助办公设备（文具、打印机、复印机等）。

二、学生分组

将学生进行分组，每 6 人为一组，并选出小组负责人。利用本任务学到的知识，结合“情景导入”中的案例进行小组讨论。

三、考核要点

（1）小组成员配合是否默契，对话逻辑是否清晰。

（2）小组成员是否熟悉汽车事故查勘的准备阶段、现场查勘、后续工作的具体流程。

（3）小组成员是否能够正确处理客户面临的汽车事故的现场勘察工作。

（4）是否能从对话中体现本任务的主要知识点。

四、总结讨论

(1) 各小组对本组成员的讨论表述情况进行总结讨论，并对其他小组的讨论表述进行点评。

(2) 教师对各小组出现的亮点与不足进行点评。

项目测评

一、选择题

1. 王先生在某保险公司购买了一份车险，2011 年 6 月 5 日晚 10 点左右，王先生驾驶车辆回家途中，与另一辆轿车发生碰撞，之后王先生向保险公司报案。试回答下列问题。

(1) 接报案人员接到报案电话后首先应当(　　)。

A. 明确保险标的　B. 判断保险责任　C. 告知注意事项　D. 迅速派工

(2) 如接报案人员查抄保单后，得知车辆投保了车损险、车辆第三者责任险，不计免赔特约条款，保险有效期为 2011 年 2 月 5 日零时至 2012 年 2 月 4 日二十四时。接报案人员应记录的风险是(　　)。

A. 出险时间异常　B. 出险地点异常　C. 报案人身份　D. 无现场

(3) 接报案人员应记录的信息包括(　　)。(可多选)

A. 出险车辆信息　B. 报案人信息

C. 出险时间、地点、经过及驾驶人　D. 交警处理情况

(4) 以下信息中哪一项，接报案人员无须告知报案人？(　　)。

A. 现场保护措施　B. 保险公司索赔流程

C. 可能的赔偿金额　D. 报警处理有关规定

(5) 调度人员在进行查勘调度派工时，须告知哪些信息？(　　)。

A. 出险时间、地点、原因及驾驶人　B. 车辆信息

C. 案件风险点　D. 被保险人职业

2. 李某于 2011 年 9 月 5 日 23 时左右在市区驾车行驶时被一辆轿车撞成重伤，肇事司机驾车逃逸，李某被经过的第三方送往医院治疗，花去医疗费 55 000 元。李某要求公安交通管理部门出具交通事故责任认定书。而公安交通管理部门认为，肇事车辆尚未查获，建议李某暂时不要要求公安机关出具交通事故责任认定书，但李某坚持要出具交通事故责任认定书。试回答下列问题。

(1) 交警应当按照(　　)程序处理该起交通事故。

A. 私了　B. 简易　C. 普通　D. B 或 C

(2) 该起交通事故中所出具的认定书属于(　　)。

A. 调解书　B. 交通事故认定书　C. 事故认定书　D. 调解终结书

(3) 对于尚未查获的交通事故逃逸案件，交警(　　)出具认定书。

A. 可以不　　B. 必须　　C. 应当　　D. 不应当

(4) 李某要求出具认定书时，公安交通管理部门在接到李某的书面申请后的(　　)日内制定认定书。

A. 5　　B. 10　　C. 15　　D. 20

二、简答题

(1) 现场勘察收集证据的方法有哪些?

(2) 在现场勘察过程中与出险人员沟通应注意什么?

(3) 现场勘察中，如果遇到出险人员不配合应怎么办?

项目七

汽车保险事故索赔

项目目标

知识目标

1. 了解车辆损失项目的确定方法。
2. 会计算事故损失的赔款。
3. 掌握车辆定损的流程和工作要求。
4. 掌握核赔的流程及内容。
5. 掌握结案的相关知识。

技能目标

1. 能够完成定损涉及的单据。
2. 能够初步执行车辆定损工作。
3. 能够独立计算交强险、各商业险赔款。
4. 能够独立完成核赔和结案的归档工作。

项目描述

车辆出险后，如果事故责任车辆投保了相应的汽车保险，被保险人就可以依据保险合同向保险人提出索赔，而保险人应依据保险合同的约定及时履行赔偿责任。为此，本项目主要讲述汽车保险事故索赔的基础理论。具体内容包括：确定事故车辆损失，汽车保险赔案缮制，汽车保险的核赔，赔付结案。汽车保险理赔是保险公司在接到被保险人报案后，委派查勘定损人员进行现场勘察，并对事故损失进行定损。然后根据勘察的第一手资料和事故责任比例及保险责任范围对保险标的进行核损、理算赔款、核赔、支付赔款和结案回访。通过本项目的学习，可以清晰地了解汽车保险理赔的工作流程和要求，为相关岗位工作打下坚实的基础。

课时计划

任务一：确定事故车辆损失。

任务二：汽车保险赔案缮制。

任务三：汽车保险的核赔。

任务四：赔付结案。

任务一　确定事故车辆损失

情景导入

一辆奥迪车在高速公路上行驶，突然爆胎，驾驶人李某因操作不当，撞上右边护栏并翻车，车辆严重受损，报交警后拖车公司很快到达现场，把奥迪车拖至某车辆定损中心，定损中心人员对受损车辆定价后要求李某缴纳定损费，并交给他一份车辆定损单，让他到保险公司报案并索赔。当李某带着车辆定损单及保单到保险公司索赔时，却被告知奥迪车的损失程度以及损失金额要以保险公司委派的查勘人员核定为准，某定损中心的定损单并不能作为李某的索赔依据，李某缴纳的定损费也不能由保险公司赔偿。

讨论：保险公司这种做法的原因是什么？

分析：《保险法》规定，任何单位或者个人都不得非法干预保险人履行赔偿或者给付保险金的义务，也不得限制被保险人或者受益人取得保险金的权利。《车辆保险条款》赔偿处理中也明文规定：保险车辆因保险事故受损或致使第三者财产损坏，应当尽量修复。修理前被保险人须会同保险人检查，确定修理项目、方式和费用；否则，保险人有权重新核定或拒绝赔偿。保险车辆发生意外事故后，公安机关交通管理部门负责认定事故责任，保险公司根据保单条款确定保险责任，如果属于保险责任，保险公司应就修理的项目以及金额与被保险人和车辆事故第三方协商确定，也可以经双方同意委托保险公估公司对受损车辆定损、理赔，非保险公司指定的车辆定损中心或车主自行定损，一律无效。

通过上述案例，思考：

（1）车辆定损时的大致流程是什么？

（2）理赔人员在定损时应注意什么原则？

知识准备

保险事故损失确定包括车辆损失确定、人员伤亡费用确定、其他财产损失确定、施救费用和残值确定。为提高定损质量，保证定损的准确性、标准性和统一性，对事故中各项损失确定，还须经核损人员复核确认。

一、车辆损失确定

出险车辆经现场勘察后，保险人会同被保险人一起进行车辆损失确定。如涉及第三者车辆损失的,还包括会同第三者车损方进行定损。

(一) 车辆定损的原则

(1) 修理范围只限于本次事故中所造成的车辆损失。

(2) 能修理的零部件,尽可能修复,不能随意更换新的零部件。

(3) 能局部修复的,不要扩大到整体修理。

(4) 能更换零部件的,禁止更换总成件。

(5) 根据修复工艺的难易程度及当地的工时费水平,准确确定工时费用。

(6) 准确掌握汽车零配件价格。

车辆定损的流程如图 7-1 所示。

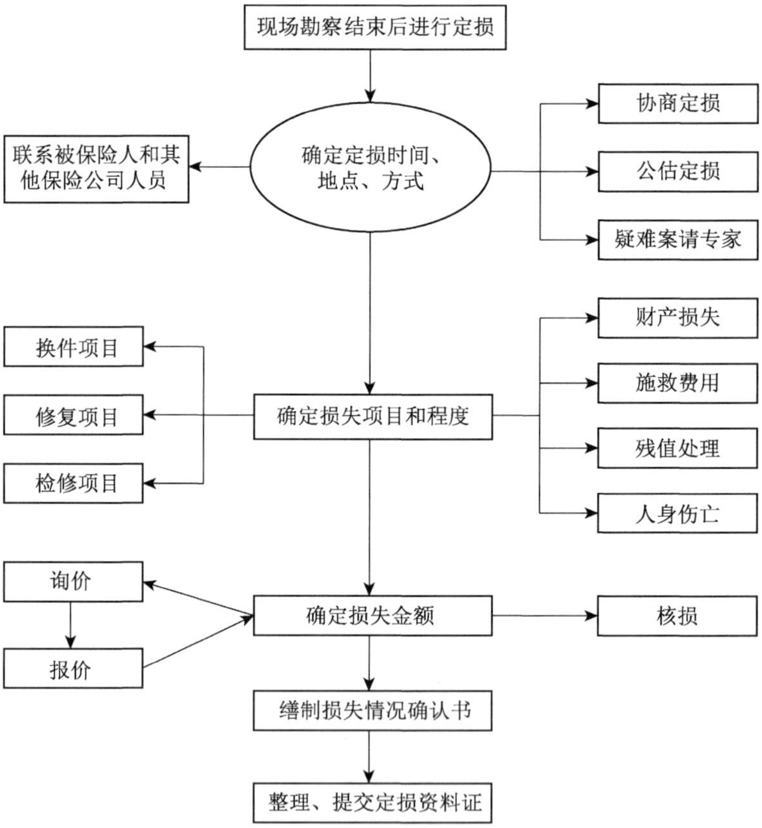

图 7-1　车辆定损的流程

(二) 车辆损失确定的程序

(1) 保险公司一般指派两名定损员一起参与车辆定损。

(2) 根据现场勘察记录,认真检查受损车辆,找出本次事故造成的损伤部位,并由此判断和确定因肇事部位的撞击间接引起其他部位的损伤。最后,确定损失部位、损失项目、损失程度，并对损坏的零部件由表及里进行逐项登记，同时进行修复与更换的分类。

鉴定、登记工作是一项复杂细致的工作，对挤干理赔水分起着一定的影响作用。具体的鉴定、登记方法是：由前到后，由左到右，先登记外附件（即钣金覆盖件，外装饰件），后按机器、底盘、电器、仪表等分类进行。

对估损金额超过本级处理权限的，应及时报上级公司协助定损。

（3）与客户协商确定修理方案，包括确定修理项目和换件项目。修理项目须列明各项目的工时费，换件项目须明确零件价格，零件价格需通过询价、报价程序确定。

（4）对更换的零部件属于本级公司询价、报价范围的，要将换件项目清单交报价员审核，报价员根据标准价或参考价核定所更换的配件价格；对属于上级公司规定的报价车型和询价范围的，应及时上报，并按照《汽车零配件报价实务》的规定缮制零部件更换项目清单，向上级公司询价。上级公司对询价金额低于或等于上级公司报价的进行核准；对询价金额高于上级公司报价的逐项报价，并将核准的报价单或询价单传递给询价公司。

（5）定损员接到核准的报价单后，再与被保险人和第三者车损方协商修理、换件项目和费用。协商一致后，签订"汽车保险车辆损失情况确认书"，一式两份，保险人、被保险人各执一份。

（6）对损失金额较大，双方协商难以定损的，或受损车辆技术要求高，定损人员由于不太熟悉该车型导致难以确定损失的，可聘请专家或委托公估机构定损。

（7）受损车辆原则上应一次定损。对大的车辆事故，一般需拆解定损。为此，各保险公司均规定了一些自己的协议拆解点。

（8）定损完毕后，由被保险人自选修理厂修理或到保险人推荐的修理厂修理。保险人推荐的修理厂一般不低于二级资质。

（9）保险车辆修复后，保险人可根据被保险人的委托直接与修理厂结算修理费用，但双方必须事先明确各自负担的费用，并在"汽车保险车辆损失情况确认书"上注明，由被保险人、保险人和修理厂三方签字认可。

（三）车辆损失确定的注意事项

事故车辆的损失确定，既需要深厚的专业知识，又需要丰富的实践经验，同时要求定损人员能跟上汽车的发展，熟悉各种汽车的结构。因此，车辆损失的确定是一项比较复杂的工作。车辆损失确定的过程中应注意以下事项：

（1）本次事故造成的损失和非本次事故造成的损失的界限。

区分时一般根据事故部位的痕迹进行判断。对本次事故的碰撞部位，一般有脱落的漆皮痕迹和新的金属刮痕；对非本次事故的碰撞部位一般有油污和锈迹。进行区分的目的主要是避免重复赔偿。因为以往的部分小事故在定损估价赔偿后，由于被保险人的某些原因，车辆往往并没有进行修复，若本次事故定损时再考虑以往事故损失，就会存在重复估价和重复赔偿的问题。

（2）事故损失和机械损失的界限。

保险人只承担条款载明的保险责任所致事故损失的赔偿。因制动失灵、机械故障和轮胎爆裂，以及零部件的锈蚀、朽旧、老化、变形、发裂等所造成的车身损失，不负赔偿责任。若因这些原因而事实上已构成碰撞、倾覆、爆炸等保险责任的，对当时的事故损失部分负责赔偿，非事故损失部分不负责赔偿。

（3）汽车保险事故损失和产品质量或维修质量问题而引发事故损失的界限。

车损险责任是负责赔偿被保险机动车的所有人或驾驶人因驾驶被保险机动车发生碰撞、倾覆、坠落、火灾、爆炸等意外事故，或因暴风、暴雨、雹灾、泥石流等自然灾害造成车辆损毁的损失。若由产品质量或维修质量引发的车辆损毁，应由生产厂家、配件供应厂家、汽车销售公司或汽车维修厂家负责赔偿。汽车质量是否合格，保险人不易确定，如对汽车产品质量问题有怀疑，可委托机动车的司法鉴定部门进行鉴定。

（4）过失行为引发事故损失与故意行为引发事故损失的界限。

过失行为引发的事故损失属于保险责任，故意行为引发的事故损失属于责任免除。损失鉴定时，可根据当事人、见证人的描述、事故车辆的实际损失、事故痕迹、事故处理部门意见等多项信息综合判断。现实中有一些案件先是由被保险人或驾驶人过失行为引发事故损失，又以故意行为导致损失扩大，此时，也要注意鉴别。

（5）对确定为事故损失的部位应坚持尽量修复的原则。如被保险人或第三者提出扩大修理范围或应修理而要求更换的，超出部分的费用由其自行承担，并在合同中明确注明。

（6）经保险人同意，对事故车辆损失原因进行鉴定的费用应负责赔偿。

（7）受损车辆解体后，如发现尚有因本次事故造成损失的部位没有定损的，经定损员核实后，可追加修理项目和费用。

（8）受损车辆未经保险人同意而自行送修的，保险人有权重新核定修理费用或拒绝赔偿。重新核定时，应对照现场勘察记录，逐项核对修理费用，剔除扩大修理的费用或其他不合理项目和费用。

（9）换件的残值如被保险人同意接受，则在定损金额中扣除；如被保险人不愿接受，保险人应将残件收回，并按照流程做好残件处理工作。

（10）定损人员应随时掌握最新零配件价格，了解机动车辆修理工艺和技术，以避免因不熟悉业务而压低理赔价格，造成修理无法按常规修复的错误。

（四）定损的工作要求

（1）定损员无条件服从调度派工，工作期间确保手机工作时间内处于开机状态，并保持电话畅通。

（2）受理调度派工后5分钟内与客户联系确定定损时间及地点，因特殊原因不能在约定时间到达的，应提前和客户取得联系，做好解释工作并取得客户谅解，同时重新约定定损时间；否则，须立即通知总调度重新派工。

(3) 市区30分钟内,郊区1小时内赶赴定损地点。

(4) 掌握定损主动权,坚持"实事求是、准确合理"的原则。

(5) 配件更换坚持以修复为主的原则。

(6) 事故照片要求带有拍照日期,包括年、月、日。

(7) 理赔系统照片上传应遵循从远到近、从外到里、从整体到单个配件,按顺序上传的原则。

(8) 损失确定书要求定损员、被保险人或当事人及修理厂三方亲笔签字确认。

(9) 单证要求有损失确定书、现场收集的其他必要索赔单证。

(五) 维修费用构成

目前,我国汽车维修价格由各省交通厅、物价局根据当地市场和物价指数联合制定,即以《机动车增修行业工时定额和收费标准》作为机动车辆维修行业的定价依据。

事故车辆的维修费用主要由三部分构成:工时费、材料费和其他费用。

1. 工时费

计算公式如下:

$$工时费=定额工时\times工时单价$$

其中,定额工时是指实际维修作业项目核定的结算工时数;工时单价是指在生产过程中,单位小时的收费标准。

2. 材料费

计算公式如下:

$$材料费=外购件费(配件、漆料、油料等)+自制配件费+辅助材料费$$

外购配件费按实际购进的价格结算。漆料、油料费按实际消耗量计算,其价格按实际进价结算。自制配件费按实际制造成本结算。辅助材料费是指在维修过程中使用的辅助材料的费用,但是,在计价标准中已经包含的辅助材料不得再次收取。

3. 其他费用

计算公式如下:

$$其他费用=外加工费+材料管理费$$

外加工费是指在维修过程中,实际发生在厂外加工的费用。材料管理费是指在材料的采购过程中发生的采购、装卸、运输、保管、损耗等费用。材料管理费的收取标准是:按单件配件购进价格或根据购置地点远近确定。如单件配件购进价格在1 000元以下的,可按进价的115%结算;单件配件购进价格在1 000元以上的,可按进价的110%结算。对配件购置地点距离较近的,可按进价的109%结算;购置地点距离较远的,可按进价的118%结算。

（六）零配件的询报价

对需要更换的零配件应确定其价格，且须使确定的零配件价格符合市场情况，能让修理厂保质保量地完成维修任务，所以零配件报价应做到“有价有市”。

由于零配件生产厂家众多，市场上不但有原厂或正规厂家生产的零配件，而且还有许多小厂家生产的零配件，因此市场价格差异较大。另外，由于生产厂家的生产调整、市场供求变化、地域差别等多种原因也会造成零配件价格不稳定，处于波动状态，特别是进口汽车零部件缺乏统一的价格标准，其价格差异更大。

为此，各保险公司都建立了一个完整、准确、动态的询报价体系，如中国人民保险公司建立了“事故车辆定损系统”，这是一套独立的报价系统，使得定损人员在定损过程中能够争取主动，保证定出的零配件价格符合市场行情，大大加快了理赔速度。而对一些报价系统中没有的特殊车型，则采用与专业机构合作的方式或安排专人定期收集整理配件信息，掌握和了解配件市场行情变化情况，与各汽配商店及经济信息部门联系，以期取得各方面的配件信息。对高档车辆及更换配件价值较大的亦可与外地电话联系，并与当地配件价格比较。零配件报价中常见的问题及其处理方式如下：

（1）对询价单中车型信息不准确、不齐全，甚至互相矛盾，无法核定车型，更无法确定配件，导致报价部门不能顺利报价的，一般要求准确填写标的的详细信息。

（2）对配件名称不准确或配件特征描述不清楚的，一般要求选择准确的配件名称或规范术语，并在备注栏说明，对于重要或特殊配件，可查找实物编码或零件编码或上传照片。

（3）把总成与零部件混淆的，一般要求定损人员必须熟悉车辆结构和零配件市场供给情况。同时，定损人员可以向配件商咨询或上传照片。

（4）对老旧、稀有车型的配件报价，应准确核对车型，积极寻找通用的互换件。

（5）报价后价格波动或缺货。报价有一定时效，一般为 3～7 日，遇市场上货源紧张时价格上涨，所以报价、供货时间要快，避免涨价或缺货。

（6）对无现货而必须订货的，原则上按海运价报价。

二、人员伤亡费用确定

交强险、车辆第三者责任险、车上人员责任险等险种涉及的人员伤亡费用，理赔人员应按相关法规定以及保险合同的约定赔偿，赔偿项目和赔偿标准依据《最高人民法院关于审理人身损害赔偿案件面用法律若干问题的解释》（简称《解释》）确定。

人身伤亡可以赔偿的合理费用主要包括以下四点。

（1）治疗支出的费用及误工费。包括医疗费、误工费、护理费、交通费、住宿费、住院食补助费、必要的营养费，赔偿义务人应负责赔偿。其中，医疗费指受伤人员在治疗期间发生的由本次事故造成的损伤的医疗费用（限公费医疗的药品范围）。

（2）残疾赔偿费用。受害人因伤致残的，其因增加生活上需要所支出的必要费用以及因丧失劳动能力导致的收入损失，包括残疾赔偿金、残疾辅助器具费、被扶养人生活费，以及因康复护理、继续治疗实际发生的必要的康复费、护理费、后续治疗费。

(3) 死亡人员的赔偿。受害人死亡的，除应根据抢救治疗情况赔偿第(1)条规定的相关费用外，还应赔偿丧葬费、被扶养人生活费、死亡补偿费以及受害人亲属办理丧葬事宜支出的交通费、住宿费和误工损失等。

(4) 精神损害抚慰金。按照医疗事故发生地居民年平均生活费计算。患者因医疗事故死亡的，计算年限最长不超过 6 年，造成患者残疾的，计算年限最长不超过 3 年。

三、其他财产损失确定

保险事故导致的财产损失，除车辆本身损失和第三者人员伤害外，还可能造成第三者的财产损失和车上承运货物的损失，从而构成车辆第三者责任险、车上货物责任险赔偿对象。

(一) 第三者财产损失确定

第三者财产损失包括第三者车辆所载货物、道路、道路安全设施、房屋建筑、电力和水利设施、道侧树木花卉、道旁农田庄稼等。可见，第三者的财产涉及范围较大，所以对其定损的标准、技术以及掌握的尺度相对机动车辆来讲要难得多。

第三者财产损失的确定依据是《中华人民共和国民法典》(简称《民法典》)和车辆第三者责任险保险条款。《民法典》规定，第三者财产损失赔偿责任是基于被保险人的侵权行为产生的，致害应按被损害财产的实际损失予以赔偿，事故造成财产直接损失的，应恢复原状或折价赔偿。确定时可与被害人协商，协商不成可申请仲裁或诉讼。车辆第三者责任险保险条款规定，保险车辆发生意外事故，直接造成事故现场他人现有财产的实际损毁，保险人依据保险合同的规定予以赔偿。可见，保险人对第三者财产损失只负责赔偿直接损失，间接损失、第三者无理索要及处罚性质的赔偿不予负责。因此，保险人的实际定损费用与被保险人实际赔付第三者的费用往往有差距，这就需要定损人员做好被保险人的解释说明工作。

(二) 车上货物损失确定

凡发生保险责任内的车上货物损失，原则上保险公司必须立即派人前往出事现场，对车上货物损失进行查勘处理，然后会同被保险人和有关人员对受损的货物进行逐项清理，以确定损失数量、损失程度和损失金额。在损失金额的确定方面应坚持从保险利益原则出发，注意掌握在出险时标的具有或者已经实现的价值，确保体现补偿原则。

四、施救费用和残值确定

(一) 施救费用确定

施救费是指保险标的遭遇保险责任范围内的灾害事故时，被保险人或其代理人、雇佣人员为减少损失而采取适当措施抢救保险标的时支出的额外费用。所以,施救费用是用一个相对较小的费用支出来控制损失扩大。施救费用的确定要坚持必要、合理的原则。

(二)残值处理

残值处理是指保险公司根据保险合同履行了赔偿并取得对受损标的所有权后,对尚存一部分经济价值的受损标的进行的处理。

机动车辆保险条款规定,残值应协商作价折归被保险人,并在保险赔款中扣除。若保险双方协商不成,则保险公司应将已赔偿的受损物资收回。这些受损物资可委托有关部门拍卖,处理所得款项应冲减赔款。一时无法处理的,则应交保险公司的损余物资管理部门。

任务实施

一、任务实施环境

(1) 汽车保险模拟实训室。

(2) 车险承保模拟教学系统投保平台。

(3) 辅助办公设备(文具、打印机、复印机等)。

二、学生分组

将学生进行分组,每6人为一组,并选出小组负责人。以小组为单位模拟汽车保险公司定损工作场景,其中2人为保险理赔人员,2人为事故当事人,2人为记录人员。练习内容:

(1) 拍摄车辆受损部位;

(2) 将车辆信息及车辆保险信息进行登记和录入教学系统;

(3) 根据拍摄照片进行网络或其他方式询价,确定车辆的实际损失情况;

(4) 根据车辆的实际损失情况对车辆进行定损;

(5) 完成定损工作总结。

三、考核要点

(1) 小组成员配合是否默契,对话逻辑是否清晰。

(2) 小组成员是否熟悉定损的基本过程、资料的填写、工作的调度、注意事项。

(3) 小组成员是否能够准确掌握定损的流程,资料填写完整。

(4) 是否能从对话中体现本任务的主要知识点。

四、总结讨论

(1) 各小组对本组成员的讨论表述情况进行总结讨论,并对其他小组的讨论表述进行点评。

(2) 教师对各小组出现的亮点与不足进行点评。

任务二　汽车保险赔案缮制

情景导入

一小汽车与大货车互撞，小汽车车内1人伤势较重，大货车车上货物有散落。经认定，小汽车负次责，大货车负主责。小汽车投保了交强险、足额车损险、车辆第三者责任险(20万元)，大货车投保了交强险、足额车损险、车辆第三者责任险(30万元)。

经裁定，大货车负主要责任，承担损失的70%；小汽车负次要责任，承担损失的30%。交通事故中的损失分别为：大货车车辆损失4 000元，车上货物损失3 000元；小汽车车辆损失9 000元，车上人员重伤1名，造成残疾，花费医药费1万元，残疾赔偿金6万元；行人经抢救无效死亡，医疗费用4万元，死亡赔偿金20万元，精神损害抚慰金3万元；道路护栏损失6 000元。

试分别计算：(1) 大货车、小汽车只有交强险情况下的交强险赔款；

(2) 大货车、小汽车同时买了交强险和商业险情况下，交强险的赔款。

知识准备

赔款理算是理赔工作的重要环节。保险车辆肇事后经现场勘察、调查、定损以及事故车辆修复后，由被保险人提供单证、事故责任认定书、损害赔偿调解书、车辆估损单、修理清单和修车发票以及各种其他赔偿费用单据，经保险责任审定损失费用核定后，应按交强险、车损险、车辆第三者责任险、车上人员责任险、保险车辆附加险等分别计算赔款数额。通过赔款理算，可以进一步检查索赔资料的真实合理性，并可对有疑问的材料提出复审意见，是确保公平公正理赔的关键环节。在本任务中要学习各险种的赔款理算，能够根据保险事故及其比例，计算赔款。

一、赔款理算的概念

赔款理算，是指汽车保险理算工作人员审核被保险人提供的有关费用单证，审核无误后，根据相关法律法规、保险条款、事故证明等确定事故保险责任及赔偿比例，计算车辆保险赔款，缮制赔款计算书。

在进行赔款理算之前，保险公司相关工作人员要核对有关的索赔单证材料和事故车辆驾驶人的机动车驾驶证及被保险车辆的机动车行驶证的原件和复印件，核对无误后留存复印件。在审核索赔单证材料时，对于不符合规定的项目和金额应予以剔除。对于有关证明和资料不完整的，应及时通知被保险人补充完整。

对被保险人提供的各种必要单证审查无误后，理赔人员根据保险条款的规定，迅速审查核定，保险人应在与被保险人达成赔偿协议后10日内支付赔款。

在进行赔款理算时，由于保险费率的放开，各保险公司的理算结果会有所不同，但都要严格按照相关保险条款和保险单的合同要求进行。

二、交强险的赔款理算

(一) 交强险计算的法律依据

(1)《道路交通安全法》第七十六条规定："机动车发生交通事故造成人身伤亡、财产损失的，由保险公司在机动车第三者责任强制保险责任限额范围内予以赔偿。"

(2)《交强险条例》第七条规定："保险公司的机动车交通事故责任强制保险业务，应当与其他保险业务分开管理，独立核算。"

(3)《交强险条例》第二十一条规定："被保险机动车发生道路交通事故造成本车人员、被保险人以外的受害人人身伤亡、财产损失的，由保险公司依法在机动车交通事故责任保险责任限额范围内予以赔偿。"

(二) 交强险赔偿的原则

交强险赔偿的原则是先通过交强险赔付，不足的部分再由车险商业险来补充。

在赔偿顺序上，交强险是第一顺序，车险商业险是第二顺序。因此，交强险的赔款理算将影响机动车商业保险的赔款理算。

由于交强险对死亡伤残、医疗费用、财产损失三类分别设定了赔偿限额，同时又设定了无责任赔偿限额；而无责任赔偿限额又分死亡伤残、医疗费用、财产损失三类，所以其赔款理算比较烦琐。

(三) 交强险赔款理算

(1) 当保险事故涉及多个受害人时的赔款理算

① 基本计算公式中的相应项目如下：

各分项损失赔款＝各受害人各分项核定损失承担金额之和

即

死亡伤残费用赔款＝各受害人死亡伤残费用核定承担金额之和

医疗费用赔款＝各受害人医疗费用核定承担金额之和

财产损失赔款＝各受害人财产损失核定承担金额之和

② 各受害人各分项核定损失承担金额之和大于被保险机动车交强险相应分项赔偿限额的，计算公式如下：

分项损失赔款＝交强险各分项赔偿限额

③ 各受害人各分项核定损失承担金额之和大于被保险机动车交强险相应分项赔偿限额的，各受害人在被保险机动车交强险分项赔偿限额内应得到的赔偿计算公式如下：

$$\text{被保险机动车交强险对某一受害人分项损失的赔偿金额}=\frac{\text{交强险分项赔偿限额}\times\text{事故中某一受害人的分项损失承担金额}}{\text{各受害人分项核定损失承担金额之和}}$$

（2）当保险事故涉及多辆肇事机动车时的赔款理算

① 各被保险机动车的保险人分别在各自的交强险各分项赔偿限额内，对受害人的分项损失计算赔偿。

② 各方机动车按其适用的交强险分项赔偿限额占总分项赔偿限额的比例，对受害人的各分项损失进行分摊，计算公式如下：

$$\text{某分项核定损失承担金额}=\text{该分项损失金额}\times\frac{\text{适用的交强险该分项赔偿限额}}{\text{各致害方交强险该分项赔偿限额之和}}$$

【注意】

① 肇事机动车中的无责任车辆，不参与对其他无责车辆和车外财产损失的赔偿计算，仅参与对有责方车辆损失或车外人员伤亡损失的赔偿计算。

② 无责方车辆对有责方车辆损失应承担的赔偿金额，由有责方在本方交强险无责任财产损失赔偿限额项下代赔。

一方全责，一方无责的，无责方对全责方车辆损失应承担的赔偿金额为全责方车辆损失，以交强险无责任财产损失赔偿限额为限。

一方全责，多方无责的，无责方对全责方车辆损失应承担的赔偿金额为全责方车辆损失，以各无责方交强险无责任财产损失赔偿限额之和为限。

多方有责，一方无责的，无责方对各有责方车辆损失应承担的赔偿金额以交强险无责任财产损失赔偿限额为限，在各有责方车辆之间平均分配。

多方有责，多方无责的，无责方对各有责方车辆损失应承担的赔偿金额以各无责方交强险无责任财产损失赔偿限额之和为限，在各有责方车辆之间平均分配。

肇事机动车中应投保而未投保交强险的车辆，视同投保机动车参与计算。

对于相关部门最终未进行责任认定的事故，统一适用有责任限额计算。

③ 肇事机动车均有责任且适用同一限额的，简化为各方机动车对受害人的各分项损失进行平均分摊，有以下两种情况。

对于受害人的机动车、机动车上人员、机动车上财产损失，计算公式如下：

$$\text{某分项核定损失承担金额}=\frac{\text{受害人的该分项损失金额}}{N-1}$$

对于受害人的非机动车、非机动车上人员、行人、机动车外财产损失，计算公式如下：

$$某分项核定损失承担金额=\frac{受害人的该分项损失金额}{N}$$

【注意】

① N 为事故中所有肇事机动车的辆数。

② 肇事机动车中应投保而未投保交强险的车辆，视同投保机动车参与计算。

④ 初次计算后，如果有致害方交强险限额未赔足，同时有受害方损失没有得到充分补偿，则对受害方的损失在交强险剩余限额内再次进行分配，在交强险限额内补足。对于待分配的各项损失合计没有超过剩余赔偿限额的，按分配结果赔付各方；超过剩余赔偿限额的，则按每项分配金额占各项分配金额总和的比例乘以剩余赔偿限额保分摊，直至受损各方均得到足额赔偿或应赔付方交强险无剩余限额。

(3) 受害人财产损失需要施救的，财产损失赔款与施救费累计不超过财产损失赔偿限额。

(4) 主车和挂车在连接使用时发生交通事故，主车与挂车的交强险保险人分别在各自的责任限额内承担赔偿责任。

若交通管理部门未确定主车、挂车应承担的赔偿责任，主车、挂车的保险人对各受害人的各分项损失平均分摊，并在对应的分项赔偿限额内计算赔偿。

主车与挂车由不同被保险人投保的，在连接使用时发生交通事故，按互为三者的原则处理。

(5) 被保险机动车投保一份以上交强险的，保险期间起期在前的保险合同承担赔偿责任，起期在后的不承担赔偿责任。

(6) 对被保险人依照法院判决或者调解承担的精神损害抚慰金原则上在其他赔偿项目足额赔偿后，在死亡伤残赔偿限额内赔偿。

(7) 死亡伤残费用和医疗费用的核定标准。

按照最高人民法院《关于审理人身损害赔偿案件适用法律若干问题的解释》规定的赔偿范围、项目和标准，公安部颁布的《道路交通事故受伤人员伤残评定》(GB 18667—2002)，以及交通事故人员创伤临床诊疗指南和交通事故发生地的基本医疗标准核定人身伤亡的不计免赔赔偿金额。

技能拓展

【案例 1】 **单车事故的赔款计算**

机动车A在2014年6月发生交通事故，导致行人甲、乙受伤。甲发生医疗费用4 000元，死亡伤残费用6 000元；乙发生抢救费用8 000元，死亡伤残费用5万元。试计算死亡伤残赔偿及医疗费用赔偿。

分析：

首先回顾交强险的分项责任限额：

限额类别	情况类别		
	死亡伤残/元	医疗费用/元	财产损失/元
有责任限额	180 000	18 000	2 000
无责任限额	18 000	1 800	100

死亡伤残赔偿：因为6 000＋50 000＝56 000元，小于限额180 000元，所以机动车A应赔偿56 000元。其中，对甲死亡伤残费用的赔偿金额为6 000(元)[56 000×6 000/(6 000＋50 000)]；对乙死亡伤残费用的赔偿金额为50 000(元)[56 000×50 000/(6 000＋50 000)]。

医疗费用赔偿：因为4 000＋8 000＝12 000元，小于限额18 000元，所以机动车A应赔偿12 000元。其中，对甲医疗费用赔偿金额为4 000(元)[12 000×4 000/(4 000＋8 000)]；对乙医疗费用赔偿金额为8 000(元)[12 000×8 000/(4 000＋8 000)]。

【案例2】　　两车互碰的赔款计算

1. A、B两车互碰，各负同等责任。A车损失3 500元，B车损失3 200元。计算两车交强险赔偿结果。

分析：因两车负同等责任，所以按有责限额进行赔偿，由A保险公司赔偿B损失，B保险公司赔偿A损失，但两车损失都超过财产损失的最高限额，所以只能按照最高限额2 000元赔偿，不够的部分应由商业险赔偿。

A车赔偿B车损失2 000元，B车赔偿A车损失2 000元。

2. A、B两车互碰造成双方车损，A车全责（损失1 000元），B车无责（损失1 500元）。计算两车的交强险赔付结果。

分析：A车全责，赔付B车按照有责财产损失限额2 000元来赔，所以A车交强险赔B车1 500元；B车无责，赔付A车按照无责财产损失限额100元来赔，所以B车交强险赔A车100元。

提示：根据规定，B车赔付A车的100元，由A车保险公司在本方交强险无责任财产损失赔偿限额项下代赔。

【案例3】　　多辆机动车互碰的赔款计算

1. A、B、C三车互碰造成三方车损，A车全责（损失600元），B车无责（损失600元），C车无责（损失800元）。计算三车的交强险赔付结果。

分析：

A车全责，A车交强险应赔付B、C车，因B、C车总损失为1 400元，未超限额，所以

A 车交强险赔付 B 车 600 元、赔付 C 车 800 元。

B、C 车为无责，无责方只赔付有责方，不对无责方赔付，所以 B 车交强险赔付 A 车 100 元；C 车交强险赔付 A 车 100 元。

2. A、B、C、D 四车互碰造成各方车损，A 车主责（损失 1 000 元），B 车次责（损失 600 元），C 车无责（损失 800 元）、D 车无责（损失 500 元）。计算四车的交强险赔付结果。

分析：

先由无责方赔付有责方：C 车赔付 A 车 50 元、B 车 50 元；D 车赔付 A 车 50 元、B 车 50 元。

A 车和 B 车各获得赔付 100 元，分别在本方交强险无责任财产损失赔偿限额内代扣。

再由有责方赔付：

A 车赔付金额＝B 车车损核定承担金额＋C 车车损核定承担金额＋D 车车损核定承担金额＝(600－100)＋800/2＋500/2＝1 150(元)。

B 车赔付金额＝A 车车损核定承担金额＋C 车车损核定承担金额＋D 车车损核定承担金额＝(1 000－100)＋800/2＋500/2＝1 550(元)。

【案例 4】

A、B、C 三车互碰造成三方车损，A 车主责（损失 600 元），B 车无责（损失 500 元），C 车次责（损失 300 元），车外财产损失 400 元。计算三车的交强险赔付结果。

分析：

先由无责方赔付有责方：B 车赔付 A 车、C 车各 50(元)(100/2)，由各自交强险无责财产损失限额代赔。注意：无责方只对有责方车损进行赔偿，不对其他车外财产赔付。

再由有责方赔付车外财产、各方车损：

A 车赔付 B 车 250(元)(500/2)、C 车 250(元)(300－50)，车外财产 200(元)(400/2)。

C 车赔付 A 车 550(元)(600－50)、B 车 250(元)(500/2)，车外财产 200(元)(400/2)。

除以上列举的交强险的赔款计算方式外，实际生活中还会涉及多辆车互碰，造成各分项都有损失，有超过限额和未超过限额的，在计算中要注意。

二、商业险的赔款理算

(一) 车损险的赔款理算

1. 全部损失

全部损失是指保险车辆在保险事故中发生整体损毁或受损严重已失去修复价值，即形成了实际全损。

(1) 保险车辆发生全部损失后，保险金额高于出险当时保险车辆的实际价值时，则按出险当时的实际价值计算赔偿。计算公式如下：

赔款＝(实际价值－残值－应由交强险赔付的金额)×事故责任比例×(1－免赔率)

其中，保险事故发生时保险车辆的实际价值按保险事故发生时同种类型车辆市场新车购置价(含车辆购置附加税)减去该车已使用年限折扣后确定。

免赔率包括依据保险车辆驾驶人在事故中所负事故责任比例面由其自负的免赔率、非约定驾驶人保险车辆肇事后需要加扣的免赔率、同一保险年度内多次出险每次加扣的免赔率、违法安全装载规定而需要加扣的免赔率等。

在确定事故责任比例时，一般按照交警部门判定的事故责任比例判定。如果经过核赔人员认真审核，认为某种赔偿比例更符合实际情况或更为合适的，则此项事故责任比例可以用该赔偿比例代替。

(2) 保险车辆发生全部损失后，如果保险金额等于或低于实际价值时，则按保险金额计算赔偿。计算公式如下：

赔款＝(保险金额－残值)×事故责任比例×(1－免赔率)

例如，一辆新车购置价(含车辆购置税)为 15 万元的汽车，全额投保了车损险，即投保金额 15 万元。该车在保险期内发生第二次交通事故时，实际价值 10 万元，驾驶人承担全部责任，依据条款规定应承担 20%的免赔率。同时又由于是第二次出险，应增加 5%免赔率。车辆全部损失，残值 1 000 元，则由于保险金额高于实际价值，因此计算公式如下：

赔款＝(实际价值－残值)×事故责任比例×(1－免赔率)

＝(100 000－1 000)×100%×[1－(20%＋5%)]

＝74 250(元)

2. 部分损失

保险车辆的保险金额是按投保时新车购置价确定的。当保险车辆受损后，未达到“整体损毁”或“推定全损”程度的局部损失时，按照部分损失计算赔款。

(1) 当保险金额等于或高于出险时的新车购置价时，发生部分损失按照实际修复费用赔偿。计算公式如下：

赔款＝(实际修复费用－残值)×事故责任比例×(1－免赔率)

(2) 当保险车辆的保险金额低于投保时的新车购置价时，发生部分损失按照保险金额与投保时的购置价比例计算赔偿。计算公式如下：

$$赔款=(实际修复费用-残值)\times\frac{保险金额}{新车购置价}\times事故责任比例\times(1-免赔率)$$

注：按照上述方法计算的车辆损失赔款，当超过保险车辆的保险金额时，以保险金额为最高赔款金额。

（二）车辆第三者责任险的赔款理算

车辆第三者责任险的赔偿金额，按照《道路交通事故处理办法》规定的赔偿范围、项目和标准以及保险合同中的约定进行确定和计算。

（1）当被保险人按事故责任比例应承担的赔偿金额超过责任限额时，计算公式如下：

赔款＝责任限额×(1－免赔率)

（2）当被保险人按事故责任比例应承担的赔偿金额低于责任限额时，计算公式如下：

赔款＝应承担的赔偿金额×(1－免赔率)

（3）诉讼仲裁费用计算分以下两种情况。

① 当被保险人应承担的诉讼仲裁费用超过保险单载明的责任限额的30%时，计算公式如下：

诉讼仲裁费用＝责任限额×30%

② 当被保险人应承担的诉讼仲裁费用低于保险单载明的责任限额的30%时，计算公式如下：

诉讼仲裁费用＝应承担的诉讼仲裁费用

例如，一辆按照责任限额15万元投保车辆第三者责任险的汽车，在出险时给第三方造成30万元损失，诉讼仲裁费用为5 000元。该车负主要责任，承担70%的损失，依据条款规定应承担15%的免赔率。

此次事故中，被保险人按照事故责任比例应承担赔偿金额为21(万元)(30万元×70%)，超过了15万元的责任限额，则

赔款＝责任限额×(1－免赔率)＝150 000×(1－15%)
＝127 500(元)

被保险人承担的诉讼仲裁费用为500元，没有超过保险单载明的责任限额的30%(15 000×30%＝4 500元)，则

诉讼仲裁费用＝应承担的诉讼仲裁费用＝5 000(元)

保险人向被保险人支付赔款(包括诉讼仲裁费用)合计为127 500＋5 000＝132 500(元)

（三）车上人员责任险的赔款理算

（1）当被保险人按事故责任比例应承担的每座车上人员伤亡赔偿金额未超过保险合同载明的每人责任限额时，计算公式如下：

每人赔款＝应承担的赔偿金额×(1－免赔率)

（2）当被保险人按事故责任比例应承担的每座车上人员伤亡赔偿金额超过保险合同载明的每人责任限额时，计算公式如下：

每人赔款＝责任限额×(1－免赔率)

（3）赔款等于每人赔款之和，则赔偿人数以投保座位数为限。

（四）车损险、车辆第三者责任险赔款理算的注意事项

（1）赔款计算应依据交通管理部门出具的“道路交通事故责任认定书”，以及据此作出的“道路交通事故损害赔偿调解书”。

当调解结果与责任认定书不一致时，对于调解结果中认定的超出被保险人责任范围内的金额，保险人不负责赔偿；对于被保险人承担的赔偿金额低于其应按责赔偿的金额的，保险人只对被保险人实际赔偿的金额在限额内负责赔偿。

（2）对于不属于保险合同中规定的赔偿项目，但被保险人已自行承诺或支付的费用，保险人不负责赔偿。

（3）法院判决被保险人应赔偿第三者的金额(如精神损失赔偿费等)，保险人不负责赔偿。

（4）保险人对车辆第三者责任事故赔偿后，对受害第三者的任何赔偿费用的增加不再负责赔偿。

（5）车辆损失的残值确定，应以车辆损失部分的零部件残值计算。

（6）诉讼仲裁费用标准应按照最高人民法院下发的有关标准执行。车损险诉讼仲裁费用计入车损险施救，车辆第三者责任险诉讼仲裁费用必须经保险人事先书面同意，在车辆第三者责任险责任限额的30%以内计算赔偿。

三、附加险的赔款理算

（一）车身划痕损失险

按保险金额(5 000 元)内实际损失计算赔偿，并使用批单冲减保险金额，计算公式如下：

赔款＝实际损失金额

如果在保险期限内，赔款累计达到本险种保险金额(5 000 元)，本险种保险责任终止。

（二）车上货物责任险

（1）当被保险人按事故责任比例应承担的车上货物损失金额未超过保险合同载明的责任限额时，计算公式如下：

$$赔款=应承担的赔偿金额\times(1-免赔率)$$

（2）当被保险人按事故责任比例应承担的车上货物损失金额超过保险合同载明的责任限额时，计算公式如下：

$$赔款=责任限额\times(1-免赔率)$$

（三）不计免赔特约条款

计算公式如下：

$$赔款=一次赔款中已承保且出险的各险种免赔额之和$$

当出现下列情况时，被保险人自行承担的免赔额，保险人不负责赔偿。

（1）车损险中应当由第三方负责赔偿而确定无法找到第三方的。

（2）因违反安全装载规定加扣的。

（3）同一保险年度内多次出险，每年加扣的。

（4）对家庭自用车保险合同中约定驾驶人的，保险事故发生时由非约定驾驶人驾车而加扣的。

四、重复保险处理

重复保险是指投保人对同一保险标的、同一保险利益和同一保险事故分别向两个以上保险人订立保险合同，保险金额总和超过保险价值的保险。投保人重复投保时，各保险人的赔偿金额的总和不得超过保险价值，各保险人按照保险金额与保险金额总和的比例承担赔偿责任，合同另有约定的除外。

保险价值指保险车辆出险时的实际价值。

重复保险赔款的计算公式如下：

$$赔款=核定赔款\times\frac{本保险合同的保险金额}{所有有关保险合同保险金额总和}$$

五、免赔率的确定

免赔率按条款的明确规定确定，其中，应特别注意：因自然灾害引起的不涉及第三者损害赔偿的单纯车损案件，不计免赔。但对被保人未尽到妥善保管或及时施救义务的案件除外。

任务实施

一、任务实施环境

(1) 汽车保险仿真模拟实训室。

(2) 车险承保模拟教学系统投保平台。

(3) 辅助办公设备(文具、打印机、复印机等)。

二、学生分组

将学生进行分组，每 6 人为一组，并选出小组负责人。利用本任务学到的知识进行小组讨论：

A 车与 B 车相撞，同时撞伤行人丙。A 车共 5 座，每座均投保了 5 万元的车上人员责任险。A 车车上共有甲、乙两人，甲经过抢救后死亡，乙残疾。甲的死亡补偿费为 8 万元，抢救费用 1.2 万元；乙的残疾赔偿金为 3 万元，医疗费用 2 万元，丙的医疗费用 5 000 元，A 车在事故中负 70%的责任。计算 A 车车上人员责任险的赔款。

小组负责人进行总结，将本组讨论结果上传至教学平台。

三、考核要点

(1) 小组成员配合是否默契，对话逻辑是否清晰。

(2) 小组成员是否能够正确计算各险种的赔款。

(3) 小组成员是否计算思路清晰，能够正确计算各险种的赔款。

(4) 是否能从对话中体现本任务的主要知识点。

四、总结讨论

(1) 各小组对本组成员的讨论表述情况进行总结讨论，并对其他小组的讨论表述进行点评。

(2) 教师对各小组出现的亮点与不足进行点评。

任务三　汽车保险的核赔

情景导入

张先生驾车行驶中和一辆直行的车辆相撞，车辆受损，于是在第一时间向交警报案，并同时向保险公司报案。交警判定张先生和对方车辆的驾驶人员负同等责任。张先生在同一家保险公司交了交强险、车辆第三者责任险、车损险和不计免赔特约条款。张先生本车损失 5 000 元，对方车损失 1 万元。对于该事故，作为核赔人，首先应对承保情况进行核对。

思考：什么是核赔？核赔的主要内容是什么？

知识准备

核赔为汽车保险理赔中的一个关键环节，是赔案进行赔付前的一道关口，是对整个案件信息的审核，包括案件的真实性、定量的把握性、定价的准确性、审核的严密性、分类的合理性，以及被保险人应尽的义务进行监督。对于汽车保险理赔过程中的定责、定损、理算等环节，核赔通过一定制度对这些环节加以审核和监控，对可能出现偏差和风险加以控制和防范，以便主动、迅速、准确、合理地处理赔案，充分发挥保险的补偿职能。

一、核赔的概念

汽车保险公司工作人员对理赔案件核算后，需缮制赔款计算书。相关工作人员应先制作“机动车辆保险赔款计算书”和“机动车辆保险结案报告书”。“机动车辆保险赔款计算书”各栏要详细录入，尤其注意项目、数字、险种、分项目计算并列明计算公式，应注意免赔率要分险种计算。“机动车辆保险赔款计算书”一式两份，经办人员要盖章、注明缮制日期。业务负责人审核无误后，在“机动车辆保险赔款计算书”上签注意见和日期，送核赔人。

核赔是指保险公司理赔人员在授权范围内，按照保险条款及保险公司有关规定对保险赔案进行审核。

二、核赔的流程

核赔控制整个赔案处理过程，并不是只简单审核单证。核赔时，一要及时了解保险标的的出险原因、损失情况，对重大案件，应参与现场勘察；二要审核、确定保险责任；三要核定损失；四要审核赔款计算。核赔的操作流程如图 7-2 所示。

三、核赔的主要内容

（一）审核单证

（1）被保险人是否按规定提供了单证、证明及材料，必备单证是否齐全有效，有无涂改、伪造。

（2）经办人员是否按规范填写赔案有关单证并签字。

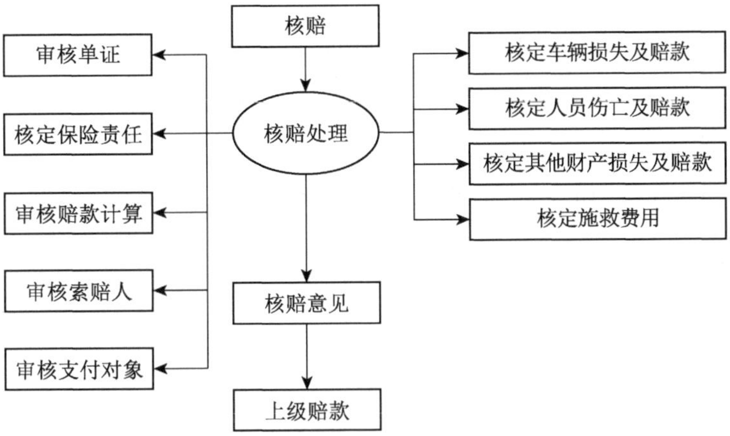

图 7-2　核赔流程

(3) 签章是否齐全。

(4) 所有索赔单证是否严格按照规范填写。

(二) 核定保险责任

(1) 被保险人是否具有保险利益。

(2) 出险车辆的厂牌型号、牌照号码、发动机号、车架号等是否与保险单证所载信息相符。

(3) 驾驶人是否为保险合同约定的驾驶人。

(4) 出险原因是否属于保险责任;赔偿责任是否与承保险别相符。

(5) 出险时间是否在保险期限内。

(6) 事故责任划分是否准确合理。

(三) 核定车辆损失及赔款

(1) 车辆定损项目、损失程度是否准确、合理。

(2) 更换零、部件是否按规定进行了询、报价,定损项目与报价项目是否一致。

(3) 换件部分拟赔款金额是否与报价金额相符。

(4) 残值确定是否合理。

(四) 核定人员伤亡及赔款

根据勘察记录、调查证明和被保险人提供的“事故责任认定书”“事故调解书”及伤残证明,依照国家道路交通事故处理的法律法规和其他有关规定进行审核。

(1) 核定伤亡人员数、伤残程度是否与调查情况和证明相符。

(2) 核定人员伤亡费用是否合理。

(3) 被抚养人名称、年龄是否真实,生活计算是否准确合理。

（五）核定其他财产损失及赔款

根据照片和被保险人提供的有关货物和财产的原始发票等有关单证，核定财产损失和损余物资等有关项目和赔款。

（六）核定施救费用

根据案情和施救费用的有关规定，核定施救费用的有效单证和金额。

（七）审核赔付计算

(1) 残值是否扣除。

(2) 免赔率使用是否正确。

(3) 赔款计算是否准确。

（八）审核索赔人

(1) 索赔人应当为被保险人。

(2) 当索赔人非被保险人时，应持有相应的法律证明（法院判决书、死亡证明、失踪证明），或符合法律要求的被保险人委托办理索赔的授权委托书。

（九）审核支付对象

(1) 根据案件的实际情况，确认赔款支付对象无误。

(2) 原则上赔款只能支付给被保险人或法定受益人。

(3) 被保险人或法定受益人委托办理赔款的，应提供齐全的委托手续。

(4) 某些特定的情况下，收款人可以是交通事故的受害人、医院、法院等。

四、核赔程序

属本级公司核赔权限的，经核赔人员签字后，报经理室审批；属上级公司核赔的，核赔人出具意见，由经理室签字后，业务处理中心直接报上级公司核赔。结案时，"机动车辆保险赔款计算书"上赔款的金额必须是最终审批金额。在完善各种核赔和审批手续后，方可签发"机动车辆保险领取赔款通知书"通知被保险人。

上级公司核赔根据不同的案件，侧重审核以下内容：

(1) 普通赔案的责任认定和赔款计算的准确性；

(2) 有争议赔案的旁证材料是否齐全有效；

(3) 诉讼赔案的证明材料是否有效，我方的理由是否成立、充分；

(4) 拒赔案件是否有充分证据和理由。

任务实施

一、任务实施环境

(1) 汽车保险仿真模拟实训室。

(2) 车险承保模拟教学系统投保平台。

(3) 辅助办公设备(文具、打印机、复印机等)。

二、学生分组

将学生进行分组,每6人为一组,并选出小组负责人。利用本任务学到的知识,并结合"情景导入"中的案例进行小组讨论。

(1) 什么是核赔?

(2) 核赔的主要内容是什么?

(3) 核赔的基本过程是什么?

三、考核要点

(1) 小组成员配合是否默契,对话逻辑是否清晰。

(2) 小组成员是否熟悉核赔的定义以及核赔的基本过程。

(3) 小组成员是否能够清晰、准确地说明什么是核赔,是否掌握了核赔的基本过程。

(4) 是否能从对话中体现本任务的主要知识点。

四、总结讨论

(1) 各小组对本组成员的讨论表述情况进行总结讨论,并对其他小组的讨论表述进行点评。

(2) 教师对各小组出现的亮点与不足进行点评。

任务四　赔付结案

情景导入

吴女士新购买的奥迪A6轿车在某保险公司办理了交强险、车辆第三者责任险、车损险及不计免赔特约条款,保险期限为2006年9月2日至2007年9月1日,其中车损险的保险金额为48万元。

2007年5月1日,吴女士驾车带全家人外出,旅途中与一辆金杯小客车发生碰撞,造成吴女士的奥迪轿车及对方金杯小客车损坏的交通事故。经肇事地交警部门处理,认定金杯小客车的驾驶人负此事故的全部责任,吴女士无责任。

事故发生后吴女士立即通过电话向其投保的保险公司报了案,保险公司工作人员及时出险对事故损失进行了勘察。

事后吴女士一直无法找到对方金杯客车的司机和车主，故未能获得赔偿，吴女士无奈向其所投保的保险公司工作人员进行咨询。

理赔焦点：

(1) 在这起索赔案中，被保险人吴女士作为交通事故的侵权受害人和保险事故的索赔权利人，既有权选择要求侵权致害人承担车辆损失的赔偿责任，也有权选择根据其投保的车损险有关规定，要求保险公司赔偿汽车遭受的损失。

保险公司理赔人员在了解本案具体情况后，告知吴女士：如其向保险公司提出索赔申请并提供肇事车辆的保险单、机动车行驶证、吴女士的驾驶证、交通事故责任认定书以及其车辆损失清单和修理费收据等材料后，保险公司可以根据合同的约定向吴女士进行理赔。

但因本案吴女士无法找到肇事方，保险公司根据合同约定享有30%的免赔率。

(2) 根据家庭自用汽车车损险条款的约定，因第三者对保险车辆的损害而造成保险事故的，保险人自向被保险人赔偿保险金之日起，在赔偿金额范围内代位行使被保险人对第三者请求赔偿的权利，但被保险人必须协助保险人向第三者追偿。

我国《保险法》注四十六条亦对保险代位求偿权的成立和行使作了相应的规定。本案中吴女士车辆发生损失的原因即是第三者(金杯客车司机)的过错造成的，符合保险合同约定，因此保险公司应向吴女士支付车辆损失的赔偿金。

(3) 吴女士应根据合同约定履行向保险公司提供相应证据材料的义务，因其无法找到肇事方，吴女士仅能获得其车辆损失总额70%的赔偿金额。获赔后，吴女士应依法将其向第三者追偿的权利转让给该保险公司。

理赔结论：

(1) 被保险人吴女士选择了向其投保的保险公司索赔的方式，按照保险合同约定提供了证据材料后，获得了车辆修理费56 000元70%的理赔款。

(2) 获赔后，吴女士将其向第三者追偿的权利转让给该保险公司，并协助保险公司向第三者进行追偿。

本案点评：

本保险案例集中体现在代位追偿的问题。

(1) 如果负此次事故全部责任金杯客车承担赔偿责任，本案不涉及代位追偿问题，吴女士的损失相对减少。

(2) 吴女士无法提供金杯客车肇事的相关材料，选择了其投保的家庭自用汽车损失保险赔偿，给保险公司带来了代位追偿的工作。

根据以上案例请思考：

(1) 结案时，汽车保险公司工作人员的主要任务是什么？

(2) 代位追偿时，汽车保险公司应遵循什么原则？

知识准备

一、结案登记

赔案按分级权限审批后，保险公司业务人员根据核赔的审批金额，填发“机动车辆保险领取赔款通知书”，并将赔案编号填写在赔款计算书上，然后通知被保险人领取，财务部门支付赔款。被保险人在收到赔款通知书后在赔款收据上签章，财务部门即可支付赔款。在被保险人领取赔款时，保险公司业务人员应在保险单正、副本上加盖“×年×月×日出险，赔款已付”字样的条形印章。

被保险人领取赔款后，业务人员按照赔案编号，输入“保险车辆保险已决赔案登记簿”，同时在“机动车辆保险报案、立案登记簿”备注栏中注明赔案编号与日期，作为续保时是否给付无赔款优待的依据。

二、单据清分

赔付结案时，应进行理赔单据的清分。一联赔款收据交被保险人；一联赔款收据连同一联“机动车辆赔款计算书”或“机动车辆保险赔案审批表”交财务部门作付款凭证；一联赔款收据和一联“机动车辆赔款计算书”或“机动车辆保险赔案审批表”，连同全案的其他材料作为赔案案卷。

三、理赔案卷管理

被保险人领取赔款后，保险人要进行理赔案卷的整理。理赔案卷应按照一案一卷整理、装订、登记、保管。赔款案卷应单证齐全，编排有序，目录清楚，装订整齐，照片与原始单证应粘贴整齐并附必要说明。车辆保险理赔案卷单证一般包括以下方面：

(1) 赔案审批表；

(2) 赔款计算书；

(3) 结案报告书；

(4) 出险报案表；

(5) 报案记录(代抄单)；

(6) 索赔申请书；

(7) 事故认定书、调解书、判决书或其他出险证明文件；

(8) 现场勘察记录；

(9) 现场勘察草图；

(10) 现场勘察询问笔录及附页；

(11) 车辆损失情况确认书(包括零部件更换项目清单及清单附页)；

(12) 增加修理项目申请单;
(13) 财产损失确认书;
(14) 人员伤亡费用清单;
(15) 伤残人员费用管理表;
(16) 误工证明及收入情况证明;
(17) 赔案票据粘贴用纸(有关原始单据);
(18) 赔案照片粘贴用纸(照片);
(19) 机动车行驶证复印件以及驾驶证复印件;
(20) 简易案件赔款协议书;
(21) 保险权益转让书;
(22) 领取赔款通知书;
(23) 赔款统计明细表;
(24) 拒赔通知书;
(23) 拒赔案件报告书;
(26) 代位追偿案件登记簿;
(27) 诉讼、仲裁案件审批表;
(28) 结案催告、注销通知书;
(29) 救助调度记录清单;
(30) 特约救助书;
(31) 特约救助条款赔款结算书;
(32) 预付赔款申请书;
(33) 预付赔款审批表;
(34) 损余物资回收处理单;
(35) 异地出险联系函;
(36) 受理查勘、定损复函;
(37) 赔案流转时限卡;
(38) 其他有关的证明与材料。

四、车险理赔特殊案件的处理

(一) 简易赔案

实际工作中,很多案件案情简单,出险原因清楚,保险责任明确,事故金额低,可在现场确定损失。为简化手续,方便客户,加快理赔速度,根据实际情况可对这些案件实行简易处理,称之为简易赔案。

实行简易赔案处理的理赔案件必须同时具备以下条件:

(1) 不涉及第三者，只是保险人单方车辆损失的案件。

(2) 车辆损失为保险条款列明的自然灾害和被保险人或其允许的合格驾驶人或约定驾驶人导致的损失。

(3) 案情简单，出险原因清楚，保险责任明确，损失容易确定。

(4) 车损部位可以一次核定，且事故损失金额在 5 000 元以下。

(5) 受损的零部件按照公司询、报价系统可准确定价。

简易赔案的处理流程如图 7-3 所示。

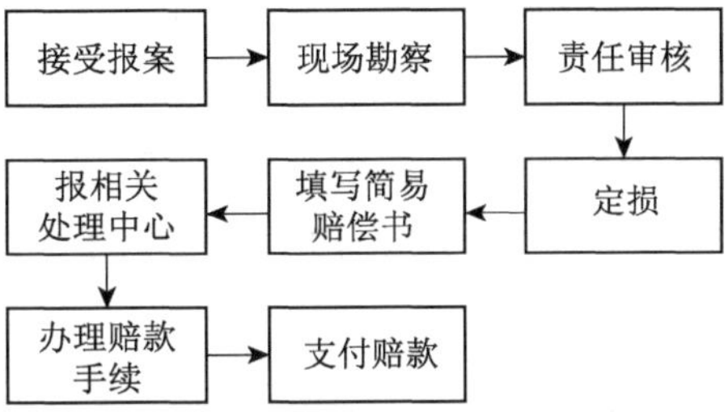

图 7-3　简易赔案的处理流程

(二) 疑难案件

疑难案件分为争议案件和疑点案件。

争议案件是指保险人和被保险人对条款理解有异议或责任认定有争议的案件，实际操作中应采用集体讨论、聘请专家论证和向上级公司请示等方式解决，保证案件圆满处理。

疑点案件是指赔案要素不全、定损过程中存在疑点或与客户协商不能达成一致的赔案疑难案件。调查采取四种形式：首先，由查勘定损人员对在查勘定损过程中发现的有疑点案件，通过认真询问当事人和见证人并作好笔录等方式进行调查，对疑点问题必须调查落实；其次，由客户服务中心综合岗对在赔案制作和审批过程中发现有疑点的案件，通过熟悉案情、拟定调查方案、实施调查等步骤进行调查；第三，由监察部门或专门人员对群众举报的骗赔、错赔案件和虚假赔案进行调查；第四，由客户服务中心综合岗对重大伤人案件调查。

(三) 注销案件

注销案件是指被保险机动车发生保险责任范围内的事故，被保险人报案、立案后未行使保险金请求权，致使案件失效注销的案件。注销案件分为超出索赔时效注销和主动声明放弃索赔权利注销两种情况。

超出索赔时效注销，即被保险人知道保险事故发生之日起 2 年内未提出索赔申请的案件，由业务处理中心在 2 年期满前 10 日发出“机动车辆保险结案催告、注销通知书”。被保险人仍未索赔的，案件报业务管理部门后作出注销处理。

主动声明放弃索赔权利注销的案件，在业务处理中心发出“机动车辆保险结案催告、注销通知书”后，由被保险人在回执栏签署放弃索赔权利意见。案件报业务管理部门后作出注销处理。

(四) 拒赔案件

对有些案件，根据《保险法》《机动车保险条款》等有关规定不属于赔偿范围的，应予以拒赔。拒赔的案件必须具有确凿的证据和充分的理由。拒赔前，应向被保险人明确说明原因，认真听取意见并向被保险人做好解释。拒赔分为立案前拒赔和立案后拒赔。

立案前拒赔是指受理报案时，根据查阅的底单信息，对于超出保险期限、未投保险种出险等明显不属于保险责任的情形，明确告知报案人拒赔理由的拒赔案件。

立案后拒赔是指案件确立后，由客户服务中心查勘定损人员经查勘后发现不属于保险责任，或由业务处理中心在赔款理算过程中发现不属于理赔责任，并经业务管理部门最终审批确定应拒赔的案件，给予拒赔处理。

（五）预付案件

预付案件是指某些特殊案件需要预付部分赔款。常见的预付案件包括可确定最低金额预付案件和重大赔案预付案件。

可确定最低金额预付案件是指根据《保险法》的规定，保险人自收到赔偿或者给付保险金的请求和有关证明、资料之日起 60 日内，对其赔偿或者给付保险金的数额不能确定的，应当根据已有证明和资料可以确定的最低数额先予支付，待保险人最终确定赔偿或者给付保险金的数额后，再支付相应的差额部分。

重大赔案预付案件是指伤亡惨重、社会影响面大、被保险人无力承担损失的重大案件，经审核确定为保险责任，但赔款金额暂不能确定的，可在估计赔偿金额的一定比例范围内先行预付，最终确定赔偿金额后，再支付相应差额。

（六）代位追偿案件

代位追偿案件是指在汽车保险中，由于第三者过错致使保险标的发生保险责任范围内的损失，保险人按照保险合同给付了保险金后，依法取得向对损失负有责任的第三者进行追偿权利的案件。代位追偿案件的实施原则：

（1）代位追偿必须是发生在保险责任范围内的事故。

（2）代位追偿是《保险法》和《机动车保险条款》规定的保险人的权利，根据权利义务对等的原则，代位追偿的金额应在保险金额范围内，根据实际情况接受被保险人全部或部分权益转让。

（3）履行代位追偿以后，追偿工作必须注意债权债务的法律时效问题。

代位追偿案件的工作程序：被保险人向造成损失的第三者提出书面索赔申请→被保险人向保险人提出书面索赔申请、签署“权益转让书”→业务处理中心将赔案资料转业务管理部门→业务管理部门组织进行代位求偿→业务中心整理赔案、归档→财务中心登记入账。

技能拓展

擅自放弃追偿权，不能获赔

唐女士在 2014 年 1 月 1 日购买了一辆索纳塔轿车，并投保了车损险，3 个月后，唐女士在驾车途中不慎与一辆货车相撞。索纳塔轿车与货车各有损失。经交通管理部门裁定,货车车主对此次事故负有主要责任。而唐女士因考虑到自己的车购买了保险,于是便与货车车主约定双方责任自负。随后,唐女士即向保险公司提出索赔。保险公司了解实情后,以"唐女士未经保险人同意,擅自放弃向第三者的追偿权"为由,拒绝赔偿。唐女士对此感到不能理解,遂引起争议。

其实,车辆保险单是这样规定的:因第三者对保险车辆的损害而造成保险事故的,保险人自向被保险人赔偿之日起,在赔偿金额范围内代位行使被保险人对第三者请求赔偿的权利。

《保险法》也规定,保险事故发生后,保险人未赔偿保险金之前,被保险人放弃对第三者的请求赔偿的权利的,保险人不承担赔偿保险金的责任。因此,保险公司对唐女士拒赔也是合理合法的。当然,如果损失是第三者造成的,而被保险人又确实无法找到第三者的,保险人应负责赔偿,但在符合赔偿规定的范围内实行一定的绝对免赔率。

在现实生活中,像唐女士这样的"好人"也不少,但这样做的后果就是自己承担赔偿责任了。

任务实施

一、任务实施环境

(1) 汽车保险仿真模拟实训室。

(2) 车险承保模拟教学系统投保平台。

(3) 辅助办公设备(文具、打印机、复印机等)。

二、学生分组

将学生进行分组,每 6 人为一组,并选出小组负责人。利用本任务学到的知识,模拟汽车保险公司的结案业务办理。其中,2 人为汽车保险理赔工作人员,2 人为车主及其家属,2 人为记录员。

三、考核要点

(1) 小组成员配合是否默契,对话逻辑是否清晰。

(2) 小组成员是否熟悉赔付结案的具体环节和主要内容。

(3) 小组成员对话是否思路清晰,是否能够正确完成赔付结案工作。

(4) 是否能从对话中体现本任务的主要知识点。

四、总结讨论

(1) 各小组对本组成员的讨论表述情况进行总结讨论,并对其他小组的讨论表述进行点评。

(2) 教师对各小组出现的亮点与不足进行点评。

项目测评

一、判断题

1. 机动车之间发生交通事故的，由有过错的一方承担责任。（　）

2. 保险事故发生后，被保险人经与保险人协商确定保险车辆的修理项目、方式和费用，可以自行选择修理厂修理，也可以选择保险人推荐的修理厂修理。（　）

3. 投保人故意隐瞒事实，不履行或者因过失未履行如实告知义务，保险人有权决定是否同意承保或者提高保险费率，但是无权解除保险合同。（　）

4. 现行车辆第三者责任险有免赔率，而交强险没有免赔率。（　）

5. 出险车辆施救前，如果所估算的施救、保护费用与修理费用相加，已达到或超过保险金额时，可以推定全损赔偿。（　）

二、单项选择题

1. 有关车辆定损的描述正确的是(　　)。

A. 修理范围只限于本次事故中所造成的车辆损失

B. 能修理的零部件，尽可能修复，不能随意更换新的零部件

C. 准确确定工时费用

D. 以上答案都正确

2. (　　)是车险理赔的风险控制核心环节。

A. 复勘　　B. 查勘　　C. 核价　　D. 核损

3. 核赔时，要(　　)。

A. 及时了解保险标的出险原因、损失情况，对重大案件，应参与现场勘察

B. 审核、确定保险责任

C. 核定损失

D. 审核赔款计算

4. 核定车辆损失及赔款，要(　　)。

A. 核实车辆定损项目、损失程度是否正确、合理

B. 更换零部件是否按规定进行了询、报价，定损项目与报价项目是否一致

C. 换件部分拟赔款金额是否与报价金额相符

D. 残值确定是否合理

5. 处理未决赔案时，要按照以下(　　)原则处理。

A. 定期跟踪案件，对于可以结案的案件，需敦促被保险人尽快交齐索赔材料，赔偿

结案

B. 对于还不能结案的案件，应认真核对、调整估损金额

C. 对于超过时限，被保险人不提供手续或找不到被保险人的未决赔案，按照“注销案件”处理额

D. 以上答案都正确

三、填空题

1. 被保险人根据案件性质需要提供相关单证，保险人应与被保险人办理单证的交换手续。通常案件所必需的单证包括________、________、________和________。

2. 在赔偿顺序上，________是第一顺序，________是第二顺序。因此，交强险的赔款理算将影响到汽车商业保险的赔款理算。

3. 汽车保险可以分为三部分，即________、________和________。

4. 审核单证时，要审核________________________是否严格按照单证规范填写。

四、简答题

1. 车辆定损的原则是什么？
2. 什么是车辆第三者责任险？
3. 简述核赔的内容。
4. 交强险赔偿的原则是什么？
5. 结案的主要任务是什么？
6. 简述车险理赔的流程。

参考文献

[1] 王意东,谭金会.汽车保险与理赔[M].北京:机械工业出版社,2021.

[2] 林绪东.汽车保险定损与理赔事务[M].北京:机械工业出版社,2021.

[3] 曾鑫,李建明.汽车保险与理赔[M].北京:人民邮电出版社,2021.

[4] 李津津.汽车保险与理赔[M].北京:北京交通大学出版社,2011.

[5] 王永盛.车险理赔查勘与定损[M].4版.北京:机械工业出版社,2019.

[6] 明光星.事故车查勘定损实用教程[M].北京:机械工业出版社,2012.